崇祯五年十二月，余住西湖，大雪三日，湖中人鸟声俱绝。是日更定矣，余拏一小舟，拥毳衣炉火，独往湖心亭看雪，雾凇沆砀，天与云与山与水，上下一白，湖上影子，惟长堤一痕，湖心亭一点，与余舟一芥，舟中人两三粒而已。

浙江文化名人
传记丛书

都市文人
张岱传

佘德余——著

浙江人民出版社

图书在版编目（CIP）数据

都市文人：张岱传 / 佘德余著. —杭州：浙江人民出版社，2021.8

（浙江文化名人传记丛书）

ISBN 978-7-213-10172-4

Ⅰ. ①都… Ⅱ. ①佘… Ⅲ. ①张岱（1597-约1689）-传记 Ⅳ. ①K825.6

中国版本图书馆CIP数据核字(2021)第144635号

都市文人：张岱传

佘德余 著

出版发行：浙江人民出版社（杭州市体育场路347号 邮编 310006）

市场部电话：(0571)85061682 85176516

责任编辑：周思逸

营销编辑：陈雯怡 陈芊如

责任校对：朱 妍

责任印务：刘彭年

封面设计：毛勇梅 杨荣明 邱丹艳

电脑制版：杭州天一图文制作有限公司

印　　刷：浙江海虹彩色印务有限公司

开　　本：880毫米×1230毫米 1/32　　印　　张：11.875

字　　数：235千字　　插　　页：6

版　　次：2021年8月第1版　　印　　次：2021年8月第1次印刷

书　　号：ISBN 978-7-213-10172-4

定　　价：88.00元

目　录

第一章　显赫家世

明代的绍兴府城沿袭南朝陈代会稽郡的旧制度，郡城划分为两县，西部为山阴县，东部为会稽县，县治均在郡（府）城，此后时合时分，至南宋改为绍兴府后，山阴、会稽两县的疆域才基本固定。府城有一条南北流向的小河，称为府河，成为山阴、会稽两县城的分界，沿河有南北走向两条街道，河以西称山阴县大街（今浙江绍兴的解放路一带），河以东称会稽县大街（今浙江绍兴的后街一带）。这两条大街历来是山阴、会稽两县的商业中心，街道狭窄，市场拥挤，府河是两条大街上许多商店和住户的水上交通渠道。

山阴县大街西面横列着许多坊巷。沿着山阴县大街蕙兰桥的蕙兰坊巷街往前走，跨过酒务桥，再沿着五马坊街巷往前，前面就是车水坊，这里就是张岱的故居。据陈桥驿先生回忆："这座'老屋'是明隆庆五年状元张元忭的府第，清嘉庆年间，我的高祖父从张氏后人手里买下了这座'老屋'，一直到我成年都称它为'状元台门'。我对这座'老屋'的记忆当然是非常深刻的，它位于车水坊，街的东西两端建有两座石牌坊，台门口有竖旗杆的础石。正厅是坐北朝南的五楼五底，东西侧厅为三楼三底。正厅大客堂约为七十平方米，正厅与东西侧厅之间，由一个大天井和四个小天井组成。正厅以北有一间退堂，退堂与后门之间有一个庭院。后门外有一个面积约为三百平方米的后园（今浙江绍兴的偏门直街一带），后园紧靠一条从大郎桥东流的河港，建有马鞍形踏道，可以停泊六明瓦大船。至于状元府第的内部结构，如大客堂两侧的磨砖墙壁，大客堂前部面积达十五平方米的凝灰岩石板，以及精致的窗棂、壁饰等，至今仍记忆犹新。”

他又说：“在这座状元府第附近，规模不小的‘老屋’还有不少。状元台门以东不过几米，有一座‘杜氏大夫第’，以西数米又有‘王氏人瑞’。另一座大型老屋孙府，与状元府第隔河（称为莲花河，笔者注）相对，这是明嘉靖进士孙鑨的府第。”“这座状元府从（明）隆庆到（清）嘉庆，还是基本完好的。……直到 1992 年最后的一纸拆令下，便销声匿迹了。”①

张岱画像

明万历二十五年（1597）八月

① 绍兴市城市建设档案馆编：《绍兴老屋》，西泠印社 1999 年版。

二十五卯时（早上五至七时），张岱就出生在这座状元府第中。

世代诗书簪缨之家

张岱大部分著作除了自称“山阴张岱”，又多次自署“古剑陶庵张岱”、“剑南张岱”和“蜀人张岱”。张岱在明末为躲避清兵而徙居嵊县西白山时，曾写有《百丈泉》诗，诗前序文云：“余宗人分居剡中黉院，皆魏公裔也。”①《石匮书·薛宣传论》云：“家南轩先生死时，肌如水晶，洞见五内。”②这里所说的远祖“魏公”，就是南宋大臣张浚。张浚（1097—1164），字远德，汉州绵竹（今属四川）人，宋徽宗赵佶政和八年（1118）进士及第。宋高宗赵构初立，张浚任御史，不久升为礼部侍郎。建炎三年（1129），赵构在临安（今浙江杭州）被将领苗傅、刘正彦兵变所废，张浚在平江府（今江苏苏州）联合文臣吕颐浩，武将张俊、韩世忠、刘光世等，打败苗傅、刘正彦，恢复宋高宗皇位，除知枢密院事，力主经营川陕以保东南。建炎四年（1130），张浚集结川陕五路军队与金人会战于富平。绍兴五年（1135）出任尚书右仆射，同中书门下平章兼知枢密院事。秦桧执政后，张浚谪居在外近二十年，绍兴三十一年（1161）重被起用。宋孝宗隆兴元年（1163）封为魏国公，任枢密都督江淮兵马，符离之败后，被主和派排斥，不久罢官去世，谥忠献。

---

①（明）张岱著，夏咸淳校点：《张岱诗文集》，上海古籍出版社1991年版。

②（明）张岱著：《石匮书·儒林列传》，见《续修四库全书》第320册，上海古籍出版社2002年版。

《宋史》有传。

张浚有子二，长子张栻（1133—1180），字敬夫，一字钦夫，号南轩，世称南轩先生。以荫补官，历任吏部侍郎兼侍讲，知江陵兼湖北路安抚使。主张修德养政，用贤养民，选将练兵抗金恢复中原。受学于胡宏，以“天理”为义，以“人欲”为利，强调“学莫先于义利之辨”，与朱熹齐名，同为南宋儒学大师。卒后谥“宣”，著有《论语解》、《孟子说》和《南轩集》等。《宋史》有传。

张栻之后，据康熙二十年（1681）《绍兴府志》关于张浚五世孙张震、六世孙张远猷的记载：张震，字彦章，魏公浚五世孙，自绵竹屡徙居歙。乾道己丑（1169）登进士，历院辖寺丞，知抚州江西仓，以不附韩侂胄罢。嘉定初，召为郎，迁右司郎官，奉祠不复出，时论以正人目之。震娶会稽曾文清公之女，其子远猷后为绍兴太守，因家于越。

张远猷（1222—1272），字辰卿，震之子，魏公浚六世孙。景定元年（1260）以荫登仕。历任贵州朝散大夫，出知绍兴知府，直节不阿，时贾似道权倾朝野，远猷未尝谒见。为政明察，关心民疾，修德自警，郡人颂之。加大中大夫，赐绯衣金鱼袋。后致仕，一因蜀道梗阻，二因母曾氏会稽人，遂徙居山阴南和里，为张岱家族徙居山阴的始祖。

张岱曾祖父张元忭在《先考内山府君行状》一文中，追溯祖先世系从张远猷至其父张天复，叙述甚详：

“先世本蜀之绵竹人，宋咸淳中名远猷者为绍兴太守，有惠政，卒而葬山阴，遂世为山阴人，居南和里，迁今常禧里则自先大夫始也。太守公四传生福。以乡进士为温州学政。学政生仕廉，当元末抱德而隐。高皇帝既定天下，以隐士征，不就，郡守罗贤之辟为大宾。仕廉生原旭。旭生恭，少孤，育于舅氏陆，因冒陆氏。恭生宗盛，虽从里闬为散官，而好古敦行，有长者风，乡人至今称陆如松翁云。弘治间，陆之子孙构夺其居，始白于官，复故姓。宗盛生四子，季曰诏，则先大父也。”①

据此，自张浚以下至张岱的世系如下：

一、张氏远祖：

浚→栻→焯（炳）→逊厚→震。

二、张氏迁居绍兴世系：

远猷→？→？→？→福→仕廉→原旭→恭→宗盛→诏→天复→元忭→汝霖→耀芳→岱。

山阴张氏自张远猷始“耕读传家”，代代相承，进入元朝后因异族统治，家声一度不显，到了明朝中叶，张家的“耕读传家”传统又发展到了一个巅峰。

张岱的高祖父张天复（1513—1574），字复亨，号内山，一号初阳，晚年更号镜波钓叟，为张远猷十一世孙。嘉靖二十六年（1547）进士，历官吏部验封司主事，入直制敕房，典诰表笺皆出其手，又任湖广提学副使、江西右参政、云南按察司副

① (明)张元忭著:《张阳和先生不二斋文选》卷五，见《四库全书存目丛书》，齐鲁出版社2001年版。

使等职。据张岱《家传》记载，天复少有大志："太高祖以二伯子既儒，令高祖（天复）贾，高祖泣曰：'儿非人，乃贾耶？'（太高祖）壮其语，乃命業（业）儒。及冠，补县诸生。华亭徐文贞（阶）行学，得高祖牍，置第一。"[①]他不但以文才得到徐阶的赏识，人品也得到徐阶的充分信任，委之以阅卷的重任，"以若首，第二以下，若自定之"[②]。其后，历任礼部主事并转吏兵二部，全楚学政，皆得到徐氏的提携照应。

张天复一生事业的顶峰是在他出任云南按察司副使时。当时，云南一直在沐氏家族统治下，与中央政权保持半独立状态。沐氏系沐英之后，沐英因被朱元璋收为养子，改姓为朱，后复姓为沐，洪武十四年（1381）为征南副将军，一直坐镇云南，洪武二十五年（1392）追封为"黔宁王"。张天复调任云南副使时，沐氏"袭世宠横甚，贿结权要，夺抚臣兵权，所在夷僚为梗"[③]。张天复"佩臬司篆"[④]，以中央全权代表身份解决沐氏骄纵不法问题。在沐氏的暗中支持下，武定土酋凤继祖拥兵据城叛乱。右副都御史兼云南巡抚吕光洵与张天复共同率兵平叛，"进攻武定，克之，继祖遁走，追及于川境，斩首以献，武定

①（明）张岱著，夏咸淳校点：《张岱诗文集》卷四，上海古籍出版社1991年版。

②（明）张岱著，夏咸淳校点：《张岱诗文集》卷四，上海古籍出版社1991年版。

③（明）张岱著：《石匮书·吕光洵列传》，见《续修四库全书》第319册，上海古籍出版社2002年版。

④（明）张岱著，云告校点：《琅嬛文集·家传》，岳麓书社1985年版。

平。于是改土设流，置守卫，建学校，功绩甚伟”[①]。沐氏乃以“辇金巨万”贿赂张天复，曰：“功出尔，则无沐矣，盍以金归公，而功归沐，则两得。”[②]这一行为理所当然遭到了张天复的严词拒绝。沐氏遂遣人以重金入都，贿赂当道，使得张天复不但无法完成解决云南闹独立的任务，反而受到牵连。当时，他已调任甘肃行太仆寺卿，正拟接任之时朝廷疏下，“逮对云南”，“累羁侯者月余”。[③]幸赖其子张元忭千里迢迢奔走申冤，当道为其孝心所动，张天复才得以削职无罪释放。吕光洵也改南京工部尚书致仕。

张天复本欲立功朝廷，却无端遭此重大打击，遂意志消沉，颓废放浪至极。归里后即筑构别业于镜湖之滨，“日与所狎纵欲其中”[④]。只要儿孙不在当前，就“召客啸觞，日淋漓，轰饮叫嚎如故”[⑤]，竟猝死于酒。

张天复为人纯厚，好济危周急，不图报答。宗族有饥者，以所入分而赡之，岁以为常。每岁春必命役夫行郊外，见尸骨必瘗之。对乡里利病可兴汰者，则向当途建议，犹如自己的事一样热心负责，即便因为此事遭到误会责骂也不会感到悔恨。尤讲信义于朋友，与徐渭交情深厚，白首如初。

---

① (明)张岱著:《石匮书·吕光洵列传》,见《续修四库全书》第319册,上海古籍出版社2002年版。

② (明)张岱著,夏咸淳校点:《张岱诗文集·家传》,上海古籍出版社1991年版。

③ (明)张岱著,夏咸淳校点:《张岱诗文集·家传》,上海古籍出版社1991年版。

④ (明)张岱著,夏咸淳校点:《张岱诗文集·家传》,上海古籍出版社1991年版。

⑤ (明)张岱著,夏咸淳校点:《张岱诗文集·家传》,上海古籍出版社1991年版。

张天复还是一个见多识广、颇具才情的学者，所著《广皇舆考》十二卷，体例谨严，《四库全书总目》评其大旨“在规《明一统志》之失”，不失为一部优秀的地理学著作。他还参与纂修了《湖广通志》《山阴县志》等地方志，并著有诗文集《鸣玉堂集》。张岱对其高祖的“济世大才”不得施展的命运充满了同情，对其晚年之颓丧奢侈又持激烈的批评态度，认为其“未免亵越太甚”[①]。

最使张岱自豪也最为敬佩的是其曾祖父张元忭。

张元忭（1538—1588），字子荩，号阳和。少而好学，诵读不辍，常至深夜，母爱而止之，元忭则伺母寝后挑灯夜读。父任礼部主事时，让元忭跟随，元忭尝向父亲推荐缙绅，评论朝政得失。嘉靖三十四年（1555），闻杨继盛因上疏弹劾权相严嵩十大罪状而被杀，年仅十七岁的张元忭公开“设（灵）位于署，为文哭之，悲怆愤鲠，（令）闻者吐舌”[②]。曾读朱子《格致》章，质疑说：“无乃倒言之乎？当言：‘心之全体大用而不明，而后物之表里精粗无不到也。’”此后转学王阳明良知之学。嘉靖三十五年（1556）为诸生，与会稽罗万化、山阴朱赓、苏州太仓王锡爵为同学，相互视为莫逆交。三十七年（1558）举于乡，时父督学湖湘，因往省父亲，耽误了会试，于是一面读书，一面主持于龙山下的车水坊府第建筑。隆庆三年（1569），为洗

---

① (明)张岱著，夏咸淳校点：《张岱诗文集·家传》，上海古籍出版社1991年版。

② (明)张岱著，夏咸淳校点：《张岱诗文集·家传》，上海古籍出版社1991年版。

刷父亲在云南任上的不白之冤，千里迢迢奔驰云南，万里护行，又单骑奔涉京师申冤，“一岁而旋绕南北者三，以里计者三万，年三十而发种种白”[①]。案结，父削职归，又劝慰陪伴于旁。人皆称扬元忭之孝行，言张天复生了个好儿子。隆庆五年（1571）得进士第一，授翰林修撰。上疏援救御史胡涛。万历六年（1578），同修会典，任经筵展书官，廷试掌卷官，管理诰敕起草。万历十五年（1587）升左春坊左谕德兼翰林院侍读、经筵讲官等职。为官期间，刚正自守，不阿谀事人。张居正当政，诸党人趋奉若狂，而元忭虽出其门下，岁时仅一谒而已。张居正病重，门人弟子皆奉元忭为首祈祷之，他竟委婉拒绝。万历元年（1573）父病，请假回乡省视；万历二年（1574）父丧，在家守制；万历十二年（1584）母丧守制。在乡居期间，不与地方当道私下交往，至于地方政务利弊则竭力干预。浙中一条鞭法行，吏因不得占利乃极言不便，大有动摇废除之势，元忭致书当道，悉陈利害，法遂不更。[②]稽山朱文公祠、天真王文成祠毁，元忭认为崇祀先贤，兴起后学，皆有利于地方文化事业建设，多次呼吁，终于恢复两祠。季本、徐甫宰、范瓘、周梦秀皆为乡贤，死后冷清，元忭言于学使，得祀学宫。[③]他大力救

①（明）张岱著，夏咸淳校点：《张岱诗文集·家传》，上海古籍出版社1991年版。

②（明）朱赓著：《奉直大夫左春坊左谕德兼翰林院侍读阳和张公行状》，见《张阳和先生不二斋文选》，《四库全书存目丛书》集部149。

③（明）朱赓著：《奉直大夫左春坊左谕德兼翰林院侍读阳和张公行状》，见《张阳和先生不二斋文选》，《四库全书存目丛书》集部149。

援因狂疾误杀后妻而系狱的徐渭。友爱二弟，元憬、元恂为异母弟，晚出，父天复死时，元忭跪而泣曰“视吾弟如吾子”，其后抚训之义周全。笃于亲族，族中待炊者，不能婚不能葬者，及老弱孤寡不能自存者，皆一一予以照顾。嘉靖后期，越俗渐趋豪奢，元忭力持淡泊勤俭之风尚，衣必重浣，饭仅脱粟。“黎明击铁板三下，家人集堂肃拜，大母辈颒盥不及，则夜缠头护髯，勿使鬖髿。……曾祖诞日，大母辈衣文绣，稍饰珠玉，曾祖见大怒，褫衣及珠玉，焚之阶前，更布素乃许进见。”[①]曾祖母“天性俭约，不事华靡，日惟结线网巾一二顶，易钱数十文，辄用自喜。傒奴持出市，人则曰：‘此状元夫人所结也。’争售之”[②]。

张元忭当时以思想家的身份而出名，是浙中王门学者王畿的弟子、王阳明的再传弟子。清儒黄宗羲称其所学虽宗王门，然能善学，与王畿不尽相同。黄氏在《明儒学案》卷十五《浙中王门学案·侍读张阳和先生元忭》中说：“先生之学从龙溪（王畿之号）得其绪论，故笃信阳明；元忭之学，虽宗王文成，然不空事口耳，颛务以实践为基。”张元忭以阳明之学为宗，同时又吸收了朱子学的某些合理内核，这种学术思路和方法，对张岱哲学思想的形成起了重要的作用。

张元忭又是史学家，除有《不二斋文选》及《读史肤评》

---

①（明）张岱著，夏咸淳校点：《张岱诗文集·家传》，上海古籍出版社1991年版。

②（明）张岱著，夏咸淳校点：《张岱诗文集·家传》，上海古籍出版社1991年版。

等重要著作外，又继父亲未竟之志，续修《山阴县志》，撰修《绍兴府志》《会稽县志》，“三《志》并出，人称谈、迁父子”[①]。这一传统对张岱产生了直接的影响。

张元忭的学问、人品著名于时，人望甚高，在隆庆万历间有广泛的社会影响。其弟子曾凤仪在《阳和先生论学书后序》中说：“先生孝友在乡党，端节在乡间，直节在朝廷，令闻在天下，无不可为后学法程。”张岱在《家传》中认为：曾祖一生以忠孝为事，其忠孝为张家“所由出”；其大魁殿撰，则是张家“地步”，张家的“养福之人”。又在《阳和泉》中云：“阳和岭实为余家祖墓，诞生我文恭，遗风余烈，与山水俱长。”[②]向慕崇敬之情溢于言外。

给张岱最直接和多方面影响的是其祖父张汝霖。

张汝霖（1557—1625），字肃之，号雨若，晚号砎园居士。少聪颖，在父亲严格管教和督导下，燃炷香夜读，夜半始寝，好古学，博览群书。七八岁时，曾跟随父祖辈入狱看望徐文长先生，并指出《徐文长阙编序》中“怯里赤马”的错误。但他不肯下功夫学习书法，因字写得丑拙而失利，遂输粟入太学，古学的基础更加深厚。为文不肯承袭古人，力求新意。万历十六年（1588），父亲去世，家境渐趋衰落，县官报复，田产为豪家夺走，不敢阻止。此种情景反而激励了他发奋读书的志气，

① (明)张岱著，夏咸淳校点：《张岱诗文集·家传》，上海古籍出版社1991年版。

② (明)张岱著，弥松颐注：《陶庵梦忆·阳和泉》，上海书店印行1982年版。

他把自己关在龙光楼上，让人拿走梯子，用绳子传吊食物，就这样足足坚持了三年。万历十九年（1591），父亲的同事好友、江西人邓以赞至绍兴祭吊亡友，当时，距父亲去世已近三年矣！邓以赞误信他人之言，说张汝霖开酒店，不再读书，为此，对张汝霖非常失望。后来听了张汝霖的解释，并当面出题，看了他的文章，才转忧为喜，对他充满了信心。当年张汝霖本来准备参加乡试，不料母亲去世，便利用在家服丧的机会，重上龙光楼，勤勤恳恳又读书三年。万历二十二年（1594），他以南京国子监生资格参加乡试，本拟置解元，因避岳父朱赓之嫌，定为第六名举人。主考官李廷机语人曰："不以张肃之作元，此瞒心昧己事也。"[①]第二年成进士，初授清江知县，旋调广昌知县。时监察御史正会同清江、广昌五知县复查疑案，同僚中多为名人文士，清江知县黄汝亨戏称张汝霖是纨绔子弟，诫同僚说："整理囚犯供词的文书本应我写，我不写，你们也不要写，我们一起为难他。"张汝霖深知黄汝亨之意，也不推辞，提笔就写，洋洋洒洒，援引法律，判案老练，顷刻写成，黄汝亨等众人见了，连称"奇才！奇才"，于是两人成为莫逆之交。由于政绩突出，张汝霖六年后升为兵部武选司主事。在任山东副使、贵州提学、广西参议期间，十分重视人才的识拔。万历三十四年（1606）在山东副使任上，力排众议，于落卷中录取"古文崛"的名士李延赏，却遭到了时任礼科给事中汪若霖的弹劾，罢职

① (明)张岱著,夏咸淳校点:《张岱诗文集·家传》,上海古籍出版社1991年版。

归里。《明史》卷二百三十云：“兵部主事张汝霖，大学士朱赓婿也。典试山东，所取士有篇章不具者。若霖疏劾之，停其俸。”汪若霖弹劾张汝霖，主要矛头直指朱赓，其中有着复杂的党争背景。这件事给他的打击很大，与绝大多数官场不得志的士大夫一样，张汝霖以“颇蓄声伎。磊块之余，则以丝竹陶写”，或则“筑砎园于龙山之麓，啸咏其中”[①]，排遣政治上的挫折。尽管如此，万历四十五年（1617），在担任贵州提学期间，仍然坚持录取具有“瑰异轶才”[②]的杨文聪、梅豸等人；在广西参议任上，重用苗人龙阿，成为镇压少数民族起义的“张家军”，表现了独立不羁的品格。然而也正因为如此，后虽起复，万历四十二年（1614）为南刑部主事，天启二年（1622）任湖南右参议、分司湖西道，天启四年（1624）转福建按察副使，他却一直未得重用，未能展现自己的才华。对此，张岱在《家传》中以十分沉重的心情评论道：“大父自中年丧偶，尽遣姬侍，郊居者十年，诗文人品卓然有以自立，惜后又有以夺之也。倘能持此不变，而淡然进步，则吾大父之诗文人品，其可量乎哉?”[③]

张汝霖著有《易经淡窝因指》、《四书荷珠录》和《砎园文集》四卷。《易经淡窝因指》现有明万历三十年（1602）史继辰刻本，《四库全书存目丛书》影印。该书有朱敬循（张汝霖妻

---

①（明）张岱著，云告校点：《琅嬛文集·家传》，岳麓书社1985年版。

②（明）张岱著，云告校点：《琅嬛文集·家传》，岳麓书社1985年版。

③（明）张岱著，夏咸淳校点：《张岱诗文集·家传》，上海古籍出版社1991年版。

弟）作的《因指后序》云："越之有《易》，实自大父与张内山先生鼓吹之，而内山先生之后为宫谕公，递传而为肃之。"可见，张岱《易》学，具有家学传统。

张岱父亲张耀芳（1574—1632），字尔韬，号大涤。身躯伟岸，似舅祖朱石门（字敬循，号石门）而稍矮。自幼聪敏，九岁就懂人情世故。在父亲督促下，他"惟读古书，不看时艺"[①]，虽体弱多病，"病瘵几死，日服参药"[②]，但十四岁时就才气过人，"补邑弟子"[③]。他从此乐此不疲，"沉埋于帖括中者四十余年"，虽弄得"双瞳既眊，犹以西洋镜挂鼻端"[④]，仍孜孜以求，毫无懈怠。他屡赴乡试不第，性情压抑，常发牢骚，身体愈来愈差，以致得了严重的胃病。张岱母亲为了安慰夫君，转移他的注意力，"使其适意园亭，陶情丝竹，庶可以解其岑寂"[⑤]。从万历四十四年（1616）开始，张岱家中大兴土木，造楼船，采买男女孩子，组织家班演戏，听从父亲为之，然而园亭、娱戏仍然不能慰藉沉浸于功名之中、无法解脱的那颗心。张耀芳于天启元年（1621）、四年（1624）、七年（1627）连续三次参加乡试，可命运似乎与他开玩笑，越是急切，却越得不到。此时的张耀芳彻底绝望了，万般无奈之下，听从了几个兄

①（明）张岱著，夏咸淳校点：《张岱诗文集·家传》，上海古籍出版社1991年版。
②（明）张岱著，夏咸淳校点：《张岱诗文集·家传》，上海古籍出版社1991年版。
③（明）张岱著，夏咸淳校点：《张岱诗文集·家传》，上海古籍出版社1991年版。
④（明）张岱著，夏咸淳校点：《张岱诗文集·家传》，上海古籍出版社1991年版。
⑤（明）张岱著，夏咸淳校点：《张岱诗文集·家传》，上海古籍出版社1991年版。

弟的劝告，以“副榜贡谒选”，屈就山东鲁献王长史。具有讽刺意味的是，这位鲁献王（即后来监国绍兴的朱以海之父）亟“好神仙”，而张耀芳恰是一位精于道家引导之术的人物。为此，“君臣道合，召对宣室，必夜分始出”；“向长史庭执经问业，户屦常满”①。鲁献王对于张耀芳真可谓是“可怜夜半虚前席，不问苍生问鬼神”。张耀芳既有济世之志，也有济世之才。崇祯初年，农民起义军曾围攻兖州城，张耀芳担任守城的任务，出奇兵一举击退了围城的农民军。时任抚军的沈宏所、监军刘半舫、巡道将盘初皆十分佩服，由此与张耀芳成为莫逆之交，经常诗酒文会往还。张耀芳为人仗义慷慨。嘉祥知县赵二仪死在任所，亏空库银一千八百两，张耀芳代理知县，看见赵妻被羁押，无物可抵，于是拿出自己的积余代为支付，又送盘缠百两让其妻回乡。嘉祥人为此立碑纪念。张耀芳的这种“经世奇才”一生未能得到充分施展，只能以究心荒诞无稽的神仙家之说求得内心的慰藉。他于崇祯四年（1631）九月辞归，次年十二月二十七日无疾而终，享年五十八岁。

张耀芳性喜诙谐，对子侄也不废谐谑，有颇高的文化品位。他待下人极其宽厚，“即有过犯，未尝稍加声色。见儿辈有怒笞臧获（下人）者，辄颂陶渊明《诫子书》‘彼亦人子，可善视之’”②，予以劝止。

---

①（明）张岱著，夏咸淳校点：《张岱诗文集·家传》，上海古籍出版社1991年版。

②（明）张岱著，高学安、佘德余校点：《快园道古·盛德部》，浙江古籍出版社1986年版。

对于父亲，张岱是充满理解并怀有深厚感情的。他是这样评论乃父的："先子少年不事生计，而晚好神仙。……先子暮年，身无长物。则是先子如邯郸梦醒，繁华富丽，过眼皆空。先宜人之所以点化先子者，既奇且幻矣。"[①]醉心举业"四十余年"，到头来却以神仙家言自我解脱，真堪称"邯郸之梦"。张岱没有直接批评乃父的所作所为，但他走的却是一条与父亲背道而驰的人生之路。

显宦文学的社会关系

在论及张岱家世的同时，对张家影响较大的社会关系也有必要作些叙述，因为他们对于张岱本人思想性格的形成，曾经起过不同程度的作用。张岱外祖家将在下章介绍，这里首先要提到的是外曾祖朱赓及舅祖朱石门。

外曾祖父朱赓（1535—1608），字少钦，号金庭，山阴人。嘉靖三十四年（1555）与张元忭及罗万化三人同学于侍御俞先生所，第二年读书于龙山（今浙江绍兴府山），与张元忭指腹结为姻亲，即朱赓之女朱恭人嫁给张汝霖为妻。朱赓于隆庆二年（1568）中进士，历任编修、侍读、礼部右侍郎，后以礼部尚书兼东阁大学士参与机务。张汝霖在参加乡试和职务升迁中多次受到朱赓的影响，如万历二十二年（1594）参加乡试，本拟解元，却因"南例无胄子元者"而抑置为第六名。其实，张元忭

① (明)张岱著，夏咸淳校点：《张岱诗文集·家传》，上海古籍出版社1991年版。

已去世六年，所谓“胄子”实即“朱赓女婿”之谓也，是为避朱赓之嫌。又如广昌知县任上，考察为卓异第一，本拟升任六部，因为儿子朱石门参加选拔，朱赓有意推辞，但还是升任兵部主事。不久，在山东副使任上，朱赓因于落卷中录取“奇才”李延赏，招致政敌、时任礼科右给事中汪若霖的弹劾而落职。

舅祖朱石门，名不详，石门其号也。他倚仗父兄之势，广置田产，居近南门，凡南向之田欲买尽无遗，巧取豪夺。极喜收藏，“秦铜汉玉，周鼎商彝，哥窑倭漆，厂盒宣炉，法书名画，晋帖唐琴，所蓄之多，与分宜埒富，时人讥之”[①]。张岱对此十分感慨：“我张氏自文恭（曾祖父张元忭）以俭朴世其家，而后来宫室器具之美，实开自舅祖朱石门先生，吾父叔辈效而尤之，遂不可底止。”[②]如张岱仲叔张联芳（1575—1645），字尔葆，号二酉。少为舅氏朱石门所喜，多阅古画，年十六七便能写生，与沈周、文徵明、陆包山、李流芳等为友，精文物鉴赏与收藏。与舅氏朱石门比高低，造精舍于龙山脚下，鼎彝玩好，充牣牣其中。堂弟张萼（1599—1646），字介之，仲叔张联芳之子。极爱古玩，适当其意，百计购之，不计价钱；兴尽之后，则随意弃之，毫不怜惜。其父所蓄古董甚多，十之八九断送其手。张岱自已也极爱收藏，《琅嬛文集》中“跋”“铭”特多，如《木犹龙铭》《小研铭》《瓷壶铭》《竹皮冠铭》《宣窑茶椀铭》

---

① (明)张岱著，弥松颐注:《陶庵梦忆·朱氏收藏》，上海书店印行1982年版。

② (明)张岱著，夏咸淳校点:《张岱诗文集·家传》，上海古籍出版社1991年版。

《端研铭》等，比比皆是。可见朱石门对于张氏诸甥及孙甥影响巨大。

徐渭与张家的关系特别紧密，时间久长，他与张岱的高祖父、曾祖父、祖父三代皆有来往。徐渭小张天复八岁，他认识与相交张天复是在其参加秀才考试后。“余亦抱经晚起，得望公于藻芹，稍与之角艺场中。”[①]在嘉靖二十二年（1543）中举以前，张天复在绍兴城里读书人中已经小有名声：“及冠，补县诸生，文则出诸生上，既又工古文词。华亭公行学，得公制，大奇之，置第一。名峻起，弟子从游者满门。”[②]此时跟从张天复读书的人有几十甚至上百人，徐渭也在其内，但张天复始终没有把他当作学生看待，而是以朋友相待。嘉靖三十七年（1558）他在担任湖广提学副使回家省亲期间，当面嘱咐徐渭要好好读书，在文章上下些功夫。隆庆二年（1568），张天复调任云南按察副使，徐渭作《送张大夫之滇》祝贺，后因参加讨伐云南土官凤继祖反叛，得罪黔国公沐氏，而被削职归家。徐渭亦因狂疾杀死继妻而遭遇“郦炎之祸”系狱，此时仍在狱中，作《张云南遗马金囊》自注“时余尚羁而张亦被议”劝慰。徐渭系狱期间，张元忭也曾多次与儿子张汝霖入狱看视徐文长，徐渭有诗《送张子荩会试》。隆庆五年（1571），张元忭高中状元，张

①（明）徐渭著：《徐文长佚稿·寿学使张公六十生朝序》，见《徐渭集》第三册，中华书局1983年版。

②（明）徐渭著：《徐文长佚稿·张太仆墓志铭》，见《徐渭集》第三册，中华书局1983年版。

天复欣喜之余仍然以朋友之情，再次嘱咐做官在京的儿子张元忭为之释狱，终于使徐渭获释。对于张天复父子的友情，徐渭也十分感激和感叹：“所以幸免于瘐者，谁之力也。乃知公之生我为父母，其事虽在于今日，而公之误知我而为鲍了也，乃在于曩时不视我于弟子之时。”[①]因此，在张天复六十寿辰之时，徐渭动情地为他写下寿序，此外尚作有诗《张大夫生朝》及《张氏别业十二首》。张天复晚年娱戏于镜湖别业中，托于曲蘖，也时时召徐渭同饮乐。张天复死后，徐渭乐于为张天复的儿女亲家赵锦代笔，写下了《张太仆墓志铭》，由衷地表达了感激之情。徐渭与张元忭屡有交往，曾入元忭幕中代为起草文字。万历十五年（1587）张元忭出使楚藩，徐渭作《拟送张翰林使楚》（自注“阳和”）和祝贺张母刘安人《生朝诗》（自注“张翰林‘阳和’母也，时有事楚藩”）。但由于年龄、地位和思想性格的差异，虽曾经有过摩擦、怨隙，时过境迁，徐渭始终不忘与张天复、张元忭父子之间的一段情。张元忭亡故，灵柩从京城运回山阴，徐渭趁张家灵堂无人之机，以老病身躯，拄杖前去吊唁，扶棺致哀。暮年自著《畸谱》时，仍将张元忭列入“纪恩”栏中。关于张家喜庆、吉凶之事，《徐渭集》中留下了大量的应酬文字。如《十四日饮张子荩太史宅，留别》（自注“久系初出，明日游天目山），《答张太史》书信，《张翰撰弹琴像赞》。

---

① (明)徐渭著:《徐文长佚稿·寿学使张公六十生朝序》,见《徐渭集》第三册,中华书局1983年版。

此外，还有如《张内山南华山馆》《又观日寿阁》《书舍》《张氏书室》《张文恭厅事》《又环山楼》等大量楹联。张元忭去世后，徐渭与张家交往甚频。“余山园盛有斑竹，偶月夕来饮林下，欲截一钜者为筒贮笔，以丝围之，摸索未定。戏语座中人：‘猱王以小猱供啖，群百什跪而听所择，王手揣肥者，以石置顶为识。已遍揣之，欲得最者，而小猱潜移石递置癯者之顶，猱王终日揣不得食。今若曹毋为小猱。’余戏应：‘谁敢逆颜行猱王者。’文长抚掌：‘是宁馨者黠如黄鹞子。’尝欲以千秋之业进余，而余逡巡谢不敏。今东涂西抹三十年，竟成何事？胡不以此易彼哉？余负文长矣。”[①]可见，徐渭晚年经常至张汝霖处喝酒，至老仍然诙谐谑浪，关心张汝霖的八股文写作，愿以毕生的经验教导。张汝霖深感辜负其拳拳厚意。徐渭死后五年，张岱才降生，但徐渭对张家的影响无处不在，张岱曾说：“余少喜文长，遂学文长诗，因中郎喜文长诗，而并学喜文长之中郎诗。文长、中郎以前无学也。”由此可见徐渭对张岱影响之深。张岱对徐渭情有独钟，他的朋友甚至说他是徐渭的后身。他在二十六岁时辑成《徐文长佚稿》，也正因为嗜好徐渭，他亦喜好公安中郎和竟陵钟、谭。

黄汝亨（1555—1626），一名寓庸，字贞父，仁和（今浙江杭州）人。明万历二十六年（1598）进士，授进贤知县，“邑多

①（明）张汝霖著：《刻徐文长佚书序》，见《徐渭集》第四册附录，中华书局1983年版。

浮赋，汝亨上书台司，力争之，宽其征催。又为建仓水次，民不病输挽”。黄汝亨与张汝霖早有交往，因志趣相投，互称莫逆。其《寓林集》卷之四《答张肃之吉州寄书》诗云：“秋夜政怀人，书来倍怆神。江山天外想，诗酒梦中亲。世志翻无定，交情老愈真。翔鸿元自适，不必慕雷陈。”对友人深切怀念之情渗透于字里行间。他写于万历三十七年（1609）的《云门山记》谓：“经山阴访张肃之司马……而肃之诸郎尔韬、葆生、尔含、尔盘，皆余门人，相留为旬日名山游。”张汝霖的四个儿子皆为黄氏弟子。万历四十二年（1614），黄汝亨任南京工部主事期间，与同官南京的张汝霖共结读史社，“文章意气，名动一时”。《寓林集》卷三有《牛首摹历代祖师像百幅，仲冬九月值予生辰，悬供报恩寺。焦太史弱侯曾民部舜征、苏尚墨弘家、赵嘉部当世、张比部肃之及山人王太左、方求仲辈俱集，天日新霁，瞻者如云，亦一时胜事也，喜而有作》，从诗题即可看出当时他与张汝霖在南京的交谊。三年后，黄汝亨与张汝霖，一为江西，一为广西，同时擢为提学副使，所持政见，为官风格相同，皆雷厉风行，大胆行其所行。为此，皆遭人弹劾。晚年，黄汝亨结庐南屏山小蓬莱，避客六桥之荫，尝与在西湖建有私宅的张汝霖轻舟软舆，酒茗交行，挥翰如飞。张岱幼时曾跟从祖父拜访黄汝亨，见其“面黧黑，多髭须，毛颊，河目海口，眉棱鼻梁，张口多笑。交际酬酢，八面应之，耳聆客言，目睹来牍，手书回札，口嘱傒奴，杂沓于前，未尝少错。客至，无贵贱，便肉便饭食之，夜即与同榻”[①]。成年后，张岱又跟从黄汝亨学习八股文的写作。对其一心多用、反应敏捷的处事能力和朴实平易、一视同仁的生活作风深感敬佩。黄汝亨散文创作主张“浚发巧心”，打破传统古文的条条框框，题材广泛，尊重各式各样人物的性格，在小品创作中不仅张扬他人的个性，而且大胆披露自己的个性，充分表现自我的主体情感和体验的特征，这在张岱散文创作中得到了全面的继承和充分的反映。黄汝亨所辑《廉吏传》《古奏仪》之体例，对张岱《古今义烈传》《四书遇》有很大影响。

王思任（1575—1646），字季重，号谑庵，山阴人。张岱祖父张汝霖比王思任整整大二十岁，却与王思任为同榜进士，且又为同乡。王思任自少年起就与张汝霖交往，其《文饭小品·先后游吾越诸胜记》载曰：“记五十年前，余初第归，同张雨若、朱石门信宿看阳明先生题灰壁诗，老僧百泉出鹅炙陈酝，挥拳抵足，分韵谈谐，犹有宗风道气，而今岂可得哉！”说的就是万历二十三年（1595）九月二十五日，与张汝霖及其诸子游览会稽山之事。其后，张汝霖归隐湖山，王思任也三仕三黜，五十年内强半林居，互相诗酒往还。张岱十七岁时搜辑徐文长佚稿，当时未能领略王思任“选青藤文，如拾孔雀翎，只当拾其金翠，弃其羽毛”[②]的教导，贪多求全，结果失败了。后重新

① (明)张岱著，弥松颐注：《陶庵梦忆·奔云石》，上海书店印行1982年版。

② (明)张岱著，夏咸淳校点：《张岱诗文集·王谑庵年祖》，上海古籍出版社1991年版。

整理，经王思任删削，获得了成功。张汝霖去世后，王思任仍与张岱及诸叔父谈诗论文，交往不断。张岱十分称赏王思任摘伏发奸以及论文赋诗以谑行事、矢口放言、略无忌惮的个性和风格。张父耀芳及张岱并受其影响，也喜诙谐。对其指斥马士英、拒绝马士英入越和绝食就死的民族气节更是钦佩，专门写了《王谑庵先生传》《王季重先生像赞》，称之为“有明于越三不朽”人物之一。王思任在散文创作中熔情趣、诙谐、幽默于一炉的风格，在张岱散文中也得到了继承与发扬。

第二章 居家读书

张岱外祖父陶允嘉（1556—1622），字幼美，号兰风，会稽陶堰人，为张岱外太祖陶大顺之季子。外太祖历任山东参政、福建按察使右布政使、都察院右都御史等职。为官三十年，廉洁奉公，居楚期间，将俸金中两千两捐给修缮省城。后因陶家迭遭人祸，又营构房舍，虽然勤俭持家，家底仍然不丰。陶允嘉三兄弟分家时，虽分得房屋八九间，田产三十余亩，由于淹滞科举近三十年，生育有三子三女，因而经济一直不富裕。万历二十八年（1600）、三十一年（1603）、三十七（1609）年陶允嘉皆登乙榜，而其子崇道已于万历二十八年（1600）中举，万历三十八年（1610）中进士，乡人因而戏谑说："为何老子还是如此！"允嘉苦涩地回答："早知儿子能够这样，我又何必骑在驴背上，苦苦挣扎呢?"自此断绝参加乡试的念头，唯以诗酒自娱。出于生计，又于万历四十年（1612）为即墨县（今属山东省）幕僚，次年任东莱县幕僚，后以副贡入选，任中都别驾，驻正阳。万历四十八年（1620）任福建盐运同知，自此家业始丰。张岱母亲陶氏（1575—1620）是外祖父的大女儿，娘家没有丰厚的陪嫁，仅以“荆布遣嫁”[①]，因而遭到祖母朱恭人的歧视。不管母亲如何孝敬婆婆，勤劳俭朴，始终得不到婆婆的谅解和怜惜。母亲怀上了张岱以后，仍然全力操持家务，烧饭、打扫卫生，饮食上虽然不缺吃的，却总是蔬食淡饭；父亲专心攻读四书五经，专注于八股文的写作，家务事完全不管；祖父则常年在外做官。母亲妊娠期间该如何进补、吃得好些，祖母根本不提起，也不安排。母亲有时感到劳累了，就回娘家休息几天。外祖母看见母亲疲乏劳累的样子，非常心疼，总是要杀鸡宰鸭让母亲吃上一些。但是嫁出去的女儿总不能养在家里，母亲住不上几天就得回家，因为家里总有事情等着她去做，而且她也不放心父亲。就这样，张岱出生后，身体瘦弱得很。冬天虽然穿得暖暖的，却还是经常感冒咳嗽，一咳起来，接连不断，咳得头上青筋露出，连喂下去的奶也吐了出来。母亲父亲看此情形，非常着急，请来了当地的名医吴竹庭看视，吴医指出是妊娠期间营养不好，劳累过度，才导致胎儿体质虚弱。

故张岱《自为墓志铭》中有：“幼多痰疾，养于外大母马太夫人者十年。外太祖云谷公宦两广，藏生牛黄丸盈数簏，自余囡地以至十有六岁，食尽之而厥疾始瘳。”[②]母亲生了平子、山民之后，家里人口日繁。祖父考虑到祖母与母亲的尴尬关系，

① (明)张岱著，夏咸淳校点：《张岱诗文集·家传》，上海古籍出版社1991年版。

② (明)张岱著，云告校点：《琅嬛文集·自为墓志铭》，岳麓书社1985年版。

加上仲叔、三叔陆续成了家，于是分灶而食，祖母喜欢和三叔一起居住。父亲分到了大厅和东厢楼屋三间，还有上百亩田地。由于母亲勤俭持家，家底逐渐丰实，生活也好起来了。

聪隽善属对，深受家人亲友赞赏

张岱作为张家的长房孙子，深得祖父、父亲和叔父辈的喜爱。父亲张耀芳对张岱寄予厚望，从三四岁起就教其学诗、属对、习字，带他一起出入亲朋长辈之家，练习拜见之礼和胆量。父亲和叔父、外祖父和三位舅舅皆长年累月生活于书室，孜孜不倦地奔波于科举之途，谈的话题皆是书中之事，在张岱四岁、七岁、十二岁时，外祖父仍和大舅、二舅、三舅一起参加乡试。受到周围环境的影响，幼小的张岱十分喜欢读书、习字、属对，养成了思考的习惯，而且反应敏捷。万历三十年（1602）正月，张岱跟随母亲在外祖母家，三位舅舅早就听姐姐说很多人夸奖外甥灵隽善对，都想考考这位外甥。于是，由二舅陶崇道（号虎溪），指着大厅壁上的一幅画，出了上联“画里仙桃摘不下”，要六岁的张岱对出下联。谁知张岱用手摸了摸脑袋，只稍稍思索几秒钟，随口就说出“笔中花朵梦将来”。霎时让三位舅舅眼对眼地看着，感到十分惊奇。二舅情不自禁地称他为“今之江淹”。

张岱在外祖母家属对的事，很快从陶堰传到了山阴城里，祖父、父亲、叔父们自然很是高兴，但也有人说那是有人从旁提示，添油加醋，六岁的小孩哪能这样聪明呢？刚好正月十五元宵节在外太祖（朱赓）家放灯塔山，六岁的张岱就吵着要去外太祖家看灯。十五日上午辰时，父亲和二叔带着张岱来到外太祖家，稍事招呼就径直从逍遥楼登上塔山。只见一座门楼，有三层高，从上到下，每层挂有五、七、九盏灯，呈大、中、小型，各层皆有门额，最上层是“庆赏元宵”，下层是“与民同乐”。塔山磴道两旁搭有木架，架上挂有各种各样的彩灯，每座木架其中有一大灯，俗曰“呆灯”，画有四书和《千家诗》的故事，其他灯上或写灯谜，可环立猜射。应天塔下有环塔木架，架上挂有红纸荷花琉璃灯百盏，以佛图、灯带间隔。塔山脚下早已有人占了座位、摊位，三五成群，或搬东西，或互相招呼，声音嘈杂。看完了灯景布置，回到外太祖家吃午饭。饭刚吃完，二舅祖朱石门家的三四个门客早就耳闻朱家有位曾外甥很聪明善对，将信将疑的他们就把六岁的张岱围在中间，一个门客指着天井两旁的荷花缸，出对曰“荷叶出盘难贮水”，张岱习惯性地用手摸了摸脑袋，很快地就吟出“榴花似火不生烟”的下联，几个门客听了，连称：“真神童也！真神童也！”从此，张岱灵隽善对的名声就愈传愈远，愈传愈神了。

万历三十一年（1603），叔祖父张汝懋在家休养，七岁的张岱去看他。平时张汝懋不言不笑，小孩子见了他都有点害怕，不知为什么，唯见了张岱这位孙儿，平时的严肃劲儿就不见了。他拉住张岱，笑嘻嘻地让他坐在自己大腿上。张岱也和其他孩儿不一样，总是高兴地向叔祖父问这问那，有时还用小手捋着叔祖父的胡须。叔祖父乘机说：“听说你擅长属对，你就以胡须为题作副对吧！”张岱看看叔祖父满脸痘瘢、眼眶臃肿、络腮胡须的样子，用手摸了摸头，随口吟出：“美目深藏，核桃缝中寻芥子；劲髭直出，羊肚石上种菖蒲。”引得叔祖父拍掌大笑。张岱祖父虽然长年做官在外，但一年之中仍有一两次回家，遇见贵客来访，或者外出做客，总要带上这位长孙，这也是有意让张岱长见识、练胆量。万历三十二年（1604），祖父带着张岱住在杭州寄园，一起访问他的朋友黄汝亨。张岱亲眼看见黄先生“交际酬酢，八面应之，耳聆客言，目睹来牍，手书回札，口嘱傒奴，杂沓于前，未尝少错”[①]，那有条不紊、八面玲珑的应对方式，使他赞不绝口，钦佩不已。第二年，张岱跟随祖父在杭州寄园旁游览，恰好碰上陈继儒先生骑着祖父送给他的鹿做客钱塘县，于是祖父顺便邀请他到寄园做客。宴席间，陈继儒询问祖父说，听说你的孙子很会做对子，能当面考考吗？于是便指着厅堂前屏上的《李白骑鲸图》出了上联：“太白骑鲸，采石江边捞夜月。”张岱不慌不忙，摸了摸脑袋，稍作思索，随口就答出下联：“眉公跨鹿，钱塘县里打秋风。”除了对仗工整，还略带一点调侃的味道，确实是才思敏捷。难怪眉公大笑说：“那得灵隽若此，吾小友也。”祖父去世后七年，张岱《古今义烈传》完稿，托人向陈继儒索序，老人欣然受之，赞扬其“条序人物，深得龙门精魄，典赡之中，佐以临川，孤韵苍翠……洵

① (明)张岱著，弥松颐注：《陶庵梦忆·奔云石》，上海书店印行1982年版。

是持世之作”[①]。

好读书，祖父亲授读书之法

万历三十四年（1606），祖父张汝霖升任山东提学副使，任上曾力排众议，于黜落卷中录取“古文崛”[②]，“每篇字不满三百，多不作结语”[③]的文士李延赏，结果遭到弹劾，罢职归家。

五年后，即万历三十九年（1611），祖母朱恭人去世于三叔之侧屋。因为侧屋房子狭小，不便进行丧礼，祖父想将祖母的遗体与床板迁移到大厅，设灵堂祭奠，但风俗认为不宜入宅，因而犹豫不决。当时张岱父母亲一家全居住于大厅，母亲竭力主张将祖母遗体迁移到大堂，情愿承受迁移后出现的凶险，母亲这种不以忌讳考虑、顾全大局的主张，深得祖父及叔父们的赞赏。祖母去世后，祖父尽遣姬侍，独自一人徙居天镜园。天镜园，据祁彪佳《越中园亭记》之三“城南”条下记载：“天镜园，出南门里许为兰荡，水天一碧，游人乘小艇过之，得天镜园。园之胜以水，而不尽于水也。远山入座，奇石当门，为堂为亭，为台为沼，每转一境界，则自有丘壑，斗胜簇奇，游人往往迷所入。其后五泄君（张岱之族祖父）新构南楼，尤为畅

① (明)陈继儒著:《古今义烈传序》,见(明)张岱著,夏咸淳校点:《张岱诗文集·附录》,上海古籍出版社1991年版。

② (明)张岱著,夏咸淳校点:《张岱诗文集·家传》,上海古籍出版社1991年版。

③ (明)张岱著,夏咸淳校点:《张岱诗文集·家传》,上海古籍出版社1991年版。

绝。越中诸园，推此为冠。”[①]张岱《陶庵梦忆·天镜园》也有记载：“天镜园浴凫堂，高槐深竹，樾暗千层，坐对兰荡，一泓漾水，水木明瑟，鱼鸟藻荇，类若乘空。余读书其中，扑面临头，受用一绿，幽窗开卷，字俱碧鲜。”[②]可见天镜园周围环水，园内高槐深竹、绿树成荫，是一个读书养心的好处所。祖父将藏书移此，静时阅读阐述；书余，则与堂祖父髯长负责开发九里山，经常拄杖行走于山崖间，同时周游五泄、天台、雁荡等胜地，排遣胸中郁闷，写下了许多诗文。编有《砎园文集》四卷，惜未传。

从万历三十四年（1606）落职闲居至万历四十二年（1614）起用的近十年时间里，祖父对张岱的成长极其关注。张家藏书十分丰富，经过高祖父与曾祖父、祖父三代的积贮，至祖父手里已有三万余卷。祖父当面对张岱说：“几个孙儿当中，只有你最喜欢读书了，你要读书，随时可以带去看。”张汝霖受其父影响，教子孙读书方法别具一格。明人读经，以习八股之法，多限于朱熹注解，而张汝霖完全不同，读经书只让儿孙读白文，不读注解，尤其不让读朱熹的注解。他曾向张岱反复说过，凡看经书，不要读各家的注解，让它影响自己对经文的理解；要端坐，集中精神，反复朗读经文十数次至数十次，在朗读中思考求得理解，这样自然就会弄懂；有些文句一时不能理解，就

---

① (明)祁彪佳著:《祁彪佳集》卷八,中华书局1960年版。

② (明)张岱著,云告校点:《陶庵梦忆·天镜园》,上海书店印行1982年版。

把它记下来，经过一段时间，或者读其他书，或者听他人谈论，或在外游览，就会有所感触而豁然弄懂。祖父教的读书方法，使张岱摆脱了朱注的束缚，在思想上得以自由发展，让他可以根据自己的兴趣爱好，广泛阅读各方面的作品，为日后学术上的发展夯实了基础，可谓是终身受益。

事实上张岱也正是这样做的。他在读《左传》《国语》《史记》《汉书》《后汉书》《文选》《庄子》《列子》《韩非子》《管子》等诸子史籍过程中，将不认得的字、难字、奇字写在纸片上，通过向人请教或自己查找有关资料弄清楚，将其义、读音一一记在纸片上。他反对读书一目数行，将那些难字奇字的音、义含混带过，不加深究；当别人摘出其中的难字、奇字问自己，则茫然不能回答的读书方法。[①]他认为凡人名、官爵、年号、地名，有益于“文理考校”，如人名中的“四岳”“三老”“臧谷”“徐夫人”，或“瀛洲十八学士”“云台二十八将”等，皆应记熟。为此，他在读书生涯中，将其涉猎的有关经、史、子、集的资料分门别类，上至天文，下至地理，旁杂三教九流、诸子百家、人伦政事、礼乐科举、职官考古、花卉草木、禽兽麟豸、鬼神怪异、日用宝玩、方术技艺等共计二十个大类（部）、一百三十个子目、四千多个条目，后来编辑成为《夜航船》，俨然是一部小型百科全书。可见张岱读书是十分认真、深入、细致的，是严格遵照祖父指导的读书方法实践的，因而打下了坚实的文

---

① (明)张岱著，云告点校：《琅嬛文集》卷一，岳麓书社1985年版。

字和知识基础。

"祈梦南镇"：对人生价值的探求

对张岱来说，十五六岁是他人生最快乐的年代，也是最富有梦想的年代。他在《南镇祈梦》中写道："某也躨跜偃潴，轩翥樊笼，顾影自怜，将谁以告？为人所玩，吾何以堪！一鸣惊人，赤壁鹤耶？局促辕下，南柯蚁耶？得时则驾，渭水熊耶？半榻蘧除，漆园蝶耶？神其诏我，或寝或吪；我得先知，何从何去。择此一阳之始，以祈六梦之正。"[①]通过自己做梦、求神解梦的方式，表现了一个生活在官宦家庭的纨绔子弟胸怀大志，对前途理想热烈追求而又困惑不安的心理。张岱在阅读诸子史籍的过程中，反复深究其中的人物典故，终日萦回于脑海中。"日有所思，夜有所梦"，因而也如黄帝梦华胥国、孔子梦两楹、秦始皇得赤玉舄、郑人梦蕉鹿、苏轼梦二道士羽衣翩跹、姜太公垂钓于渭水遇文王、庄子梦蝶一样，接连不断地做了许多梦。他不甘心自己像昆虫，在水边时而停止时而盘屈慢腾腾蠕动，要像挣脱鸟笼在空中展翅高飞的苍鹰一样；他不愿受到家人的管束，要像苏东坡夜游赤壁遇见的孤鹤一样，横江东来、掠舟西去，自由自在率性而行；但他又担心富贵无常而有所顾忌，显得有些局促不安。什么时候能像姜子牙垂钓渭滨、遇上贵人的提携而风云际会呢？这些想法难道只是像庄子睡在凉床上做

① (明)张岱著，弥松颐注：《陶庵梦忆·南镇祈梦》，上海书店印行1982年版。

的白日梦吗？南镇神啊，你快点告诉我吧！让我早点知道自己的前途，以便考虑采取相应的行动。“功名志急”，他已经十六岁了，什么时候才能实现自己的功名呢？执着和迷惘交织形成的淡淡哀愁，表明了张岱已在内心深处开始对人生价值做形而上的思考和探索，这正是未来事业启动的力量源泉。他带着早已写好的“祈梦疏”，准备好祭祀的牲礼，携带两位仆从，于冬至日上午来到了南镇庙，虔诚地摆上牲品，燃起香烛，三叩九拜，烧了“祈梦疏”，祈祷南镇神的垂鉴。

会稽山，在我国历史上被列为五岳五镇、四海四渎中的南镇，名曰“南镇会稽山”。南镇庙，位于会稽山香炉峰的北坡。有正殿五间，后殿五间，东西两庑各十四间；碑亭两座，在中门外对峙相向；另有斋房、宰牲房。整座建筑庄严宏敞。张岱在《夜航船》卷二《地理部·山川》目中“五镇”条下写着：“南镇会稽山，永兴公在绍兴。”[①]“镇”者，尊也，南镇庙作为镇山的标志由此而来。我国南方名山无数，为何会稽山能列为五岳之外的五座镇山之首呢？那是因为大禹治水成功，会诸侯计功于此，使“南方诸山虽大且众，莫敢与等夷”[②]。历代朝廷都视南镇会稽山为圣地，年年在京都遥祭或派遣官员致祭，绍兴当地则每岁于春秋两次祭祀。《周礼》曰：“扬州之镇山曰会稽。”秦并天下，以会稽山为名山，祭用牲犊圭璧。唐之淳诗

① (明)张岱著,刘耀林校注:《夜航船》,浙江古籍出版社1987年版。

② (汉)赵晔著:《吴越春秋》,江苏古籍出版社1986年版。

曰："惟昔作巨镇，此地压荆扬。计功自神禹，望祀及秦皇。"山川海渎之封起于唐代，唐天宝十年（751）封会稽山神为永兴公，宋政和三年（1113）加封永济王，金章宗完颜璟明昌（1190—1196）年间改封永兴王，元大德三年（1299）改封明德显应王，明洪武三年（1370）改称"会稽山之神"。

南镇建庙，始于隋开皇十四年（594）依山立祠，唐贞元九年（793）越州刺史奉命建庙，大中祥符二年（1009）诏南镇立碑，标明四至，其时庙广东西四十五丈、南北二百〇五丈，门庑堂序凡四十一楹。以后历代皆有重修或重建。绍兴旧时每年农历二月初一至二月十九，或于冬至有"嬉南镇"的习俗，男女老幼齐集南镇庙，求签拜神，灵验异常，因此张岱才有此举。

第三章　纨绔习气

祖父罢职，以蓄养声伎、周游山水为消遣

祖父张汝霖于万历三十四年（1606）山东提学副使任上，主持省试，力排众议，于落卷中录取文士李延赏。在考卷送达礼部后，遭到时任礼科右给事中汪若霖的弹劾，罢职归家。《明史》卷二百三十“汪若霖”条记载曰：“兵部主事张汝霖，大学士朱赓婿也。典试山东，所取士有篇章不具者。若霖疏劾之，停其俸。”汪若霖此次弹劾张汝霖并非其真正目的，他真正的矛头直指当时独掌内阁的朱赓，其中有着复杂的党争背景。张汝霖原为朝廷举荐人才，却遭到了罢官，归家后心情郁闷，意志消沉。为了排遣被罢职的不快，祖父效法老友范长白、包涵所移情戏剧的做法，采办优童，创办了“可餐班”，有优童张彩、王可餐、何闰、张福寿等名角；以后又在杭州寄园创办了“武

陵班”，有何韵士、傅吉甫、夏清之等较为出名。[①]祖父亲自教习，早晚观剧，沉浸在丝竹戏曲之中。又大兴园林，砎园建筑极其繁华，人称“蓬莱阆苑”。[②]在此之前，张岱舅祖朱石门，倚仗其父亲朱赓礼部尚书兼东阁大学士的权力和家声，巧取豪夺，广置田宅，极喜收藏，“秦铜汉玉，周鼎商彝，哥窑倭漆，厂盒宣炉，法书名画，晋帖唐琴，所蓄之多，与分宜埒富”[③]。其后祖母去世，祖父尽遣姬侍，独居天镜园，拥书万卷，每天从事阐述；空闲之余，开辟九里山，或游览五泄、洞岩、雁荡、玉甄等风景名胜，写作诗文。在舅祖朱石门的影响和祖父的推波助澜下，父叔辈皆仿而效之。仲叔张联芳，自幼为舅氏石门欢喜，遂向他学习古董鉴赏，暗中收藏古画法帖、各种古董。万历三十一年（1603）于淮安以两百两银子与淮抚李修吾竞买长丈六、阔三尺、滑泽坚润的铁黎木天然几，李修吾派马追赶，知道是相国朱赓外甥才悻悻作罢。自此以后，仲叔收藏日益增多，成为江南五大家[④]之一。万历三十四年（1606）于龙山脚下兴建书斋三楹，专门用于贮藏名画、鼎彝玩好。四叔烨芳，字尔蕴，号七盘，生而不喜文墨，专与里中富甲子弟“弹筝蹴鞠，陆博蒱摴，傅墨登场，斗鸡走马，食客五六十人”[⑤]。他曾在演

---

① (明)张岱著，弥松颐注：《陶庵梦忆·张氏声伎》，上海书店印行1982年版。

② (明)张岱著，弥松颐注：《陶庵梦忆·砎园》，上海书店印行1982年版。

③ (明)张岱著，弥松颐注：《陶庵梦忆·朱氏收藏》，上海书店印行1982年版。

④ 其余四人为余姚王阳明、山阴朱石门、湖州项墨林、嘉兴周铭仲。

⑤ (明)张岱著，云告校点：《琅嬛文集·家传》，岳麓书社1985年版。

武场搭一大台，选徽州旌阳戏子，“剽轻精悍、能相扑跌打者三四十人，搬演目莲，凡三日三夜”[①]。其后张岱父亲因为屡困科场，牢骚抑郁，遂致胃病，母亲为了转移父亲的注意力，纾解他的情绪，听任父亲兴建楼船，采办优童，创办“梯仙班”，其中有高眉生、李岕生、马蓝生等名角。楼船落成之日，“自大父以下，男女老稚，靡不集焉。以木排数重搭台演戏，城中村落来观者，大小千余艘”[②]。张岱曾在回忆此段生活时十分感慨地说“我张氏自文恭以俭朴世其家”。他详尽列举曾祖父治家严肃俭朴的事迹：待二子、二子妇及二异母弟、二弟媳以礼；黎明击铁板三下，齐聚堂下，曾祖母、祖母担心早起来不及梳头、洗面，晚上睡时戴着缠头保护发髻不让它散乱；曾祖父五十岁生日时，看见祖母辈穿戴绣衣、戴着珠玉庆贺大为生气，让她们把绣衣及珠玉烧毁，更换布衣才允许拜见；晚上督促二子读书至半夜才可就寝；曾祖母勤俭持家，每日结线网巾一二顶拿出去卖数十文钱。“而后来宫室器具之美，实开自舅祖朱石门先生，吾父叔辈效而尤之，遂不可底止。”[③]其中也有对祖父的不满。

沾染纨绔习气，极爱繁华

张岱生活在张家由俭朴转入豪奢、讲究享乐的环境中，作

① (明)张岱著，弥松颐注：《陶庵梦忆·目莲戏》，上海书店印行1982年版。

② (明)张岱著，弥松颐注：《陶庵梦忆·楼船》，上海书店印行1982年版。

③ (明)张岱著，云告校点：《琅嬛文集·家传》，岳麓书社1985年版。

为聪慧、乖巧的长孙，深得家族钟爱。据他后来回忆说：“余生钟鼎家，向不知稼穑。米在囷廪中，百口丛我食。婢仆数十人，殷勤伺我侧，举案进饔飧，庖人望颜色。喜则各欣然，怒则长戚戚。”[①]在这样一个奴仆成群、衣来伸手、饭来张口的官宦之家，加之舅祖朱石门追逐宫室器具之美的影响，父亲叔父辈竞相效法，特别是在祖父落职后，蓄养声伎，以丝竹陶写的环境和时风的熏染下，张岱自小就沾染上纨绔子弟的习气。在经历国变、痛定思痛后所作的《自为墓志铭》中，他毫不讳言：“蜀人张岱，陶庵其号也。少为纨绔子弟，极爱繁华，好精舍，好美婢，好娈童，好鲜衣，好美食，好骏马，好华灯，好烟火，好梨园，好鼓吹，好古董，好花鸟，兼以茶淫橘虐，书蠹诗魔。”[②]

好美食。张岱讲究“食不厌精、脍不厌细”的饮食之道。首先，他喜欢吃各地的特产，千方百计搜罗，“远则岁致之，近则月致之、日致之”[③]。他几乎吃遍了各地的名产：远的如北京的苹果、黄鼠、马牙松，山东的羊肚菜、秋白梨、文官果、甜子，福建的福橘、福建饼、牛皮糖、红腐乳，江西的青根、丰城脯，山西的无花果，苏州的带骨鲍螺、山楂丁、山楂糕、松子糖、白圆、橄榄脯，南京的套樱桃、桃门枣、地栗团、莴笋

① (明)张岱著，夏咸淳校点：《张岱诗文集·春米》，上海古籍出版社1991年版。

② (明)张岱著，夏咸淳校点：《张岱诗文集·自为墓志铭》，上海古籍出版社1991年版。

③ (明)张岱著，弥松颐注：《陶庵梦忆·方物》，上海书店印行1982年版。

团、山楂糖等；近的有嘉兴的马鲛鱼脯，陶庄的黄雀，杭州的西瓜、鸡豆子、花下藕、韭菜、玄笋，塘栖的蜜橘，萧山的杨梅、莼菜、鸠鸟、青鲫、方柿，诸暨的香狸、樱桃、虎栗，嵊县的蕨粉、细榧、方柿，龙游糖，临海枕头瓜，台州的瓦楞蚶、江瑶柱，浦江的火肉，东阳的南枣，山阴的坡塘笋、谢橘、独山菱、河蟹、三江屯蛏、白蛤、江鱼、鲥鱼、里河鰦等。地域之广，种类之多，可谓不胜枚举。他还极其讲究吃法，可谓“食不厌精、脍不厌细”，“食鸡而知其栖恒半露，啖肉而识其炊有劳薪”[1]。至于熟食，讲究烹饪技巧，“失饪不食”；“炙肉以芝麻花为末，置肉上，则油不流……煮老鸡，以山楂煮即烂，或用白梅煮，亦妙”[2]。蔬菜，讲究适时新鲜，不时不鲜则不食。尤讲究对水果、河蟹的选择。如食橘，要求“青不撷，酸不撷，不树上红不撷，不霜不撷，不连蒂剪不撷；故其所撷，橘皮宽而绽，色黄而深，瓤坚而脆，筋解而脱，味甜而鲜”[3]。食方柿，“必树头坚脆如藕者”，还要以“桑叶煎汤，候冷，加盐少许，入瓮内，浸柿没其颈，隔二宿取食，鲜脆异常”[4]。食河蟹，则是待十月“壳如盘大，中坟起，而紫螯巨如拳，小脚肉出，油油如螾蜑，掀其壳，膏腻堆积，如玉脂珀屑，团结不

① (明)张岱著，夏咸淳校点：《张岱诗文集·老饕集序》，上海古籍出版社1991年版。

② (明)张岱著，刘耀林校注：《夜航船·物理部·饮食》，浙江古籍出版社1987年版。

③ (明)张岱著，弥松颐注：《陶庵梦忆·樊江陈氏橘》，上海书店印行1982年版。

④ (明)张岱著，弥松颐注：《陶庵梦忆·鹿苑寺方柿》，上海书店印行1982年版。

散”[①]，还要“从以肥腊鸭牛乳酪……饮以玉壶冰，蔬以兵坑笋，饭以新余杭白，漱以兰雪茶”[②]。牛乳酪必须是自做的，“夜取乳置盆盎，比晓，乳花簇起尺许，用铜铛煮之，瀹兰雪汁，乳觔和汁四瓯，百沸之。玉液珠胶，雪腴霜腻，吹气胜兰，沁入肺腑”[③]。他还积累了食物腌制的收藏经验，如：“糟蟹久则沙，见灯亦沙，用皂角一寸置瓶下，则不沙。”“糟茄入石绿，切开不黑。”“糟茄，须旋摘便糟，仍不去蒂萼为佳。”“糟姜，瓶内安蝉，虽老姜亦无筋。”“糟姜时，底下用核桃肉数个，则姜不辣。”“糟姜入瓶中，糁少许熟栗子末于瓶口，则无滓。”“腌鱼，用矾盐同腌，则去涎。”[④]“收枣子，一层稻草一层枣，相间藏之，则不蛀。”“藏栗不蛀，以栗篰烧灰淋之，浸二宿出之，候干，置盆中，以沙覆之。”“藏桃、梅之属于竹林中，拣一大竹，截去上节，留五尺，通之，置果于竹中，以箬封泥涂之，隔岁如新撷。”[⑤]。

好茶水。张家对饮茶特别讲究，辨水选茶，不嫌惮烦，山茶泉水一经品题，虽远在千里，亦必设法罗致于茶炉几席间，互相矜夸，自以为乐。张岱祖父张汝霖染有茶癖，每煮茶，所

---

①（明）张岱著，弥松颐注：《陶庵梦忆·蟹会》，上海书店印行1982年版。

②（明）张岱著，弥松颐注：《陶庵梦忆·蟹会》，上海书店印行1982年版。

③（明）张岱著，弥松颐注：《陶庵梦忆·乳酪》，上海书店印行1982年版。

④（明）张岱著，刘耀林校注：《夜航船·物理部·饮食》，浙江古籍出版社1987年版。

⑤（明）张岱著，刘耀林校注：《夜航船·物理部·果品》，浙江古籍出版社1987年版。

用水必是运自无锡惠山水，由人从惠山运至绍兴，贮而藏之。除自饮外，也用来招待当地缙绅。会稽之陶溪、萧山之北干、杭州之虎跑泉，虽近也不屑运取。当时绍兴城内有些缙绅竟不知惠水是哪里的水，颇使张汝霖扫兴。一天，有一位乡绅上张家，张汝霖待以惠泉茶，这位乡绅回头对着他的仆人说："我家靠近'卫前'，而不知提水喝，记住！"将"惠泉"讹为"卫前"。至张岱时，已不能用惠山泉了，于是自己找泉水煮茶。万历四十二年（1614）张岱于绍兴城中长庆寺发现禊泉。禊泉水色如"秋月霜空"，"啜之，磷磷有圭角"。[①]后来至禊泉汲水者日众，长庆寺僧苦于应付，于是决沟水坏禊泉，张岱曾率仆人至禊泉多次疏浚，僧人亦多次坏之。崇祯五年（1632）又在琶山祖垄发现一小泉，虽空灵不及禊泉，但更为清冽，取名为"阳和泉"。张岱特别讲究茶叶的焙制技法。他特别推崇日铸茶，认为"日铸者，越王铸剑地也。茶味棱棱，有金石之气"[②]。他从三峨叔用松萝焙法焙瑞草茶，茶香扑冽中受到启发，招募歙人用"扚法、掐法、挪法、撒法、扇法、炒法、焙法、藏法"[③]炒制日铸，又杂入茉莉，"以旋滚汤冲泻之，色如竹箨方解，绿粉初匀；又如山窗初曙，透纸黎光"[④]，遂取名为"兰雪"。经他这样一番调制，四五年内，"兰雪茶"在绍兴市面上十分抢

① （明）张岱著，弥松颐注：《陶庵梦忆·禊泉》，上海书店印行1982年版。
② （明）张岱著，弥松颐注：《陶庵梦忆·兰雪茶》，上海书店印行1982年版。
③ （明）张岱著，弥松颐注：《陶庵梦忆·兰雪茶》，上海书店印行1982年版。
④ （明）张岱著，弥松颐注：《陶庵梦忆·兰雪茶》，上海书店印行1982年版。

手，“越之好事者，不食松萝，止食兰雪”[①]，一时传遍江南。

在长年累月的饮茶实践中，张岱的口舌不仅能辨水质水味，还能辨别产地。崇祯十一年（1638）九月，张岱刚至南京，老朋友周又新在他面前竭力称赞闵汶水的茶水，于是他马不停蹄地赶往桃叶渡去访问闵汶水。时已傍晚，闵汶水外出，张岱不得已坐在店中等待。等了很久，才见一精神矍铄的老头从外回来，于是叙礼介绍，说明来意。正想详细攀谈，闵汶水突然站起说手杖遗留在某地，要去找回，便往外走。张岱想今天既然来访汶水，不尝尝汶水茶，等于入宝山空手而回，于是仍静静地坐等其回家。哪知等到闵汶水觅杖回家，天色已晚。汶水点灯问张岱：“你到这里来有什么重要事情吗？”此时张岱才有机会将自己想要畅饮闵老茶水等意思说完。汶水听了十分高兴，连忙当炉煮茶，将张岱引到窗明净几、陈设整齐的茶室，拿出荆溪壶和宣窑瓷瓯等十余种器具，泼茶入具，茶色和瓷瓯的颜色无别，香气清远，几乎使张岱狂喜欲叫。啜之，他随即询问汶水：“是何茶？是何水？”汶水故意骗他说：“是阆苑茶、惠泉水，你觉得味道怎样？”张岱再啜一口，细辨其味，审视其色，笑着对汶水说：“不要骗我。茶也像罗岕，制法与阆苑同，而味道却不一样；至于水，由惠山运至金陵，有千里之远，为什么水的圭角丝毫不动，水质新鲜如原来一样？”汶水听了这一番点评，连声称奇说：“你真是位‘茶精’，所说很对。茶叶的确是

---

①（明）张岱著，弥松颐注：《陶庵梦忆·兰雪茶》，上海书店印行1982年版。

罗岕，而水是惠泉。所谓千里运水，水质生鲜而圭角不动者，那是用船运送罢了。”说完，汶水端上一壶茶递给张岱：“你再喝喝这一壶，大概能分辨这壶茶叶与那壶茶叶采集的季节有所不同。”张岱连啜两口，便说：“此茶香味扑鼻，味道浓厚，是春茶；而先前所煮者一定是秋天采摘的。”汶水听了呵呵大笑说：“我今年已经七十岁了，讲究饮茶已经五十余年，从来没有遇上像你这样精于茶道的，难道周又新口口声声向我介绍的山阴张宗子，说的就是你吗？”二人于是订交，接连几天共同品尝茶水，真所谓“茶知己”也。

好华灯，好烟火。明末绍兴城里灯事铺张、绮丽繁华，在江南一带也算是有名。绍兴城里的灯市，大概是从上元节前两三天一直赛到正月十五或十六夜为止。《陶庵梦忆》里有乡村夫妇进城来钻灯棚、走灯桥，“天晴无日无之”的内容。如《龙山放灯》载道：“万历辛丑年，父叔辈张灯龙山，剡木为架者百，涂以丹雘，帨以文锦，一灯三之。灯不专在架，亦不专在磴道，沿山袭谷，枝头树杪无不灯者，自城隍庙门至蓬莱冈上下，亦无不灯者。山下望如星河倒注，浴浴熊熊；又如隋炀帝夜游，倾数斛萤火于山谷间，团结方开，倚草附木，迷迷不去者。好事者卖酒，缘山席地坐。山无不灯，灯无不席，席无不人，人无不歌唱鼓吹。男女看灯者，一入庙门，头不得顾，踵不得旋，只可随势潮上潮下，不知去落何所，有听之而已。庙门悬禁条：禁车马，禁烟火，禁喧哗，禁豪家奴不得行辟人。父叔辈台于大松树下，亦席，亦声歌，每夜鼓吹笙簧与宴歌弦管，沈沈昧旦。十六夜，张分守宴织造太监于星宿阁，傍晚至山下，见禁条，太监忙出舆笑曰：‘遵他，遵他，自咱们遵他起！’却随役，用二丱角扶掖上山。夜半，星宿阁火罢，宴亦随罢。灯凡四夜，山上下糟丘肉林，日扫果核蔗滓及鱼肉骨蠡蜕，堆砌成高阜，拾妇女鞋挂树上，如秋叶。”①

张家私人放灯尚且豪奢如此，那县城灯景更是豪华热闹："绍兴灯景，为海内所夸者，无他，竹贱、灯贱、烛贱；贱，故家家可为之；贱，故家家以不能灯为耻。故自庄逵以至穷檐曲巷，无不灯，无不棚者。棚以二竿竹搭过桥，中横一竹，挂雪灯一、灯球六。大街以百计，小巷以十计。从巷口回视巷内，复迭堆垛，鲜妍飘洒，亦足动人。十字街搭木棚，挂大灯一，俗曰‘呆灯’，画四书、《千家诗》故事，或写灯谜，环立猜射之。庵堂寺观，以木架作柱灯及门额，写‘庆赏元宵’‘与民同乐’等字。佛前红纸荷花琉璃百盏，以佛图、灯带间之，熊熊煜煜。庙门前高台，鼓吹五夜。市廛如横街、轩亭、会稽县西桥、闾里相约，故盛其灯。更于其地斗狮子灯，鼓吹弹唱，施放烟火，挤挤杂杂。小街曲巷有空地，则跳大头和尚，锣鼓声错，处处有人团簇看之。城中妇女多相率步行，往闹处看灯；否则，大家小户杂坐门前，吃瓜子糖豆，看往来士女，午夜方散。乡村夫妇多在白日进城，乔乔画画，东穿西走，曰‘钻灯

---

①（明）张岱著，弥松颐注：《陶庵梦忆·龙山放灯》，上海书店印行1982年版。

棚'，曰'走灯桥'，天晴无日无之。"[1]

张岱儿时骑在奴仆肩上观灯，成年后豢养奴仆自己置办灯具，每年都追求新意，有不同，每年都有新花样。从追求明亮，必用如椽大烛，传令数人剪卸烬煤，到追求以五十金办一主灯，另一烧珠、料丝、羊角、剔纱诸灯辅之；后又以灯演剧结合队伍鼓吹，让家优串演元杂剧四五十本；演四出，穿插队舞、鼓吹、弦索各一回，妥善处理前后衔接浓淡、繁简、松实的关系，成为绍兴灯事最盛的一家。[2]张岱好烟火，因为其父曾任鲁肃王右长史，所以每年他都要上兖州看望父亲，乘机看兖州烟火。《陶庵梦忆》中就有《鲁藩烟火》："天下之看灯者，看灯灯外；看烟火者，看烟火烟火外。未有身入灯中、光中、影中、火中，闪烁变幻，不知其为王宫内之烟火，亦不知其为烟火内之王宫也。"[3]《鲁府棚》《一尺雪》《菊海》等篇，都记叙了鲁藩府邸里的灯景烟火，要百倍繁华热闹于绍兴。

好古董。张家自祖父、父叔至张岱及其兄弟辈皆受其舅祖朱石门的影响，极好收藏古董，二叔张联芳及其儿子张介子更甚。张岱之父张耀芳曾以十七只犀觥购下"木犹龙"树的化石，进献鲁王，因犯忌遭拒载归，传为珍宝。崇祯年间枫社曾把它作为歌咏对象。《琅嬛文集》卷五的"跋""铭"，皆是张岱为亲手收藏的书帖、画卷和金、石、瓷、壶等珍玩作的书跋、书刻

---

① (明)张岱著，弥松颐注：《陶庵梦忆·绍兴灯景》，上海书店印行1982年版。
② (明)张岱著，弥松颐注：《陶庵梦忆·世美堂灯》，上海书店印行1982年版。
③ (明)张岱著，弥松颐注：《陶庵梦忆·鲁藩烟火》，上海书店印行1982年版。

文字。

好花鸟，好骏马。张岱祖父母喜欢豢养珍禽走兽，曾饲养“舞鹤三对，白鹇一对，孔雀二对，吐绶鸡一只，白鹦鹉、鹩哥、绿鹦鹉十数架”[①]。上有所好，下必甚焉。万历三十二年（1604），张岱父亲售一大鹿为祖父五十岁祝寿，因为祖父高大，鹿不能负，后转送陈继儒。外祖父陶允嘉官寿州曾购一骡，日行二百里，后退休归家，舅氏解送张岱，岱放之龙山脚下，随其自出觅食。[②]天启初年（1621），绍兴富家子弟盛行斗鸡之风，家家豢养一两只斗鸡。二叔张联芳、秦一生、张岱等人模仿古人王勃结斗鸡社，张岱为此写了《斗鸡檄》。他们每天带着斗鸡，以古董、书画、文锦、川扇等物作为赌资，争赌输赢。张岱豢养的斗鸡产自河北武安。据说，当年唐玄宗在位时，因喜民间清明斗鸡事，曾经立鸡坊于两宫间，竟蓄雄鸡千数，选六军小儿百人为皇帝鸡奴，命从小就斗鸡的贾昌为五百小儿长。贾昌豢养的斗鸡种就是产自河北武安。这种斗鸡品种优良，头小似蛇形，眼窝深凹，眉骨突出，嘴粗而直长而尖似鹰嘴，躯长脖长，胸宽，尾窄，两腿弯曲，爪细而长，羽毛紧贴身体，特别好斗，总是能主动进攻。张联芳、秦一生的斗鸡与张岱的斗鸡打，每次都败。张联芳用金属刺激斗鸡突出的爪距，架起鸡的翅膀，使它发出“啪啪”的响声来震慑，但还是被张岱的

① (明)张岱著，弥松颐注：《陶庵梦忆·宁了》，上海书店印行1982年版。

② (明)张岱著，弥松颐注：《陶庵梦忆·雪精》，上海书店印行1982年版。

鸡打败了。他曾听人说，徐州樊哙后裔养的斗鸡长颈乌喙善斗，派人暗中求访，结果未成，气恼了好一阵子。直到有一天，张岱读到唐传奇《东城老父传》中关于唐玄宗酉年酉月生，因爱好斗鸡而亡国的记载，联想到自己也是酉年酉月生，才停止了斗鸡的行为。

好美婢。张岱在家娶了一妻二妾，外出在杭州、南京期间皆有姬侍陪伴。在杭州有朱楚生，崇祯七年（1634）十月携朱楚生住不系园看红叶；至南京则有王月生；至牛首山打猎，有顾眉、董白跟随。崇祯年间，张岱几乎每年都要到南京秦淮河、扬州、苏州或者嘉兴等地小住，其间或由姬侍陪游，或至妓院消遣。

第四章　结社交友

张岱兴趣爱好极其广泛。从他留下的文字中，可以看到他曾与人结丝社、斗鸡社、噱社、读史社、蟹会和诗社；他有茶癖、戏癖、灯癖、古董癖、美食癖；他曾用心过举业，全身心投入诗词、戏曲、古文、史著的撰写；他还好游名胜，爱赶热闹，平生所到之处有辽宁、河北、山东、安徽、江苏、江西及浙江各地，其中南京、苏州、扬州、无锡、杭州、嘉兴、宁波等大中城市是他经常出没的地方。他交友甚广甚多，见闻也甚富。

以读书结社交友

万历四十一年（1613）三月初三日，张岱时年十六岁，拉同伴周戬伯、陆癯庵，同赴天章寺侧的兰亭旧址，参加王右军祠修禊活动。他在兰亭旧址停立观望多时，认为周围“竹石溪山，毫无足取，与图中景象相去天渊，大失所望，哽咽久之”[1]。后与陆癯庵、周戬伯订交，这种友情一直保持到张岱晚年。《张岱诗文集·寿陆癯庵八十》记载：“记余是年刚十七，遂与素心共晨夕。结发之友只三人，陆子癯庵、周戬伯。交友哪得花甲周？癸丑至今六十一。”结发之友尚有鲁云谷，“记与云谷游，余年当少小……往返二十年，知之尚不了”[2]。云庵道兄，“结发成知己，相与共晨夕。分灯读夜书，合篦谋朝食。水淫为斗茶，鸥盟惟虐橘。人称两孟尝，座中多狎客”[3]。

万历四十二年（1614），张岱时年十七岁。祖父张汝霖至南京，起复刑部主事，与黄汝亨等十余人结读史社于白门，张岱通过祖父的介绍也参与了读史社，并在南京购买了有关史籍，为他此后编撰《古今义烈传》和从事明史著作打下了坚实的基础。

万历四十四年（1616），张岱与范与兰、尹尔韬、何紫翔、王士美及胞弟平子、堂弟燕客学琴于王侣鹅。半年学会《渔樵问答》《列子御风》《碧玉调》《水龙吟》《捣衣环佩声》等二十余曲。他们组织了丝社，每月三次集中一起弹琴，交流心得体会。其中何紫翔、尹尔韬与张岱学得最好，琴技大有长进。万历四十六年（1618），又聘请著名琴师王本吾，继续学习琴曲，

---

①（明）张岱著，云告校点：《琅嬛文集·古兰亭辨》，岳麓书社1985年版。

②（明）张岱著，夏咸淳校点：《张岱诗文集·鲁云谷医痘》，上海古籍出版社1991年版。

③（明）张岱著，夏咸淳校点：《张岱诗文集·补贺云庵道兄七十寿辰》，上海古籍出版社1991年版。

张岱学会了《雁落平沙》《山居吟》《乌夜啼》《汉宫秋》《高山流水》等大曲，《胡笳十八拍》《普庵咒》等小曲，共三十余种。结业时，张岱曾同琴师王本吾、同学何紫翔及尹尔韬四人一起演奏，音调和谐，如出一手，听者十分佩服。以后又有琴师张慎行、何明台来绍传授琴曲，张岱能在比较中吸取他人之长，改进自己的不足，使琴技和乐理俱有收获。同年至芜湖，遇松江唐士稚，以所著《古今义烈传》之目录读之听，恐有未备，乞求士稚查补之。七日后，至松江访唐士稚，赞扬其多才多艺，博洽精敏。士稚为张岱之《古今义烈传》补入二百余人。

天启四年（1624），张岱时年二十七岁，为参加此年的乡试，从正月起就住在西湖边岣嵝山房读书，同学者有赵介臣、陈洪绶、颜叙伯、卓珂月及胞弟平子五人。岣嵝山房位于灵隐韬光山下，主人李芰，号岣嵝，武林人，一生未仕，也未结婚，孑然一身。擅长诗文，与徐渭友善，将山房建于回溪绝壑之上。好客，朋友至，则让僮仆驾船游于西湖之上。此地环境极其幽静，树荫蔽天。张岱与赵介臣一行五人，在此关门读书达七个月。读书之余，散步于冷泉亭、飞来峰之间。元僧杨琏真伽曾盗掘南宋皇陵，在飞来峰上看到为他塑造的佛像，大家都十分气愤，不仅连声痛骂，还用石块敲落他的头像，在他身上浇上小便。寺僧知道凿的是杨髡的佛像，也表示赞同。①

天启五年（1625），姑苏周孔嘉来绍租住轩亭之北，张岱常

① (明)张岱著，弥松颐注：《陶庵梦忆·岣嵝山房》，上海书店印行1982年版。

至其家，“剧谈竟日”[①]。周孔嘉乞求张岱帮忙请陈洪绶为之画水浒四十人像。经张岱的催促，陈洪绶花了四个月时间，终于画好了。[②]张岱亲笔为之题写“水浒牌”四十八人物赞[③]，赞文比像多出八人，有晁盖、阮小五、孙立、解宝、王英、凌振、扬雄、焦挺。也有可能是张岱水浒人物赞写在前，以供陈洪绶参考选择之用。

张岱还积极参与了诗社枫社的活动。枫社由王思任、祁彪佳等创建，参与结社的士子较多，既有退职的官员，也有读书人。正如杨凤苞在《书南山草堂遗集》中说：“明社既屋，士之憔悴失职，高蹈而能文者，相率结为诗社，以抒写旧国旧君之感，大江南北，无地无之。”在明末改朝换代的风暴里，许多士大夫、知识分子倡言结社，或借诗歌抒发抗清斗志，或逃避于山水风月，以全身远害。据祁彪佳的《祁忠敏公日记》记载，从崇祯八年（1635）四月至崇祯十五年（1642）九月期间皆有活动。《祁忠敏公日记·林居笔记》记载：崇祯九年（1636）九月初十日，张岱与胞弟平子、堂弟介子至寓山举酌。烛下共拈韵牌“集成”二字作诗，至二更方散。约于此年中，得祁彪佳两函。其一求张岱为寓山“续构”建筑题咏：“向欲求大作，而翘望词坛，逡巡未敢。兹续有构，尚缺题咏，惟仁兄所赋自当

① (明)张岱著，云告校点：《琅嬛文集·越山五佚记·蛾眉山》，岳麓书社1985年版。

② (明)张岱著，弥松颐注：《陶庵梦忆·水浒牌》，上海书店印行1982年版。

③ (明)张岱著，云告校点：《琅嬛文集·水浒牌四十八人赞》，岳麓书社1985年版。

有惊人句，呕心语，足以压倒时辈也。虽所望甚嗜，然十得五六便足生光泉石矣。”其二请张岱品评、笔削《寓山注》及枫社诸友题咏：“续《注》率然具草，愈见庸拙，惟诸友之吟咏，更觉清新可嘉耳。敢仍乞品评点定，逐段予以笔削，绝求精选。”[①]《山居拙录》载：“（崇祯十年）四月十三日同王照邻至山（寓山）候枫社诸友，午间，谢寤云、詹无咎、赵孟迁、孟子塞、张毅孺、张亦寓、张子威、李受之、王尔瞻、王伯含，举酌于四负堂，散憩山上，复酌舟中，与游柯园、密园，酣饮至日上始去。”“四月二十日得枫社诸友游寓山诗，并得王士美记事甚妙。”“余与倪元璐于张岱家举枫社，演《红丝记》剧。”枫社活动多以集体游览山水名园、饮酒赋诗或观剧等，人员众多，活动时间灵活。《张岱诗文集》中对此也有记载，如《社集凤喜堂》诗。崇祯十年（1637）五月八日枫社结社，张岱以其父所搜集之文物“木犹龙”化石为题，请社友周墨农、王士美、倪元璐、祁彪佳、张弘等赋诗咏之[②]。七月初，祁彪佳寓山园成，张岱为祁彪佳改定《寓山注》，作《寓山注二则》，并作寓山园诸景诗。崇祯十一年（1638）四月，作《寓山士女春游曲》七言古诗。

---

①（明）祁彪佳著：《祁彪佳文稿·林居尺牍》，书目文献出版社1991年版。

②（明）张岱著，弥松颐注：《陶庵梦忆·木犹龙》，上海书店印行1982年版。

有戏癖，曾率领家班串演于绍兴、山东兖州各地

明万历三十四年（1606），张岱年仅九岁，祖父在山东提学副使任上于落卷中荐拔名士李延赏，为礼科右给事中汪若霖弹劾而罢官归里。为排解心中不快，“颇蓄声伎，磊块之余，则以丝竹陶写”[①]，采办家优，先后办起了“可餐班”“武陵班”，使张岱自小接触戏曲，并与家优交朋友，受到了戏曲艺术的熏染。万历四十一年（1613），张岱五叔在演武场邀请徽州旌阳戏班搬演目连戏三日三夜。万历四十四年（1616），父亲张耀芳屡次乡试不第，情绪不好，母亲为了排解父亲心中的块垒，为父亲建造楼船，置办家班“梯仙班”“吴郡班”，教习小傒，鼓吹剧戏。之后张岱自己也置办了“苏小小班”，胞弟平子置办了“茂苑班”，亲自教习家优唱曲、排练演剧，养成了戏癖。由于张岱精于导演，排演时家优都十分紧张，马小卿说：“主人精赏鉴，延师课戏，童手指千，傒童到其家，谓‘过剑门’，焉敢草草。”[②]天启三年（1623）正月十三日，张岱与胞弟平子率领南院王岑、杨四、徐孟雄、圆社张大来去陶堰司徒庙看戏，并串演《白兔记》中“磨房”“撇池”“送子”“出猎”四出，“科诨曲白，妙入筋髓，又复叫绝”[③]。天启六年（1626）十二月，登龙山城隍庙，与家优李岕生、高眉生、王畹生、马小卿、潘小妃等一起

① (明)张岱著，云告校点：《琅嬛文集·家传》，岳麓书社1985年版。

② (明)张岱著，弥松颐注：《陶庵梦忆·过剑门》，上海书店印行1982年版。

③ (明)张岱著，弥松颐注：《陶庵梦忆·严助庙》，上海书店印行1982年版。

喝酒、唱曲。崇祯元年（1628）夏天，听到魏忠贤垮台的消息，张岱立即改编传奇《冰山记》，并令家优排演，最后在绍兴城隍庙演出，聚观者达数万人。演至酖杀裕妃、杖杀万燝时，人人愤慨，怒目而视；演至颜佩韦击杀缇骑时，人声喧拥，汹汹崩屋。[①]崇祯二年（1629）八月，为庆贺父亲五十大寿，张岱赶排了《韩蕲王大战金山》《冰山记》诸剧，并率领家班自杭州卖鱼桥乘舟，沿京杭运河赴山东兖州，为时任鲁王右长史的父亲祝寿。十六日，途经镇江金山寺，命小傒张灯大殿中，携戏具装扮演唱《韩蕲王大战金山》。锣鼓喧阗，一寺人皆起来观看。剧完，已将天亮，寺僧送行至山脚。[②]至兖州，上演亲自改编导演的《冰山记》为父亲祝寿。兖州道守刘半舫看后，认为“此剧已十得八九，惜不及内操菊宴，及逼灵犀与囊收数事耳”[③]。张岱于剧演完后当夜增添七出情节，编写唱词，督促演员记住。第二天演于兖州道署，刘半舫十分惊异，佩服张岱的才能，遂与张岱成为知交。演出祝寿期间，张岱出示《古今义烈传》书稿，请刘光斗、刘半舫为序。两刘欣然为序，称扬“宗子著作，足垂千古”。

崇祯七年（1634）闰中秋，张岱邀请枫社诸友聚于蕺山亭，仿苏州虎丘故事，“每友携斗酒，五簋，十蔬果，红毡一床，席地鳞次坐，缘山七十余床。……在席七百余人，能歌者百余人，

---

① (明)张岱著，弥松颐注:《陶庵梦忆·冰山记》，上海书店印行1982年版。

② (明)张岱著，弥松颐注:《陶庵梦忆·金山夜戏》，上海书店印行1982年版。

③ (明)张岱著，弥松颐注:《陶庵梦忆·冰山记》，上海书店印行1982年版。

同声唱‘澄湖万顷’，声如潮涌，山为雷动”[①]。他让家班于亭上演剧十余出，拥观者千余人，至四鼓方散。十月，与伶人朱楚生于杭州不系园看红叶，同时而至者有金坛演员彭天锡，东阳赵纯卿，南京曾鲸，诸暨陈洪绶，杭州杨与民、陆九、罗三及女伶陈素芝，张岱盛情招待，当晚彭天锡与罗三、杨与民串演本腔戏，彭天锡又与朱楚生、陈素芝串演调腔戏，杨与民还用北调说唱《金瓶梅》剧，皆绝妙。[②]

嬉游名胜，广交朋友

张岱喜欢游山玩水，他曾说：“余少爱嬉游，名山恣探讨。”[③]其游踪遍布大半个中国，长江以北到过辽宁、河北、山东等省，长江以南有江苏、安徽、江西、浙江等省。所至名山有山东泰山、湖北武当、安徽齐云、浙江普陀等，尤喜吴越山水名胜，经常盘桓在南京、扬州、镇江、苏州、无锡、曲阜、兖州、嘉兴、杭州、宁波等繁华的城市。他从旅游中领略绮丽的山水名胜，了解各地纷繁的风俗人情、各种各样的市井人物，感受当时的市民思想和人文主义精神。

张岱性喜喧闹，不甘寂寞，仅观龙船竞渡，在西湖就看过十二三次。崇祯二年（1629）又上南京秦淮河，四年（1631）

① (明)张岱著,弥松颐注:《陶庵梦忆·闰中秋》,上海书店印行1982年版。

② (明)张岱著,弥松颐注:《陶庵梦忆·不系园》,上海书店印行1982年版。

③ (明)张岱著,程维荣校注:《陶庵梦忆·西湖梦寻·大佛头》,上海古籍出版社2001年版。

又到无锡，十四年（1641）又到瓜州、镇江和金山寺观看。因为看得多，所以他对各地的竞渡就有比较。西湖竞渡主要是龙船，看竞渡人谁胜。无锡与西湖一样。秦淮竞渡主要是灯船，竞渡的时间自然是在晚上。“好事者集小篷船百什艇，篷上挂羊角灯如联珠，船首尾相衔，有连至十余艇者。船如烛龙火蜃，屈曲连蜷，蟠委旋折，水火激射。舟中镦钹星铙，宴歌弦管，腾腾如沸。士女凭栏轰笑，声光凌乱，耳目不能自主。午夜，曲倦灯残，星星自散。”[①]瓜州龙船竞赛是一二十只船排列在一起，龙头龙尾皆刻画一样，呈现振奋腾跃之势，龙头上一人足倒竖，取其危；龙尾挂一小儿，取其险。每船旁坐二十人，皆矫健有力之男青壮年，手持大橹；中间有彩篷，藏有鼓钲，拟其节制。从五月初一到十五日，定时定区域出现。金山竞渡用的也是龙船，不同于瓜州的是，龙船与龙船之间有格斗的活动，白天继之黑夜，煞是惊险耐看，金山到处是看竞渡的人群。[②]

张岱不仅爱看龙船、灯船竞渡，也爱看楼船画舫。天启二年（1622）六月二十四日至苏州葑门荷花岩，雇舟往观：岩中以大船为经，小船为纬，游冶子弟，轻舟鼓吹，往来如梭。舟中丽人，皆清妆淡服，摩肩簇舄，汗透重纱。舟楫之胜以挤，鼓吹之胜以集，男女之胜以溷。[③]同年八月十五日又至虎丘赏月，感受苏州中秋夜土著流寓、士夫、民间少妇云集虎丘，铺

---

① (明)张岱著，弥松颐注:《陶庵梦忆·秦淮河房》，上海书店印行1982年版。

② (明)张岱著，弥松颐注:《陶庵梦忆·金山竞渡》，上海书店印行1982年版。

③ (明)张岱著，弥松颐注:《陶庵梦忆·葑门荷岩》，上海书店印行1982年版。

毡席地吹打歌唱，至四鼓方散。[①]

崇祯四年（1631）三月，张岱因为父亲担任鲁王右长史而得以至兖州观摩军队操练。参加操练的军队有骑兵三千、步兵七千，主要是演练阵法，对付入侵之敌。[②]此外还有娇童演练马上杂技。崇祯十年（1637）七月，张岱仲叔张联芳升任扬州同知，分署淮安，张岱前往瓜州探望，居住于园。园主人于王所因为他是扬州同知淮安分署张联芳的侄儿，因此处处予以照顾、款待，张岱得以遍赏园内园亭建筑。[③]他同时又游览了金山寺和焦山，寻找瘗鹤铭，走拜焦处士祠，并有感而发，写下了《焦山瘗鹤铭》五言古诗，哀叹“立碑瘗鹤碑，崩厓断齿齾。高士被污名，焚琴而煮鹤”[④]，又至天平山访问祖父之友范长白之园林。范长白，名允临，字长倩，号长白，华亭（今上海松江）人。万历二十三年（1595）进士，官至福建布政司参议。晚年居住于苏州天平山麓，有园林声伎，称神仙中人。范老先生盛情款待，既设小宴，女乐侑饮，又移席小兰亭，留之赏月，夜深才回到仲叔书画舫中。[⑤]

崇祯十一年（1638）二月初，偕好友秦一生至宁波天童寺

---

① (明)张岱著，弥松颐注:《陶庵梦忆·虎丘中秋夜》，上海书店印行1982年版。

② (明)张岱著，弥松颐注:《陶庵梦忆·兖州阅武》，上海书店印行1982年版。

③ (明)张岱著，弥松颐注:《陶庵梦忆·于园》，上海书店印行1982年版。

④ (明)张岱著，夏咸淳校点:《张岱诗文集·焦山瘗鹤铭》，上海古籍出版社1991年版。

⑤ (明)张岱著，弥松颐注:《陶庵梦忆·范长白》，上海书店印行1982年版。

拜访金粟和尚，遍游寺中景致。[1]又游阿育王寺，瞻礼舍利。张岱初见三珠连络如牟尼串，煜煜有光，又见一白衣观音小像；秦一生反复视之，迄无所见，面发赤，惊骇流涕。人们常说舍利放光，琉璃五彩，从塔缝中喷射而出，每年能见到三四次。凡人瞻仰舍利，随人因缘会出现各种色相。如果是漆黑一团，看不出什么东西，那么看的人就会死去，非常灵验。一生于是年八月死去，张岱惊叹："奇验如此！"[2]又至定海演武场观看水军操练，"水操"用大战船、唬船、蒙冲斗舰数千余艘，杂以鱼艓轻艭，以鼓语联系互通信息。健儿于桅斗瞭望，见敌船腾空溺水，破浪冲涛，赶到岸上报告中军。水操尤奇在夜战，火炬轰烈。如风雨晦冥中电光忽闪，又如雷斧断崖石下坠深渊，发出巨响，使观者追魂夺魄。[3]十六日至普陀，乘舟游三山大洋，至沈家门等地。归而作《海志》，记之甚详，又作《观海诗》八首。

同年九月又至南京，直奔桃叶渡专访闵汶水，品茶讨论茶道，成为深交。此后，日日交往，并出示所著《茶史》与其交流。寓居于桃叶渡期间，画家姚简叔与其一见，即如深交，与他住在一起，为他料理饮食，有空就拉他到淮上餐馆，与姚简叔之朋友——京中诸勋戚大老、朋侪缁衲、高人名妓交往；又访友至报恩寺，并为张岱仿画苏汉臣一图，逼似原本。十月，

---

①（明）张岱著，弥松颐注：《陶庵梦忆·天童寺僧》，上海书店印行1982年版。

②（明）张岱著，弥松颐注：《陶庵梦忆·阿育王寺舍利》，上海书店印行1982年版。

③（明）张岱著，弥松颐注：《陶庵梦忆·定海水操》，上海书店印行1982年版。

同姚简叔访问深居简出于南京城南祖堂山的阮大铖，当时正值阮大铖遭到复社文人在南京张贴《留都防乱揭》，心情沮丧、十分狼狈之时。张岱等人不带偏见，把阮大铖作为诗艺朋友对待，对阮大铖无疑是一种精神安慰。为此，阮大铖写了《张宗子、吕吉士、姚简叔、嵇仲举入山相访》五律二首表示感谢。“清宵陈茗粥，聊见古人心”；“亦有同心侣，遥遥问薜萝”。张岱也写有《阮圆海祖堂留宿》五律二首回赠。诗云：

牛首同天姥，生平梦寐深。山穷忽出寺，路断复穿林。得意难为画，移清何必情。高贤一榻在，鸡黍古人心。[①]

剧谈中夜渴，瀹茗试松萝。泉汲虎跑井，书储豕波河。无生释子话，孰杀郑人歌？边惊终萦虑，尊前贳揣摩。[②]

冬游栖霞山，偶遇著名文士萧伯玉，一见如故，出示自著《补陀记》，请萧伯玉作序。萧氏强留之宿，聚谈甚欢。[③]

接着又与吕吉士、姚简叔、贵州杨爱生、扬州顾不盈及同族隆平侯张拱薇及其弟之甥赵忻城，张岱姬侍王月生、顾眉、董白、李十、杨能等一行十余人，于南京城外牛首山打猎，姬

---

① (明)张岱著，夏咸淳校点：《张岱诗文集·阮圆海祖堂留宿》，上海古籍出版社1991年版。

② (明)张岱著，夏咸淳校点：《张岱诗文集·阮圆海祖堂留宿》，上海古籍出版社1991年版。

③ (明)张岱著，弥松颐注：《陶庵梦忆·栖霞》，上海书店印行1982年版。

侍皆服大红锦狐嵌箭衣昭君套，乘马，铳箭手百余人，手执旗帜、棍棒，甚是张扬热闹。夜宿于祖堂山。次日午后归，以打猎所得鹿麂犒劳一同参与打猎的人员。张岱亲身参与校猎活动，甚感雄快。[①]

张岱也经常至街市观赏工艺品，了解手工艺人的绝活。如陆子冈治玉，鲍天成治犀，周柱治镶嵌，赵良璧治梳，朱碧山治金银，马勋、荷叶李治扇，张寄修治琴，范昆白治三弦子，他们皆是祖传之工艺绝活，经过上百年的积累，才达到“进乎道”的地步。[②]在南京三山街期间，他还深入了解濮仲谦的雕刻，认为“其竹器，一帚一刷，竹寸耳，勾勒数刀，价以两计”，而且“用竹之盘根错节，以不事刀斧为奇，则是经其手略刮磨之而遂得重价”。虽然濮仲谦有一手绝活，名气大，但仍以“赤贫自如”，因为“于友人座间见有佳竹佳犀，辄自为之，意偶不属，虽势劫之、利啖之，终不可得”[③]。他对宜兴的砂罐和锡注也深有研究，认为“器方脱手，而一罐一注，价五六金，则是砂与锡与价”，“一砂罐，一锡注，直跻之商彝周鼎之列，而毫无惭色”。[④]

他从嘉兴之腊竹、王二之漆竹、苏州姜华雨之莓箓竹、嘉兴洪漆之漆和张铜之铜、徽州吴明官之窑，皆以手工艺出名起

---

① (明)张岱著，弥松颐注:《陶庵梦忆·牛首山打猎》，上海书店印行1982年版。

② (明)张岱著，弥松颐注:《陶庵梦忆·吴中绝技》，上海书店印行1982年版。

③ (明)张岱著，弥松颐注:《陶庵梦忆·濮仲谦雕刻》，上海书店印行1982年版。

④ (明)张岱著，弥松颐注:《陶庵梦忆·砂罐锡注》，上海书店印行1982年版。

家，虽是“贱工”，却能与缙绅先生同列抗衡，充分认识到“天下何物不足以贵人，特人自贱之耳”[①]的道理。人的自身价值与其身怀本领、绝技成正相关关系，这种价值观正是晚明启蒙思潮的反映。

张岱在交游和文学艺术活动中结识了许多奇人才士，他的朋友中有当时第一流的学者文人，也有名不见经传的奇人逸士，还有艺人、工匠、妓女、童仆、和尚，三教九流，形形色色，其中多有志节高尚、才艺突出之辈。他从他们身上学到了许多品德和知识，并因此感到幸运。正如他晚年在《祭周戬伯文》回忆青少年时期结交了许多知己朋友时所说：“余独邀天之幸，凡生平所遇，常多知己。余好举业，则有黄贞父、陆景邺二先生，马巽青、赵驯虎为时艺知己；余好古作，则有王谑庵年祖、倪鸿宝、陈木叔为古文知己；余好游览，则有刘同人、祁世培为山水知己；余好诗词，则有王予庵、王白岳、张毅孺为诗学知己；余好书画，则有陈章侯、姚简叔为字画知己；余好填词，则有袁箨庵、祁豸佳为曲学知己；余好作史，则有黄石斋、李研斋为史学知己；余好参禅，则有祁文载、具和尚为禅学知己。”[②]

张岱交友奉行“人无癖不可与交，以其无深情也；人无疵不可与交，以其无真气也”[③]的信条，摒弃了某些人奉行的文人

① (明)张岱著，弥松颐注:《陶庵梦忆·诸工》，上海书店印行1982年版。

② (明)张岱著，云告校点:《琅嬛文集·祭周戬伯文》，岳麓书社1985年版。

③ (明)张岱著，弥松颐注:《陶庵梦忆·祁止祥癖》，上海书店印行1982年版。

艺匠、男尊女卑的狭隘眼光和保守思想，坚持以品德操守、才能智慧作为交友的条件。他赞扬鲁云谷“居心高旷，凡势利炎凉，举不足入以胸次”；褒扬张噩仍“道义如松柏之有心……交情如醇醪之有味”；称赞王思任“聪明绝世，出言灵巧，与人谐谑，矢口放言，略无忌惮”的率真个性和“孝友文章”；赞扬周戬伯“朴茂长厚人也，言事讷讷，不易出诸口。……善善恶恶，毫忽不爽，欲少曲一笔，断头不为，则兄又刚毅倔强人也”的小事糊涂随和、大事认真、是非分明的处事原则。他重才、爱才、怜才，热情赞颂友人的才智卓异：祁文载是“绝世聪明智慧人也”，周戬伯是“无艺不精，无事不妙”，张噩仍是“生平百美具备”，祁豸佳是“美君多艺更多才”。对那些身怀绝技的民间艺匠更是推崇备至：徽雕艺人王二公刻镂人物之妙是“厥刀更胜黄筌笔”，“陆子冈之治玉，鲍天成之治犀，周柱之治嵌镶，赵良璧之治梳，范昆白之治三弦子，俱可上下百年。保无敌手”。他还称赞柳敬亭说书刻画人物的技巧可与《史记》作者司马迁媲美：“眼前活立太史公，口内龙门如水泻。”[①]等等。一般市井细民只要有一技之长、一智之灵，他都感兴趣，并为之倾倒，与其结交。他说过：“天下何物不足以贵人，特以人自贱之。”张岱认为：人的价值与其自身怀抱的智慧、才能技巧、谋生的本领是呈正相关关系的，而不是取决于身外的门第、爵禄、

① (明)张岱著，弥松颐注：《张岱诗文集·柳麻子说书》，上海古籍出版社1991年版。

财产。贵者自贵，贱者自贱。因此，他特别重视与有才能的人交往，他深恶痛绝“女子无才便是德”的陈腐观念，推崇南京名妓王月生的多才多艺、蔑视权贵的狷介性格，“我惟对之敬畏生”；赞赏女伶朱楚生“性命于戏，下全力为之”的执着和高超的艺术造诣；由衷钦佩嘉兴才女黄皆令诗文书画皆擅，是“巾帼之间生异人，何必须麋而冠帻”[①]。

他并不因为他人政治操守不同而拒绝与之交往。袁于令于清军南下为苏州绅士写降表而为一些人所耻，晚年寓居会稽，张岱主动与之交往，高度评价他创作的《西楼记》传奇，称扬其“天生麟凤不易得，世上人才也间出”的才气和“轻视督邮如儿曹，五斗如何肯折腰”的铮铮个性。尤其是他主动交结困顿闲居时期的阮大铖，一方面肯定他的才能，“阮圆海人有才华”，另一方面也批评其“居心勿静”，“多诋毁东林，辩宥魏党，为士君子所唾弃”[②]，讲究原则。张岱很重友情，尊重友人，诚恳待人，一往情深。姚简叔“为人落落难合，孤意一往，使人不可亲疏。与余交不知何缘，反而求之不得也”[③]，其原因就是张岱能尊重人，直率、真诚、不做作。张岱家中三代养有戏班，班中伶人都是贫寒子弟，其地位与童仆家奴无异，张岱虽是主人，却待之如朋友。伶人夏汝开不幸得重病死亡，张岱

① (明)张岱著，夏咸淳校点:《张岱诗文集·赠黄皆令女校书》，上海古籍出版社1991年版。

② (明)张岱著，弥松颐注:《陶庵梦忆·阮圆海戏》，上海书店印行1982年版。

③ (明)张岱著，弥松颐注:《陶庵梦忆·姚简叔画》，上海书店印行1982年版。

不胜悲伤，将他安葬在绍兴的敬亭山，并免掉其所借四十两银两，解除了他妹妹的人质关系，“仍备粮糈，买舟航，送汝母与汝弟若妹归故乡，使汝妹适良人”[①]。第二年寒食节，张岱带领汝开生前的两个伴侣给汝开祭奠，并写了深情真挚的祭文悼念。

① (明)张岱著，云告校点:《琅嬛文集·祭义伶文》，岳麓书社1985年版。

第五章　立志修史

张岱治史具有深厚的家庭传统。高祖张天复著有《湖广通志》《广舆图考》，曾祖父张元忭著有《皇明大政记》《天门志略》《馆阁漫录》《读史肤评》，父子又相继修撰《绍兴府志》《会稽县志》，时人譬之司马谈、司马迁父子。祖父张汝霖于万历四十二年（1614）起复刑部主事时，曾与黄汝亨等十余人结读史社。经过几代经营，张家贮藏了大量的图书资料，诚如他在《石匮书·自序》中所说："余家自太仆公以下，留心三世，聚书极多。余小子苟不稍事纂述，则茂先家藏三十余乘，亦且荡为冷烟，鞠为茂草矣。"[①]张岱决心继承先人的遗愿，充分利用家藏丰富的图书典籍，修撰一部明史巨著。

博览群书，正史野史爱不释手

张岱自幼在祖父、父亲的熏陶和管教下，养成了读书的好

① (明)张岱著，云告校点：《琅嬛文集·石匮书自序》，岳麓书社1985年版。

习惯。在正式撰史前就已陆续阅读了正史、野史、历代笔记和经、史、子、集大量书籍。从其作为读书笔记、杂采经史子集各种资料的《夜航船》来看，该书上至天文，下至地理，旁杂三教九流、诸子百家、人伦政事、礼乐科举、职官考古等共有二十个大类（部）、一百三十个子目、四千多个条目，简直可以说是一部小型百科全书。其中如天文、地理、人物、考古、伦类、选举、政事、文学、礼乐、兵刑、物理、日用、宝玩、九流、方术、外国等部直接与史学有关，其采集摘记的许多文史典故、典章制度、名词术语、风俗民情、异闻轶事，为其从事明史著述拓展了视野，打下了坚实的史学基础。从这些史料的来源看，涉及了先秦历史著作如《春秋》《左传》《战国策》《国语》和先秦诸子著作如《老子》《论语》《孟子》《庄子》《荀子》《韩非子》《诗经》《楚辞》等，更多的是采自正史著作如《史记》《汉书》《后汉书》《三国志》《晋书》《梁书》《陈书》《北齐书》《周书》《旧唐书》《新唐书》《五代史》《资治通鉴》《宋史》《元史》等；还有大量的历史笔记如《搜神记》《说苑》，野史如《南史》《北史》《五代史补》《十国春秋》《博物志》《异苑》《续齐谐记》《拾遗记》《世说新语》《西京杂记》《荆楚岁时记》《洛阳伽蓝记》《古今注》《酉阳杂俎》《隋唐嘉话》《唐国史补》《因话录》《唐摭言》《大唐新语》《朝野佥载》《云溪友议》《明皇杂录》《北梦琐言》《封氏闻见记》《苏氏演义》《资暇集》《太平广记》《涑水记闻》《归田录》《渑水燕谈录》《鹤林玉露》《过庭录》《墨客挥犀》《挥麈录》《四朝闻见录》《桯史》《老学庵笔记》《齐东野语》《癸辛杂记》《南唐新书》《朝野类要》《琅嬛记》《归潜记》《玉堂嘉话》《辍耕录》等。此外，还有文人专集如扬雄的《法言》，王充的《论衡》和有关类书《周礼》《淮南子》《山海经》《北堂书钞》《太平御览》《艺文类聚》等。

张岱在《夜航船》序言中认为“有关于文理者，不可不记”，还以“勿使僧人伸脚”之典故告诫自己，要非常认真，十分重视那些所谓“眼前极肤浅之事”，因而知识面广，功底扎实，不仅博览群书，而且非常认真地摘录或抄录有关资料，便于应用时查找。

张岱不仅重视历史资料的采集，也重视当代重大的人和事的搜集，《夜航船》中记录了既未见诸他人著作引述，也未为官修史书所采用，具有很高价值的一些史料，可以与正史互参，也为其撰写《古今义烈传》《史阙》《明季史阙》积累了大量资料。

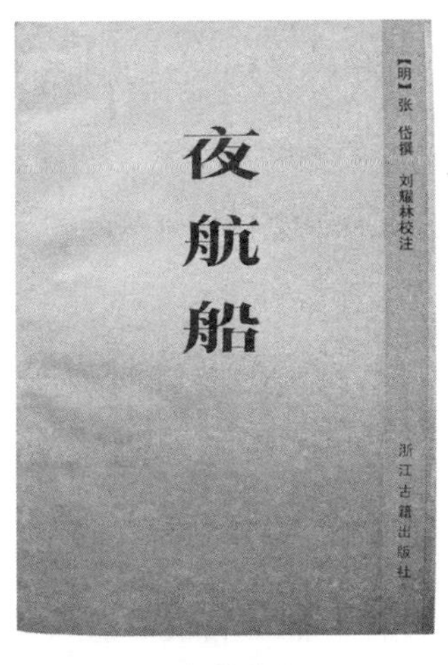

夜航船

张岱在撰写明史《石匮书》时，还阅读了明代编纂的《永乐大典》及大量的实录。据《石匮书·艺文志》所列，仅明朝各代撰修的实录就有《明太祖实录》二百五十七卷，《成祖实录》一百三十卷，《仁宗实录》十卷，《宣宗实录》一百一十五卷，《英宗实录》三百六十一卷，《穆宗实录》七十卷，《神宗实录》五百八十六卷，《光宗实录》十卷，《熹宗实录》一百二十四卷。另有《宝训》十部计一百二十四卷，还有《圣政记》《大明官制》《大明会典》《大明一统志》，所谓“御制”的各代皇帝诗文集，皇后、太后的《内训》《女训》《女鉴》及明代人撰写的有关《易》《书》《诗》《春秋》《礼》《乐》《孝经》等方面的著作，还有明人撰写的史著、方志、小说、兵家、历法、文集类等经史子集共计七百余种。张岱唯恐他人讥其“草野村鄙，孤陋寡闻，凡所见诸书亦太仓中一粟，乃欲以管窥天，以蠡测海，多见余之不知量矣”，故在“总论”中特别说明。其实，个人修史能搜集如此之多的文献，并非易事。

张岱在修史时还非常重视实地考察，访问遗老，搜求有关史料，锻炼针对有关事实的观点。崇祯十五年（1642）十月至闰十二月，在自金陵至淮安的游历中他亲眼所见、亲耳所闻李自成农民军攻打河南南阳汝宁等地的战况。他在《盗贼列传》中如实写下了农民军攻城取县，深得百姓欢迎，其原因就是纪律严明：“众数十万号百万，驻匝南阳，分兵攻汝宁，陷之。所属州县，多望风纳款。城下，贼秋毫无犯。自成下令曰：‘杀一人者，如杀吾父；淫一女者，如淫吾母。’得良有司，礼而用之；贪官污吏及豪强富室，籍其家以赏军，人心大悦，风气所至，民无固志，故一岁间略定河南南阳、汝宁四十余州县。”①

① (明)张岱:《石匮书后集》卷六三,中华书局1959年版。

编纂《古今义烈传》和《史阙》

张岱在撰写明史前，利用手头阅读的正史、野史、笔记等史料，已经有计划有步骤地开始编纂《古今义烈传》《史阙》，并且对有关史料作了整理。对《古今义烈传》《史阙》的编撰和青壮年时期的生活经历，极大地激发了他的忧患意识和批判精神。《古今义烈传》编撰于万历末期和天启年间，其时张岱正从少年步入青年时期。万历皇帝朱翊钧腐朽昏庸，信任太监，宠爱郑贵妃，只管自己在后宫享乐，不管国家朝政，却屡屡派出矿监税使，竭力搜刮民脂民膏。宫廷里由于立储之事久拖不决，于是相继出现了红丸、移宫和梃击三大案；历年的京察又使内阁与言官之间矛盾加深，党争加剧，政治一片紊乱。接着，魏忠贤当权，由于东林党人褊狭傲慢，排斥异己，打击宿敌，反而为渊驱鱼，为丛驱雀，致使齐、楚、浙三党一些不得势的人都纷纷投靠魏忠贤门下。到了天启朝，年少无知的熹宗不爱过问朝政，而喜欢木工作业，以致大权旁落在魏忠贤手里，东林党人及一些正直的官员便成了魏忠贤迫害杀戮的对象。阉党势欲熏天，一些丧失气节的大臣及其党羽极尽奉承阿谀之能事，肉麻地吹捧他“尧天帝得，至圣至

史闕
且要也雖然玄武門事應匿者也此而不匿更無可匿者
矣余讀唐野史太宗好王右軍書出奇弔詭如蕭翼賺蘭
亭一事史反不之載爲豈以此事爲不佳故爲尊者諱乎
抑聞見之不得其眞乎余於是恨史之不賅也爲之上下
今古搜集異書每於正史世紀之外拾遺補闕得一語焉
則全傳爲之生動得一事焉則全史爲之活現蘓子瞻燈
下自顧見其頬影使人就壁模之不作眉目見者皆失笑
知其爲東坡蓋傳神政在阿堵耳余又常讀唐正史太宗
之敬禮魏徵備極形至使後世之拙筆爲之累千百言不
能盡者祇以鷂死懷中四字盡之則是千百闕而四字不

乾隆刻本《史阙》

神”，真是佞词累牍，不顾羞耻。

当时无状的政治使得张岱对国家前途无比忧虑。他在《四书遇·孟子·反经章》中道：“救世君子所以思狂思狷，正要与吾党共鼓舞庶民。庶民既兴，野夫游女皆有志气骨力，那阉媚风气如云雾之消散，何独一二乡愿？故曰：‘斯无邪慝矣。’可知今日奄奄不振。只是世无大力君子。”[①]张岱认为，阉党势力的嚣张，主要是“无大力君子”，为此，“救世君子”要“思狂思狷”“鼓舞庶民”。所谓狂者进取，狷者有所不为，狂者进取于善道，狷者守节无为。针对当时士大夫少有操守，他在《古今义烈传·义例》中写道：“世人之空列须眉，终鲜仁义，吾不得而求之夷；则有达官乃尔，吾不得而求之兽，则有义马、义猴。夫马如孙符之救主于泉下，猴于弄猴之击贼于殿前，是即马中之尉迟敬德，猴中之段秀实也。余特署之简，以愧世人之不如猴马者。”他提倡“义烈”精神。所谓“义烈”，就是为了正义事业能够慷慨赴义，能在仓皇急遽之中，不顾生命危险，付诸行动，即使不成功，但只要能以自己的义烈举动挫其锋，以自己的片言折其角者，皆属“义烈”之士。尉迟敬德，隋炀帝时偏将，后投降唐朝为将军。武德末年，太子建成、齐王元吉发动玄武门之变，合谋袭击秦王李世民。时李世民乘马逸于林下，元吉坠马夺弓相扼，敬德跃马救之。段秀实，唐玄宗、

① (明)张岱著，朱宏达校点：《四书遇·孟子·尽心下·反经章》，浙江古籍出版社1985年版。

肃宗、代宗、德宗四朝将军。建中四年（783），朱泚趁唐德宗在奉天之机，阴谋借迎回銮驾，实现篡位之目的，暗与段秀实谋议，段诈从之，暗中准备杀泚，以兵迎回圣驾。朱泚召其议事，段秀实当殿夺象笏且骂且击朱泚，终因寡不敌众被害。张岱赞扬尉迟敬德、段秀实忠烈的品德，针对明末时势，张岱认为“义烈”不在“达官”，而在于被人们视为“兽”的社会下层人士：如贩夫走卒、佣工门人，他们往往能够“负气慷慨，肉视虎狼，冰顾汤镬”，作出“义烈”的举动。所以“读书至此，每为之颊赤耳热，眦裂发指，如羁人寒起，颤栗无措；如病夫酸噎，泪汗交流”[①]。张岱提倡的“义烈”精神，与其“救世君子”“思狂思狷”是一致的，他寄希望于民间，发扬“狂者进取”“狂者进取于善道”的精神，同时他也告诫达官和读书人应遵循“狷者有所不为”“狷者守节无为”的行事准则，不要为虎作伥，干出失节的事情来。

张岱十分称赏天启年间都察院左副都御使杨琏、佥都御使左光斗反对魏忠贤的大无畏精神。《石匮书·杨琏、左光斗列传》一字不漏照录了杨琏上疏弹劾魏忠贤二十四大罪状，揭露魏忠贤“初犹谬为小忠、小信，为人倖恩，继乃敢为大奸、大恶以乱政”，使得“掖廷之中，但知有忠贤，不知有陛下；都城之内，亦但知有忠贤，不知有陛下”的狼子野心。疏上，魏忠

① (明)陈继儒著:《古今义烈传自序》,见(明)张岱著,夏咸淳校点:《张岱诗文集·补编》,上海古籍出版社1991年版。

贤起初十分害怕，后来经过与同党王体乾和客氏的活动，使杨琏的奏章留中不发，无法再向熹宗上奏。此后，魏忠贤竭尽诡计，假传圣旨，指责杨琏对皇上不尊敬，而将其与左光斗等人一起削了职，接着又搬出汪文言案件，罗织罪名，欲治以死罪。天启五年（1625）二月，魏忠贤党羽大理丞徐大化弹劾杨琏、左光斗党同伐异，招权纳贿，魏党许显纯又严刑逼供汪文言，一定要他招供杨琏曾经收受过熊廷弼的贿赂，汪文言至死不招供，许显纯就自己制造假口供，说杨琏贪赃银二万两，逮捕了杨琏。囚车经过村落市镇，“人见之曰，此魏上公仇也。仓皇走避。一日途次，有乞丐数十余人，望槛车而来，或粲或炙或布或钱，或姜桂，或酒酏，聋者以口，瞽者以指，哑者以目，持物赠琏，匝车抢首，喘汗唾啐，骂珰不绝。琏慨然受之，诸乞儿复流涕送之数里而去”。杨琏关入诏狱之后，许显纯残酷地拷打逼问，后狱卒以囊悬其头而死。

崇祯元年（1628），张岱听到魏忠贤垮台的消息，夏间，立即改编传奇《冰山记》，并令小傒在绍兴城隍庙演出，聚观者数万人。“一人上，白曰：‘某杨琏。’口口谇察曰：‘杨琏！杨琏！’声达外，如潮涌，人人皆如之。杖范元白，逼死裕妃，怒气忿涌，噤断嚄唶。至颜佩韦击杀缇骑，嗥呼跳蹴，汹汹崩屋。”[①]这反映了绍兴民众对这位大无畏的反魏战士的敬佩之情。当年秋天，张岱率领家班赴山东兖州庆贺父亲五十大寿，再次

---

①（明）张岱著，弥松颐注：《陶庵梦忆·冰山记》，上海书店印行1982年版。

上演了《冰山记》，兖州太守刘半舫看后提出了意见，张岱连夜修改，增添剧情，第二天又再次演出。

张岱在编纂《史阙》的过程中，认为除了《史记》之外的少数正史，大多存在“尊者讳”“亲者讳”的通病，如《旧唐书》《新唐书》中写唐太宗喜好王右军的书法，却不载让萧翼赚《兰亭》法帖一事，一些野史笔记却添油加醋，使其失却本来面目。

《征修明史檄》

崇祯五年（1632），《古今义烈传》脱稿，张岱接着开始编纂《石匮书》，“余自崇祯戊辰遂泚笔此书”[①]。由于家藏史料毕竟有限，“但恐草野村鄙孤陋寡闻，凡所见诸书亦太仓中一粟，乃欲以管窥天，以蠡测海，多见余之不知量矣”[②]。为此作《征修明史檄》。

《征修明史檄》首先肯定了《左传》《史记》《汉书》三书皆具有“才、胆、识”的史学思想，而竭力否定明朝人撰写的当代史《明实录》。张岱在《石匮书・艺文志》中所列，有明十六朝，其中有《太祖实录》二百五十七卷，《成祖实录》一百三十卷，《仁宗实录》十卷，《宣宗实录》一百一十五卷，《英宗实录》三百六十一卷，《宪宗实录》二百九十三卷，《孝宗实录》

① (明)张岱著，云告校点:《琅嬛文集·石匮书自序》，岳麓书社1985年版。

② (明)张岱著:《石匮书·艺文志总论》，见《续修四库全书》第318册，上海古籍出版社2002年版。

二百二十四卷，《武宗实录》一百九十七卷，《世宗实录》五百六十六卷，《穆宗实录》七十卷，《神宗实录》五百八十六卷，《光宗实录》十卷，《熹宗实录》一百二十四卷。在这些实录中，他特别指出《洪武实录》，“事皆改窜，罪在重修”。《洪武实录》又称《太祖实录》，曾经过三次修撰，一修于建文时期，董伦、王景彰为总裁，历时三年。靖难之役后，初修本落入朱棣之手，卷数、册数均不可知。朱棣上台后，指责初修本“遗逸既多，兼有失事”，于是重组班子，修改《太祖实录》。朱棣为什么要重修《太祖实录》呢？据沈德符《万历野获编》卷一四《监修实录》记载，《太祖实录》编纂叶惠仲“指责靖难君臣为逆党，论死籍没”，认为《太祖实录》成于建文与朱棣南北战争时期，必有不利之言辞。此外，查继佐在《罪惟录·艺文志》中认为，《太祖实录》将建文四年附于洪武之后，“其有碍于燕者，悉裁草”。为此，重修《太祖实录》就是要削除建文年号，将建文朝史并入洪武朝史，这样就是不承认建文政权，更主要的是突出“子继父位”，由“永乐”直继“洪武”的事实。重修《太祖实录》前后只花了八个月时间，朱棣本人也觉得“成于急促，未及精详”，于是命令杨士奇为总裁进行三修。这次重修历时六年又七个月，至永历十六年（1418）五月完成。二修本《太祖实录》一百八十三卷，三修本扩至二百五十七卷，扩充了不少史料。朱棣对三修本《太祖实录》表示满意：“披阅良久，嘉奖再四，曰：‘庶几少副朕心。’”朱棣两次修改《太祖实录》，“开明代人篡改历史之先河”，查继佐称三修本《太祖实录》“中多回护，其诏旨与《奸党》《逆臣》二录不合者，或王景彰初草犹真，经解缙与士奇二纂，始多乖错”[①]。

张岱对于王世贞毕生以修国史为己任，结果却迟迟未能修成深表不满。他说：“弇州高抬眼，阔开口，饱蘸笔，眼前腕下，实实有非我作史，更有谁作之见，横据其胸中，史遂不能果作，而作不复能佳。是皆其能为史之一念有以误之也。”[②]《明代史学的历程》的著者钱茂伟认为“此说不免玄乎”，其实，张岱这里批评王世贞“胸次不静”是很实在的。张岱有言：“学者胸次不高，有两病：好周旋世故，不简于尘缘，一也；好博涉见闻，不简于学问，二也。周旋世故，做今人的乡愿；博涉见闻，做古人的乡愿。其胸次不静，总一般不得‘狂’。”[③]张岱认为：学者做学问不能为各种琐事杂务牵缠，热衷应酬交际，搞人际关系，或者追逐某种时尚、浪潮，这样很可能就成为今人的“乡愿”。“乡愿”者，同流合污，以媚于世人之谓也。做学问不能盲无目的，毫无批判地东翻西捡，一头插到故纸堆里出不来，这样就可能被前人的成见、旧的观念所束缚，成为古人的俘虏，牵于“尘缘”，泥于“见闻”，胸次必然不高。做学问，张岱主张“静”与“狂”，王世贞“狂”是“狂”了，但

---

① (清)查继佐著，张宗祥点校：《罪惟录·艺文志》，浙江古籍出版社1986年版。

② (明)张岱著，夏咸淳校点：《张岱诗文集·石匮书自序》，上海古籍出版社1991年版。

③ (明)张岱著，朱宏达校点：《四书遇·论语·狂简章》，浙江古籍出版社1985年版。

"胸次不静"。钱茂伟的分析恰恰证明张岱的批评是十分中肯的。修史在封建社会是一件非常光荣的事，但却需要有坐冷板凳的精神。王世贞热衷于参与当时主流文坛的活动，隆庆二年（1568）至万历十八年（1590），正是王世贞作为"后七子"的领袖统治文坛时期，"其地望之高，游道之广，声力气象，能鼓舞翕张，海内之豪俊，以死名于其一家之学，直千古不废也。客既亡论，酒人词辈，缁流羽侣，日踵世贞门，四方书问，往来不绝，其所馈入，亦往往缘手散施咄咄尽，有时削牍荐人，多者或至千金。后生初学，得世贞一言品题，一面倾吐，则或希声传影，转相引重。盖嘉靖之初，王新建以讲学开门，能鼓一世而从之，而当世贞之身，世人风尚大类其时"[①]。随着功成名就，环境地位的改变，明哲保身、因循守旧的心态滋生，王世贞曾坦陈心迹说："且虑见闻少有未真，不忧人非，亦有鬼责，以故抑不为。"修史不像诗文创作，需要花更多的气力，而且容易得罪人。朋友况吉夫"每以续史见属"，王世贞总觉事大，"未敢承担"。他在复信中说："仆固不佞，兹意蓄之久矣。虽会出入朝野，未遑息肩，然所以不敢轻举笔者说有二：其一，尝笔之《卮言》，以为千古而有子长，亦不能《史记》，何也？西京以还，封建、郡邑、官师、宫殿，名不雅训，不称书矣。其诏令、辞令、奏书、赋颂，鲜古文，不称书矣。其人有籍、

① （明）张岱著：《石匮书·文苑列传上》，见《续修四库全书》第320册，上海古籍出版社2002年版。

信、荆、聂、原、尝，无忌之流足模写者乎？词有《尚书》《毛诗》《左氏》《战国策》，韩非、吕不韦之书足荟蕞者乎？窃恐未能继也。其二，尝有罪我者。《史记》千古之奇书，然非正史也，如游侠、刺客、货殖之类，或借驳事以见机，或发己见以伸好，今欲仿之则累体，削之则非故。且天官、礼乐、刑法之类，后几百倍与昔矣。窃恐未可继也。”王世贞原打算模拟《史记》结构模式，后来觉得很难效法，于是便萌生了畏难情绪，打起了退堂鼓。王世贞是一个很会宣传自己的学者，较早发表了《咏史》《史论》及《读书后》等史论之作，社会各界对他的《明史》也寄予较高的期望值。然而，等了许多年，只出了一部《别集》，令人大失所望，于是批评之声蜂起。万历二十八年（1600），祝世禄评论说：“弇州以论著高一代，国固家乘，异同无所不考，阙疑无所不考，沾沾命世，自左史而下，若班、陈诸人，不胜乙而衔官之。及其《别集》出，掇拾断烂，附益成文，盲史腐令，不寂寂揶揄乎哉？以此言史，史何容易！”综上所述，张岱对于王世贞的批评可谓是切中肯綮，实事求是。

张岱在《征修明史檄》中表示，一定要继承高、曾、祖的遗志，效法“谈、迁”“彪、固”，即《史记》作者司马迁及其父司马谈、《汉书》作者班固及其父班彪著史的传统，发扬“肉视虎狼”“冰顾汤镬”的大无畏精神，决心修撰一部信史。虽然

"余家自太仆公以下，留心三世，聚书极多"[①]，"余家三世，积书三万余卷"[②]，但作为修史而言，"余书直九牛一毛耳，何足数哉"！[③]张岱深感"成（化）宏（治）而上，杞宋无征；（隆）庆（万）历以来，文献不足"[④]，文献不足，直接关乎史著的质量，为此曾"浮湘溯沅，无暇三过其门"[⑤]搜集资料，更希望贤达藏书之家能"勿吝珠玉"[⑥]慷慨提供文献。《征修明史檄》写于何时？胡益民在《编年事辑》中认为是崇祯三年（1630）。联系文中"浮湘溯沅，无暇三过其门；探穴搜奇，不觉五易其稿"[⑦]来看，此檄的写作是在崇祯中后期。在编写过程中，张岱发现还缺少不少文献资料，特别是崇祯年间的文献，为此才希望得到有识之士的帮助，并果断作了"故发端自至正末季，备考其甲拆勾萌；断简至天启七年，余俟其事久论定"的安排。

至杭州大涤书院，主动求教黄道周

黄道周（1585—1646），字幼玄，号石斋，福建漳浦人。天启二年（1622）进士，入翰林院为庶吉士，后参与编写"国史"

---

①（明）张岱著，夏咸淳校点：《张岱诗文集·石匮书自序》，上海古籍出版社1991年版。

②（明）张岱著，弥松颐注：《陶庵梦忆·三世藏书》，上海书店印行1982年版。

③（明）张岱著，弥松颐注：《陶庵梦忆·三世藏书》，上海书店印行1982年版。

④《论语·八佾》子曰：夏礼，吾能言之，杞不足征也；殷礼，吾能言之，宋不足征也。文献不足故也，足则吾能征之矣。

⑤（明）张岱著，云告校点：《琅嬛文集·征修明史檄》，岳麓书社1985年版。

⑥（明）张岱著，云告校点：《琅嬛文集·征修明史檄》，岳麓书社1985年版。

⑦（明）张岱著，云告校点：《琅嬛文集·征修明史檄》，岳麓书社1985年版。

《实录》，因触犯魏忠贤，天启五年（1625）被迫告假还乡。崇祯朝屡起屡败，三年主试浙江春闱，五年罢官，其间于杭州大涤书院讲学课徒，适逢张岱于西湖旧居撰写《石匮书》，曾慕名主动上门求教，建立了友谊。同榜进士倪元璐于崇祯九年（1636）罢官，居于绍兴城南期间，黄道周曾专程来绍兴，登倪氏衣元阁看望倪元璐，其间，张岱再次与黄氏有过交游。张岱把黄道周引为史学知己，曾说："余好作史，则有黄石斋、李研斋为史学知己。"[1]张岱手稿本《石匮书》卷首有《漳浦黄石斋序》，《石匮书后集》卷三七有《黄道周传》。张岱称扬他是个正人君子，"而近与迂"，"一往孤忠，行将与天子争胜"，性格坚贞不屈。黄道周还是一位哲学家，张岱在哲学思想上曾受到他的启发和影响，《四书遇》中引用黄道周的言论甚多。

---

① (明)张岱著，云告校点：《琅嬛文集·祭周戬伯文》，岳麓书社1985年版。

第六章　仔肩宇宙

累举乡试不第：对八股科举的反思和批判

封建的八股取士制度禁锢着士子的思想，深得家族宠爱和厚望的张岱亦不能例外。祖父张汝霖仕途不顺，在万历三十四年（1606）出任山东提学副使任上，因在落卷中拔取名士李延赏，为人所劾而落职居家。父亲张耀芳，在祖父督促下“惟读古书，不看时艺”，“独沉埋于帖括中者四十余年，双瞳既眊，犹以西洋镜挂鼻端”，却“屡困场屋”。[①]良好的家庭文化氛围，加上张岱自身的天赋，使他在很小的时候就有“神童”之誉。祖父张汝霖对这位聪慧灵隽的长孙十分看重，在其九岁时，就将其介绍给名人、朋友陈继儒、黄汝亨等交游；并把自己的藏书直接向张岱开放，任其阅读；还教其读书之法，不读注解，尤不读朱注，只读经文，多读多思，力求自己弄懂，一时不懂，

① (明)张岱著，夏咸淳校点：《张岱诗文集·家传》，上海古籍出版社1991年版。

记在脑子里，等待以后弄清楚。由于受到家庭教育和列祖事业的影响，张岱在少年时代就立下补天之志，希望自己成为一块能派上大用场的炼石。为此，张岱与其父、祖辈一样，也不得不走科举道路，从小拜祖父之友黄汝亨为师，学习八股文写作。此后又得到了同乡长辈陆景邺先生的精心指点，成为“少工帖括”的神童。十六岁中了秀才以后，他更是“功名志急，欲搔首而问天；祈祷心坚，故举头以抢地”①，思考探求人生价值。他还与马巽青、赵介臣（名驯虎）等一起读书、磨砺。他曾说：“余好举业，则有黄贞父、陆景邺两先生，马巽青、赵驯虎为时艺知己。”②张岱何时参加乡试、参加过几次乡试不得而知，仅从留下的资料看，天启四年（1624）张岱二十八岁，为参加又一次的乡试，他曾与赵介臣、陈洪绶、颜叙伯、卓珂月及胞弟平子于杭州西湖岣嵝山房闭门读书七个月，结果名落孙山。天启七年（1627）又在会稽山天瓦庵读书准备，结果又一次失败。崇祯八年（1635），再次参加乡试。这次乡试，张岱自我感觉良好，三场答卷都写得很不错，却因为疏放、试牍不合规格而被罢黜。这次黜落给张岱的精神打击很大，他内心十分抑郁气愤，还特地翻刻自己抄录带出的试卷，送给有关知己评论，又以第三者的身份评论试卷。《跋张子省试牍三则》载曰：

①（明）张岱著，弥松颐注：《陶庵梦忆·南镇祈梦》，上海书店印行1982年版。

②（明）张岱著，云告校点：《琅嬛文集·祭周戬伯文》，岳麓书社1985年版。

刻张遗卷，非怪张子之不遇也，欲以明张子之不遇，张子自有以不遇之也。区区帖括家，为地甚窄，乃欲以太古篆作霹雳文，非李贺通眉长爪，能下榻便拜乎？刻成，张子持以示余。余读毕，张口而不能翕，曰："此不是试官考童子文，乃童子考试官文也。"闻者大噱。

笔笔存孤异之性，出其精神，虽遇咸阳三月火，不能烧失。龙醢而嫠变，龟锯而甲灵，借兄淹蹇，以昌此文。

读张子文，胸中猿咽，指下泉悲，不作眼前卫玠，欲问后世子云。扎茁辣刷，理自因之，复何怪焉？余语子省："扬子作《太玄经》，只自问玄与不玄已耳，安问桓君山不桓君山耶？"①

第一则申述张子乡试不中，自有深刻的原因，小小的八股试帖，清规戒律很多，阅卷官凭其喜好，对举子的试帖十分挑剔，肆意苛求。如果遇上思想僵化、学识贫乏的阅卷官，根本看不懂举子文章的奥妙，因此张岱不无感慨地说：这不是试官考举子的文章，而是举子考试官的文章！第二则高度评价试牍之文乃是"笔笔存孤异之性，出其精神"，具有独立不群，不囿于成见的创新精神，能给人以深刻的印象，然而正因为具有"孤异之性"，就被那些头脑冬烘、不敢越雷池一步的阅卷官"龙醢而嫠变，龟锯而甲灵"扼杀了。"笔笔存孤异之性"的试牍，阅卷官不识得

① (明)张岱著，云告校点：《琅嬛文集·跋张子省试牍三则》，岳麓书社1985年版。

它的价值，也不敢正视它的价值，他们没有当年祖父在山东提学副使任上，于落卷中擢拔名人李延赏，即使为人弹劾、罢官也在所不惜的精神。第三则哀叹张子可悲命运，既然眼前做不了卫玠，哪里敢盼望以后成为扬雄呢？卫玠（286—312），字叔宝，风姿秀异，有玉人之称，好谈玄理，人闻其名，围观如堵。扬雄（前53—18），字子云，少好学，不为章句，博览无所不见。少耆欲，不汲汲于富贵，不戚戚于贫贱。四十岁以后以文才为朝廷征召，待诏承明殿，常从帝左右，对上层集团的好恶趣尚、行止作为了解甚多，遂时时作赋加以讽谏。所著《甘泉赋》《河东赋》《羽猎赋》《长杨赋》四篇最为著名。

对于这次乡试的失败，张岱不仅以刻印试卷分发有关朋友评说，发泄不满外，同时还写信给挚友祁彪佳，托他致书时任浙江学政李清（字心水，号映碧），诉说自己的不幸，亦向其堂弟介子（燕客）诉说冤屈。因此，张介子在出访姨兄祁彪佳时，再三“言乃兄宗子失意状”，为张岱喊冤叫屈。祁彪佳为此致函李清，为张岱叫冤屈。为了排遣心中的不快，在家人和兄弟的劝说下，他还特地前往富阳族弟张陛处做客。

张岱对八股取士的矛盾心态在晚明文人中较为普遍。譬如归有光，嘉靖十九年（1540）南京乡试中举，但此后八次会试，均未得第，以教书授徒为业，直到嘉靖四十四年（1565），已届六十，始中进士，授任浙江长兴县令。他对于以八股取士的制度是反对的、厌恶的，一有机会便发议论。他认为：“近来一种俗学，习为记诵套子，往往能取高第。……然惟此学流传，败坏人材，其于世道，为害不浅。夫终日呻吟，不知圣人之书为何物，明言而公叛之，徒以为攫取荣利之资。”[①]但他又编过两册八股文的范本作为科举的教材，在他的文集中，还保存着他为八股文集子所写的序言《会文序》《群君课试录序》，他本人的作品也沾染了八股习气。明代的许多文人，一方面对八股文持厌恶反对的态度，另一方面又因为八股文能带来光宗耀祖和荣华富贵的机会，为了前途和生计，不得不拾起八股文这块敲门砖。谢肇淛在《五杂俎》卷十三中说得好：“今之号为好学者，取科第为第一义矣；立言以传后者，乃无一焉；至于修身行己，则绝不为意。”明知八股无用，但既然它是通往功名的唯一道路，只好知其不可为而为之了。

张岱通过长时间的冷静思考，终于抛弃了八股科举这块敲门砖，并且从理论上反思和批评八股科举制度。他一针见血地指出明代统治者以八股取士的险恶目的：“我明自高皇帝开国，与刘青田定为八股文字，专精亶力，一题入手，全于心灵筋脉声口骨节中揣摩刻画，较之各样文体，此为最难。三场取七，又专注头场，二百八十二年以来，英雄豪杰埋入八股中，得售者什一，不得售者什九，此固场屋中之通疾也。”[②]又说：“诸体之难，无过制义；盖用以镂刻学究之肝肠，亦用以消磨豪杰之

① (明)归有光著:《山舍示学者》,见《震川先生集》卷七,上海古籍出版社1981年版。

② (明)张岱著:《石匮书·文苑列传总论》,见《续修四库全书》第320册,上海古籍出版社2002年版。

志气者也!”[①]张岱联系自身经历感受，既形象又理性地揭示了读书人一旦浸染八股，“特以枯管毛锥，孤行其意。一字不协，满幅俱差；片语不谐，全篇俱失。有人于此，一习八股，则心不得不细，气不得不卑，眼界不得不小，意味不得不酸，形状不得不寒，肚肠不得不腐”。又说：“举子应试，原无大抱负，止以呫哔之学迎合主司。即有大经济、大学问之人。每科之中不无一二，而其余入彀之辈，非日暮途穷、奄奄待尽之辈，则书生文弱，少不更事之人。以之济世利民，安邦定国，则亦奚赖焉?”[②]张岱深感八股科举制度腐朽毒害、扼杀人才，不仅坑害了无数知识分子，也严重贻误了国家大事。由于长期从事明史研究，他从明朝二百七十余年的历史着眼：“高皇帝以之大误举子，而举子效而尤之，亦用以大误国家。”[③]“则高皇帝之误犹小，其所以自误则大矣。”如果说，国变前他曾提出“八股一日不废，则天下一日犹不太平”，只是根据八股科举危害得出的经验性总结，那么到国变之后，他已经把批评的锋芒直接指向这一文化政策的制订者朱元璋本人，而且还把八股科举提到导致明朝灭亡的高度。

张岱对功名绝望时，便把获取功名的希望寄托在儿辈身上。

---

①(明)张岱著:《石匮书·科目志总论》,见《续修四库全书》第318册,上海古籍出版社2002年版。

②(明)张岱著:《石匮书·科目志总论》,见《续修四库全书》第318册,上海古籍出版社2002年版。

③(明)张岱著:《石匮书·科目志总论》,见《续修四库全书》第318册,上海古籍出版社2002年版。

他在《课儿读谍》中说："一战不胜，当思裹甲复来；再则弗售，何惜抱荆三献。""少壮不努力，老大徒伤悲；平时不用功，自到临时悔。"可见在当时社会中，文人是不可能真正摆脱名利诱惑的。就像韩延锡在《尺牍新钞·答林九还》信中所说："承示功名一念，比前稍淡，谈何容易耶？古今多少铁汉，平时里咬破顽石，一到功名场中，便打折骨头。"直到明朝灭亡，他和其他遗民一样，在激烈的武装抗清斗争失败以后，才彻底地断绝了功名之念。清顺治十一年（1654），儿辈奔赴杭州参加乡试，张岱竭力劝阻。劝阻不成，仍作《甲午儿辈赴省试不归走笔招之》："儿辈慕功名，撇我若敝帚。持此一管笔，思入麟凤薮。阿堵与荐剡，均非尔所有。不若且归来，父子得聚首。"[①]"尔或思争气，予原不动心。故园松菊在，对此一开襟。"[②]只有在这种情况下，强烈的民族气节和意识才使他彻底抛弃了对功名利禄的奢望，面对现实。

经世济民之儒家思想

张岱继承了儒家"经世济民"的积极用世精神，具有强烈的社会责任感和历史使命感，有着以天下为己任的"仔肩宇宙"的怀抱和理想，鄙视不通经济事务，只会死抠书本的"章句之儒"，

---

①（明）张岱著，夏咸淳校点：《张岱诗文集·甲午儿辈赴省试不归走笔招之》，上海古籍出版社1991年版。

②（明）张岱著，夏咸淳校点：《张岱诗文集·甲午次儿下第归二首》，上海古籍出版社1991年版。

尤其讨厌宋元以来空谈性命、装模作样的伪道学。他敬佩献身于天下万民的古代圣贤舜禹：“舜禹不与，非敝屣天下之谓也。舜忧勤，禹胼胝，上为君父，下为苍生，未尝视为己之天下，而以己与焉者也。若只以轻视天下为‘巍巍’，则巢由何遂不如舜禹？”[①]他认为舜禹的伟大之处，就是能“上为君父，下为苍生”，“以己与焉者”，自觉地无私地为天下百姓奉献自己的一切。而传说中的隐士巢父和许由，当国家和百姓需要他们出来献身时，却视国家和人民的事业为“敝屣”，躲进深山老林，像这样的被吹捧为“高士”的“大人物”，哪能和舜禹相比呢？张岱非常推崇北宋名臣范仲淹，“范文正公做秀才时，便以天下为己任，此政其才力弘毅处。以天下之忧为忧，以天下之乐为乐，其担荷何重？‘先天下之忧而忧，后天下之乐而乐’，其担荷何远？使世间士子无此胸襟，则读书种子先绝矣，更寻何人仔肩宇宙？”[②]他认为“先天下之忧而忧，后天下之乐而乐”，是所有读书人立身治学的根本，胸怀天下，心藏苍生，才能肩负历史重任。张岱既是这样想，也是这样做的。张岱少年时期就立下补天之志，希望自己成为一块能派上用场的炼石，去补明朝江山出现的隙漏。好友陈洪绶曾说：“吾友张宗子，才大气刚，志远学博，不肯俯首牖

---

①（明）张岱著，朱宏达校点：《四书遇·论语·舜禹章》，上海古籍出版社1985年版。

②（明）张岱著，朱宏达校点：《四书遇·论语·弘毅章》，上海古籍出版社1985年版。

下，天下有事，亦不得闲置。”[①]张岱虽然多次科考落第了，但不是他没有才干，而是统治阶级不赏识他。他曾愤慨不平，后弃绝功名，转而从事著述。张岱说过：“君子以天下为心，至是邦即欲有为。危可使安，乱可使治，不入不居者，势不可为，故见机而作也。”[②]君子由于形势所迫，不能有所作为，但并不意味放弃自己的责任，而应等待时机，然后有所作为。张岱在放弃仕途以后的漫长岁月里，从未把自己与时代和社会隔绝开来，他时刻关注着国家和民族的命运。天启七年（1627），熹宗崩，思宗即位，剪除宦官势力，元凶魏忠贤磔尸悬首示众。崇祯元年（1628），张岱听到阉党垮台的消息后十分兴奋，立即改编导演了传奇《冰山记》，在绍兴城隍庙演出：

> 魏珰败，好事者作传奇十数本，多失实，余为删改之，仍名《冰山》。城隍庙扬台，观者数万人，台址鳞比，挤至大门外。一人上，白曰：“某杨琏。”口口谇潹曰：“杨琏！杨琏！”声达处，如潮涌，人人皆如之。杖范元白，逼死裕妃，怒气忿涌，噤断嚄唶，至颜佩韦击杀缇骑，嗥呼跳蹴，汹汹崩屋。[③]

---

①（明）陈洪绶著：《陈洪绶集·张宗子乔坐衙剧题辞》，浙江古籍出版社1994年版。

②（明）张岱著，朱宏达校点：《四书遇·论语·笃信章》，上海古籍出版社1985年版。

③（明）张岱著，弥松颐注：《陶庵梦忆·冰山记》，上海书店印行1982年版。

这是一出时事政治剧。张岱抓住魏忠贤垮台的极好时机，迅速以戏剧形式把这一事件公之于民众，在观众中激起了巨大的影响，收到了极好的宣传教育效果。当年秋天，他还将戏班带到山东兖州，为时任鲁肃王右长史的父亲祝寿，兖州太守刘半舫称扬不已。

崇祯九年（1636）夏天，绍兴发生了一场瘟疫，流行甚快。时任苏松巡抚的祁彪佳秉公执法，得罪了时任首辅周延儒及其姻亲陈一教，遭到周延儒的报复，愤而疏请归养。祁彪佳以其名声和威望，召集山阴、会稽两县乡绅捐资设立医药局于郡城光相寺内，前后疗治近千人。张岱积极支持并全力参加，并由此联想到整个国家由于战事频仍，赋税繁重，民不堪负："因思世界尽如此，死兵死赋均死耳。辽东一破如溃痈，强蠡流毒势更凶。民间敲剥成疮痍，神气太泄元气疲。敢借宰官医国手，天下精神尽抖擞。"[①]希望当权者中能出现治国的能臣，迅速扭转面临的危险局面。

张岱还十分关心并积极参与地方公益事业。绍兴府城中间有一条南北向的河，称为府河，南起利植门，北至昌安门，是山阴、会稽两县城的分界河。东西两旁横贯着数十条小河，河中小船来往如梭，载着城里所需的各种物资，乡下人也会摇着

---

①（明）张岱著，夏咸淳校点：《张岱诗文集·丙子岁大疫祁世培施药救济记之》，上海古籍出版社1991年版。

小船进城采办生活用品。府河两旁民居鳞次栉比，靠近府河的人家，家家都有石阶通往河道，或洗衣、洗菜、淘米，或冲洗家具，十分方便。由于人口庞杂，为贪图方便，有的居民常将垃圾、杂物抛入河中，年长月久，河床污泥堆积，河道变得狭窄，导致行船拥挤甚至堵塞，有的河道甚至断流变成死水沟，臭气熏人，蚊蝇孳长。张岱看在眼里，急在心里，花了半个月时间，成天乘着小船穿梭在府河和横贯的小河道中调查了解，并联络府城两县的名流，于崇祯七年（1634）十二月，向府太守递上了《疏通市河呈子》：

为城市命河，急宜开导，恳切天台，立赐疏通，以复水利，以弥火灾事。……祈即敕更事耆老，内举功（公）正数人，兼使募好义富民，乐助钱粮多许。即日兴工，浃旬卒役，方瞻经始，顿还旧观。

张岱主动出资并向各富户募集资金，举荐尽职且又内行者数人筹划督责开工，经过四个月的疏浚，府河顿还旧观，恢复了往日的生机。

张岱十分关心绍兴文化设施和人为景观建设。龙喷池是绍兴府城内一大文化景观，《嘉泰会稽志》卷十记载：“‘龙喷池’，在（山阴）县西一里酒务前。”《嘉庆山阴县志》载曰：“龙喷池在（山阴）县西南（旧志）。”可见龙喷池在清代后期已不复存在。龙喷池景观缘于北宋。绍兴府城踞卧龙山之足，卧龙山以其优美的山势，蜿蜒于府城的西北。因其山势起伏，盘绕回旋，盘屈而进，形若卧龙，故名卧龙山，简称龙山；又因越国大夫文种葬于山上，又名种山；又因是府治所在地，又称府山。北宋年间越州刺史刁景纯曾撰《望海亭记》，云："越冠浙江东，号都督府，踞卧龙山，为形胜，山之南亘东西鉴湖也；山之北连属江与海也。周连数里，盘屈于江湖之上，状如卧龙也。龙之腹，府宅也；龙之腑，东门也；龙之尾，西湖也；东之脊，望海亭也。"龙喷池约在北宋中期创建，"卧龙骧首于耶溪，大池百仞出其颔下"。①至张岱时，由于"陵谷迁徙，水道分列"，周围居民倾倒垃圾，填埋泥土瓦砾，建造房屋三十余间，致使龙喷池堵塞，成为一座臭水池。为恢复绍兴景观，张岱于崇祯十三年（1640）上疏府太守："捐金纠众，畚锸千人，毁屋三十余间，开土壤二十余亩，辟除瓦砾刍秽，千有余艘，伏道蜿蜒，偃潴澄靛，克还旧观。"②倡议捐钱，组织人工，拆毁原来建在龙喷池周围的房屋，搬走填塞的瓦砾垃圾，使之与府河相通，池内也可通行船只。

倡修大善塔。大善寺位于今浙江绍兴市区解放北路西营，《嘉泰会稽志》卷七载："梁天监三年（504），民黄元宝舍地，钱氏女未嫁而死，遗言以奁中资建寺。僧澄观主其役，未期而成，赐名大善。"大善寺于唐开元二十六年（738）改名开元寺。大善

① (明)张岱著,弥松颐注:《陶庵梦忆·龙喷池》,上海书店印行1982年版。

② (明)张岱著,弥松颐注:《陶庵梦忆·龙喷池》,上海书店印行1982年版。

塔建于唐大中元年（847），后唐长兴元年（930），因吴越肃王钱镠在原董昌宅别创开元寺（位于今浙江绍兴东街），大善寺仍复旧名。宋淳化三年（992）失火，寺与塔俱焚毁，景德元年（1004）重建。南宋庆元三年（1197）十一月，寺僧不慎失火，寺与塔又遭焚毁，只存大殿及罗汉堂。明永乐初年重建，寺塔焕然一新。后因“岁月迁延”“檀那荒废”[①]，张岱深为住僧觉源、法生在极其艰苦的环境下，“全仗尔三步一拜”[②]的坚强韧性所打动，他也毅然参与到为重修大善寺和大善塔的资金募集行列中，并以万休法师与其巨大的号召力加快了募集资金的速度，终于促成了大善寺和大善塔的重建，并为此写了《修大善塔碑》作为纪念。塔和寺建成于何时？据《嘉庆山阴县志》载：“国朝康熙八年，僧万休同邑人重修。”又据张岱此碑文所记，“肇惟天监初成，正值梁武舍身之日”[③]，即公元504年；“岁月迁延，已至千一百八十年于此”[④]，即康熙二十三年（1684）再作修缮。上述记载与清僧万香《大善寺志稿》记载完全吻合，可互为引证。

倡修龙山文帝祠。文帝祠，即文昌庙。据《嘉庆山阴县志》卷二十记载：“卧龙山之西即古郡西园地，旧有仓帝祠，祠之旁文昌神附焉，明山西按察使郑一麟重建，有碑记，岁久复圮。”又据同卷刘宴《重建仓帝庙碑记略》载：“卧龙山旧有仓帝祠，

---

① (明)张岱著，云告校点：《琅嬛文集·修大善塔碑》，岳麓书社1985年版。

② (明)张岱著，云告校点：《琅嬛文集·修大善塔碑》，岳麓书社1985年版。

③ (明)张岱著，云告校点：《琅嬛文集·修大善塔碑》，岳麓书社1985年版。

④ (明)张岱著，云告校点：《琅嬛文集·修大善塔碑》，岳麓书社1985年版。

不知创自何人，明世庙时张文忠奏撤文庙先圣贤像易主，遂例及他祠，而仓帝与文昌像俱去之，邑绅郑肖龙见而伤之，积愿数十年始克，移建山之西麓永福寺左，至今孙懋棠始补装帝像，岁久复圮。”其后“沧桑既改，庙貌无存；钟虡徙移，榱题亦朽”，为了“追思吾先正”“佑启我后人”，张岱呼吁“期吾同志”“群策毕集”“众力可支”“喜工师之得大木”，重修文帝祠[①]。此后又倡建无主祠堂。[②]

入清以后，张岱生活十分艰辛，也很少参加社会活动。康熙十一年（1672），他已是七十五岁的老人了，府县当局仍执意邀请他参与《会稽县志》的编撰。《琅嬛文集·与张噩仍》载曰：“不肖以废弃陈人株守泉石，并不与闻户外之事。而郡县不知何所见闻，乃以会稽志相属。不肖辞让再三，不得俞允。”“不肖在局，亦仅可坐啸画诺，饮酒食肉而已。故于凡例之外，不敢多赘一字，盖至慎也。卷首书名，自当以宗兄为首事纂修，不肖列名校阅，亦邀荣甚矣。不晓当事何意，又以贱名纂列兄前；而并不用兄原本，乃属董兄舜邻。倒颠错乱。”[③]据《两浙著述考》载：“《会稽县志》二十八卷，清会稽董钦德撰。”又云：“张文成，字噩仍，会稽人，博学好古，壬子与修《会稽县志》。”现存康熙《会稽县志》由董钦德撰，康熙二十二年（1683）始修，三年告成。张岱起草的《凡例》十则被移至志

① (明)张岱著，云告校点：《琅嬛文集·龙山文帝祠募疏》，岳麓书社 1985 年版。

② (明)张岱著，云告校点：《琅嬛文集·募造无主祠堂疏》，岳麓书社 1985 年版。

③ (明)张岱著，云告校点：《琅嬛文集·与张噩仍》，岳麓书社 1985 年版。

后，而董钦德撰写的凡例则列于前，可见康熙《会稽县志》修撰前后的矛盾纠葛。张岱不满董氏原稿“挂一漏万，留三增七”的编撰主张，为此向好友张噩仍倾吐心曲，并再三推辞，在没法推辞的情况下，只承担了全志《凡例》十则的起草。

张岱十分关心西湖之旁的岳庙、岳坟的修建。他认为西湖祠庙“合于祭法者三：汉之前将军关帝，宋之岳鄂王武穆，明之于少保忠肃”，而岳庙岳坟从“宋绍兴十一年辛酉十二月廿九日王薨于狱，至绍兴三十二年壬午（1162）追复王官爵，敕葬西湖上栖霞之阳，即今墓地”，至今已历五百一十四年，“日久倾圮，游人嗟叹”。崇祯元年（1628），曾有人提议将拆毁西湖上魏忠贤生祠的木石用来修葺岳墓，“卜之王，王弗许”，此后遂一再拖延，致使“颓败益甚”。张岱认为，“乾坤正气，世道所关，历代帝王，立祠致祭，俎豆千秋，旌忠旌孝，俾为万世臣子楷模”，为此不顾老年之躯，于康熙十四年（1675）上疏浙江省和杭州府当局，吁请“贤士大夫解囊乐助”，“村农野叟，妇女儿童……木材瓦甓，施及锱铢”，并请诸正人君子负责修建工程，先易后难，“先葺后楹，次及坟茔，次及大殿，次及墙壁，次及戟门，凡修一处，务责完工。既遇矢心，还期竭力”①。

张家祖上有仗义助人的优良传统，高祖张天复为人“生平多义气，急人患难”②，好济危周急，不图报答。宗族有饥者，

---

①（明）张岱著，云告校点：《琅嬛文集·募修岳鄂王祠墓疏》，岳麓书社1985年版。

②（明）徐渭著：《徐渭集·张太仆墓志铭》，中华书局1983年版。

派人送上钱和粮食，每年如此。年初命仆役行郊外，见尸骨必埋之；见乡里利病可行汰者，则向当局建议，热心负责犹如自己的事一样，即使遭到误会、责骂也不后悔，尤讲信义于朋友。隆庆初年（1567），时任甘肃按察副使的张天复因事顺道返里，得知徐渭因杀妻下狱，便立即派人至狱送给徐渭马金囊。徐渭后来写了《张云南遗马金囊》诗表示感谢，其中云："百颗缄题秋署清，遥闻摘向最西营。"马金囊，即西北所产的马奶葡萄。徐渭入狱后曾有求于张天复，尽管他后来在云南任上被诬，罢免官职归里，但仍尽力为之周旋。张岱曾祖张元忭，隆庆五年进士第一，徐渭有《送张子荩会试——正月十七日》诗，其中云："看君将笔赌，一掷万青趺。"高中后，徐渭闻讯，在狱中欣喜欲狂，"喜而浮太白者，制词者二"。这两首词，一为《鹧鸪天》，一为《贺新郎》，都是祝贺张天复之子高中之作。徐渭接着又写了《闻张子荩廷捷之作，奉内山尊公》七律，其诗云："山阴岂少攀花客，最上高枝更绝伦。南宋到今知几度，东风分付只三人。传书乡国惊先辈，有子明廷慰老臣。想见当年清梦里，是谁亲送玉麒麟。"不久，曾祖父返里省亲，曾至狱中看望徐渭，徐渭曾看中张家一手脚麻利、聪明能干的年轻仆人，张元忭赴京前曾嘱咐张汝霖将此仆人送给他。由于张元忭等人的营救，终于促使系狱六年的徐渭在穆宗去世、新皇帝正式即位前的隆庆六年（1572）冬，被保释出狱。张岱父亲张耀芳为人仗义慷慨，天启七年（1627）出任鲁肃王右长史，所属嘉祥县令赵二仪死在任上，欠库银一千八百两，无物可抵，老婆孩子作为人质被羁押。鲁肃王派他至嘉祥县处理。张岱父亲见状，十分同情赵二仪妻子的处境，于是拿出积余代为偿还，又拿出百金作为生活费送母子俩归乡。嘉祥人为此十分感动，专门立了“张国相捐金碑”作为纪念。

张岱继承了家传的乐于助人的美德，热心参与地方赈荒救灾的活动。崇祯九年（1636）夏天，绍兴瘟疫流行，张岱同祁彪佳等乡绅捐资开设医药局救治病人。崇祯十三年（1640）春夏间，越中淫雨不止，大水成灾，麦子坏死在田间，米价骤涨。四乡饥民拖儿带女涌入绍兴府城，沿门乞讨者甚众；城内贫民揭不开锅者，捡拾菜叶果皮充饥，间有饿殍丢弃于僻巷暗沟，人心惶惶。张岱全力支持祁彪佳、余煌倡导的和粜法，力劝城中和四乡富户平价粜米，并捐钱捐粮设粥厂周济。张岱族弟张陛（字登子）与母董氏鬻产得米七百石，全部捐出用来赈救灾民。张岱还深入坊里饥户，了解赈济利弊情况，在此基础上首创米票法。《快园道古·经济部》云：

> 故套：凡赈米之家，强者攫之去，妇女老弱都无颗粒。陶庵刻一票，令里总报定各坊饥户，躬至其家看验。上贫者给米票若干，次贫者递减。分城中为十区，日查一区，次日赍票领米，十日俱遍，其赈米粒粒皆果饥民之腹。①

① (明)张岱著，高学安、佘德余校点：《快园道古·经济部》，浙江古籍出版社1986年版。

此法使得老弱病残、妇女皆得到了实实在在的救济，深得祁彪佳的肯定。祁彪佳在赈济过程中编著了《救荒杂议》，将张岱的按米票给米之法也编入其中。

崇祯十三年（1640）闰三月，张岱与胞弟、堂弟围绕家产分配或其他宗族纠纷，遭到误解责怪。《琅嬛文集》卷六《琴操》跋曰："张子好义，受人反噬。时阴雨，坐梅花书屋，愤懑不平，腹胀几裂，因作《琴操》十首，援琴歌之。"[①]张岱边歌边弹，发泄心中的不快。其堂弟张燕客也有《和操》，序云："伯子有不平之鸣，栖志徽弦，乃作《琴操》，恐世无知心者，其目其舅弟，弟亦援琴而和之。"[②]《琅嬛文集》卷四《附传》之后议论曰："岱次先世传以授诸子曰：'余之先世在是也，余之后世亦在是也。'诸子不解。岱曰：'先世之浑朴，勿视其他，止视其兄弟。太仆公事汉阳公如事父；文恭公手出二异母弟于澡盆，而视之如子；大父与芝如季祖相顾如手足；而父叔辈尚不失为平交。自此而下，而路人矣，而寇仇矣，风斯日下，而余家之家世亦与俱下焉。'"[③]上述记载透露张岱可能与胞弟、堂弟及宗族兄弟发生了一场激烈的争吵，这使他蒙受了极大的冤屈，而且在事发后长久也未能冰释。

---

① (明)张岱著，云告校点：《琅嬛文集·琴操跋》，岳麓书社1985年版。

② (明)张岱著，云告校点：《琅嬛文集·燕客和操序》，岳麓书社1985年版。

③ (明)张岱著，云告校点：《琅嬛文集·附传》，岳麓书社1985年版。

第七章　拥立鲁王

浙东之士拥立鲁王监国绍兴

崇祯十七年（1644）三月，李自成农民起义军攻占北京，崇祯皇帝吊死在煤山，结束了明朝二百七十六年的统治。不久，清军大举入关，占领北京，成为中国封建王朝新的统治者。清军攻占北京后，继续南下，但遭到了江南军民的顽强抵抗。顺治二年（1645）五月，清兵横渡大江，南京陷落，福王朱由崧在奸臣马士英、阮大铖等拥戴下建立的弘光小朝廷，不到一年的时间即告覆亡。接着，清军由江阴长驱直入，进兵嘉兴、湖州，六月抵杭，明宗室潞王朱常淓迎降，浙江省会杭州被清军占领，苏、松、常及浙江杭、嘉、湖、宁、绍等地守令递上降表，望风归顺清朝。由于清朝最高统治者不顾汉民族的风俗习惯，强迫推行“留头不留发、留发不留头”的剃发之令，“闰六月初旬，颁开剃之令，人护其发，道路汹汹；又郡县奉檄发民除道开衢为驰马之地，人情亦恇忧”。在这种情势下，剃发令激起了汉民族各阶层人士的反对。浙东的一些士大夫和在野文士拒不剃发，以死自誓，其中最为著名的有原任苏淞巡抚祁彪佳，少詹事徐汧，左都御史刘宗周，布衣王毓蓍、潘集、倪舜平等。闰六月初九日，明原任九江道佥事孙嘉绩起义于余姚，杀清朝委署知县王玄知；初十日绍兴生员郑遵谦起兵于绍兴，杀死绍兴知府张愫、会稽县知县彭万里，自称义兴元帅；十二日，被某些史籍称为“六狂生”的鄞县生员董志宁聚集王家勤、张梦锡、华夏、陆宇𤏡、毛聚奎等，决定推荐原刑部员外郎钱肃乐为盟主倡议反清。起义的力量得到了原已投降清朝、驻于定海的浙江防倭总兵王之仁和退守钱塘江岸的杭州总兵方国安的支持。此时，浙东地区反清运动风起云涌，原先举旗未定的慈溪知县王玉藻、定海知县朱懋华、奉化知县顾之俊、鄞县知县袁州佐、象山知县姜圻纷纷提供粮饷，招募义兵，石浦参将张名振也带兵前来会合。

在浙东各地反清运动风起潮涌的大好形势下，明原任管理戎政兵部尚书张国维和在籍官僚陈函辉、孙嘉绩等共同商议，认为急需推荐一位明朝宗室藩王出任监国，而当时在浙江的明朝宗室郡王只有在台州的朱以海没有投降清朝，这就自然成了浙江复明抗清势力拥立的唯一人选。朱以海（1618—1662），明太祖第十子鲁荒王朱檀的九世孙，崇祯六年（1633）为镇海将军，崇祯十二年（1639）父死，长兄以派袭封，崇祯十五年（1642）十一月，清军攻破山东兖州，鲁王以派自缢死，以海避兵南下，崇祯十七年（1644）三月袭封鲁王。同年三月，李自成攻破北京，进兵山东，朱以海南逃，弘光命以海徙封江广暂驻台州（今浙江临海）。难能可贵的是，朱以海亲身经历了国破家亡、颠沛流离，在清军入侵浙江时仍能坚持民族气节，在强敌压境之时，毅然肩负起抗清复明的旗帜。闰六月十八日，张国维、孙嘉绩、陈函辉等奉笺迎朱以海出任监国，二十八日又再次上表劝迎。朱以海于七月初到达绍兴，七月十八日就任监国，以分守台绍道公署为行朝，改明年为监国元年。鲁王监国任命张国维、朱大典、宋之普为东阁大学士，不久又起用旧辅臣方逢年入阁为首辅。同时任命章正宸为吏部侍郎署尚书事，李向春为户部尚书，王思任为礼部尚书，陈函辉为礼部右侍郎，余煌为兵部尚书，张文郁为工部尚书，李之椿为都察院左都御史，孙嘉绩、钱肃乐、熊汝霖均加右佥都御史衔督所部义师。进封大将方国安为镇东侯，王之仁为武宁侯，郑遵谦为义兴伯，以大学士张国维为督师，统帅各路兵马。

设盛宴，迎接鲁王临幸张家

因为张岱之父张耀芳于明天启七年（1627）至崇祯四年（1631）九月曾担任鲁肃王右长史，张氏又是绍兴巨族，因此朱以海监国绍兴后，立即临幸张家，车驾隆盛，观者如堵。仓促之间，张岱设盛宴又演剧迎接。《陶庵梦忆·鲁王》记之甚详：

> 福王南渡，鲁王播迁至越，以先父相鲁先王，幸旧臣第。岱接驾，无所考仪注，以意为之。踏脚四扇，氍毹借

之，高厅事尺，设御座，席七重，备山海之供。鲁王至，冠翼善，玄色，蟒袍玉带，朱玉绶。观者杂沓，前后左右，用梯、用台、用凳，环立看之，几不能步，剩御前数武而已。传旨："勿辟人。"岱进，行君臣礼，献茶毕，安席，再行礼。不送杯箸，示不敢为主也。趋侍坐。书堂官三人，执银壶二，一斟酒，一折酒，一举杯，跪进上。膳一肉簋，一汤盏，盏上用银盖盖之，一面食，用三黄绢笼罩，三臧获捧盘加额，跪献之。书堂官捧进御前，汤点七进，队舞七回，鼓吹七次，存七奏意。是日演《卖油郎》传奇，内有泥马渡康王故事，与时事巧合，睿颜大喜。

二鼓转席，临不二斋、梅花书屋，坐木犹龙，卧岱书榻，剧谈移时。出登席，设二席于御坐傍，命岱与陈洪绶侍饮，谐谑欢笑如平交。睿量宏，已进酒半斗矣，大犀觥一气尽。陈洪绶不胜饮，呕哕御座旁。寻设一小几，命洪绶书策，醉捉笔不起，止之。剧完，饶戏十余出，起驾转席，后又进酒半斗，睿颜微酡，进辇，两书堂官掖之，不能步。岱送至闾外，命书堂官再传旨曰："爷今日大喜，爷今日喜极！"君臣欢洽，脱略至此，真属异数。[①]

在强敌压境的情况下，朱以海监国政权竟沉浸在冶游闲乐

① (明)张岱著，程维荣校注：《陶庵梦忆·西湖梦寻·鲁王》，上海书店印行2001年版。

之中，怪不得时人李寄写诗讽刺。其《西施山戏占》："鲁国君臣燕雀娱，共言尝胆事全无。越王自爱看歌舞，不信西施肯献吴。"诗后原注："鲁监国之在绍兴也，以钱塘江为边界。闻守江诸将日置酒唱戏，歌吹声连百里。当是时，余固知其必败矣。丙申入秦，一绍兴娄姓者同行，因言曰：'余邑有鲁先王故长史某，闻王来，畏有所费，匿不见。后王知而召之，因仪张乐设宴，启王与各官临家。王曰：将而费，吾为尔设。因上数百金于王。王乃召百官宴于庭，出优人歌伎以侑酒。其妃亦隔帘开宴。余与长史亲也，混其家从得入。见王平巾小袖，顾盼轻溜，酒酣歌作，王鼓颐张唇，手像箸击座，与歌板相应。已而投箸起，入帘拥妃座，笑语杂遝，声闻帘外。外人咸目射帘内。须臾三出三入，更阑烛换，冠屣交错，傞傞而舞，优人、官人，几几不能辨。'即此观之，王之调弄声色，君臣儿戏，概可见矣。何怪诸将之沉酣江上哉！期年而败，非不幸也。"[①]

上疏求斩马士英，反遭斥逐

张岱曾在《石匮书》卷一九九《义人列传总论》中说："余一生受义之累，家以此亡，身以此困，八口以此饥寒，一生以此贫贱，所欠者但有一死耳！"可见，张岱因民族义气，毁家纾难，捐钱助饷，以全力追随鲁王朱以海。而当时马士英逃至东

---

①（明）李介立著：《李介立诗钞》，转引自邓之诚：《清诗纪事初编》，上海古籍出版社1984年版。

阳，寄顿家口于魏山赵氏，听说朱以海监国绍兴，遂带兵三百余人，屯聚清溪，上书请朝，准备再一次投机。马士英请朝之事激起了鲁王身边群臣的极大愤慨，王思任等致书谴责，斥其误国害民之罪。张岱也以“东海布衣”身份上疏监国，疏云：

臣岱谨启：为监国伊始，万目具瞻，恳祈立斩弑君卖国第一罪臣，以谢天下，以鼓军心。

臣闻舜受尧禅，诛四凶而天下咸服；孔子相鲁，诛少正卯而鲁国大治。在彼盛时，犹藉风励，况当天翻地覆之时，星移宿易之际！世惟悖逆反常，人皆顽钝无耻。反身事仇，视为故套；系颈降贼，奉作法门。士风至此，扫地尽矣。倘不痛加惩创，则此不通不痒之世界，灭亡无日矣，安问中兴，安问恢复哉！吾主上应天顺人，起而监国，太祖高皇帝之血食，一日未斩；历代帝王之衣冠文物，一日未绝，皆系于主上之一人。此时犹不上律尧舜，下法汤武，立奋乾刚，蚤除妖孽，则主上且为太祖高皇帝之罪人。区区臣下，又不足道已。臣见贼臣马士英者，鬼为蓝面，肉是腰刀。借兵权为公论，妄称定策元勋；以紊序为私恩，遂欲门生天子。倾酒为池、悬肉为林，即此是致君之术；弥天太保、遍地司空，何在非货殖之门？半壁江山，白欺欺送与北骑；一鞭残角，黑魆魆走出南京。当其提兵凤、泗也，闯贼犯都，思宗殉难，君父临危，按兵不救，如汉高追项羽失利，与韩信彭越，期会不至，然汉高尚在固陵，而先帝竟死社稷，较之韩彭，其坐视更恶。及其迎立弘光也，永、定二王，存亡未卜；桂、惠、瑞三王，讣报未闻；徒以“军中欲立福王”一语，遂市私恩，擅行册立，如李辅国遮留太子，以自取富贵。然肃宗尚受父命于灵武，而士英止恃兵变于陈桥，较之辅国，其专擅尤横。其后北骑之渡江也，留都根本重地，高皇帝之陵寝在焉，拥兵十万，一日不守，徒收拾辎重，鼠窜狼奔，如伯嚭之多携宝玩，雪渡钱塘，然伯嚭之去，尚为吴主行成，而士英之走，止为一家保命，较之伯嚭，其机诈更深。其后左兵之南下也，良玉上疏，以清除君侧为名，士英胆落，尽以江南之雄兵猛将，悉驻芜关上流控御，史可法血书请救，置若罔闻，如卢杞之坚拒怀光，恐其面驾，然卢杞止失军心，而士英竟覆社稷，较之卢杞，其败坏尤烈。其后弘光之被陷也，新主嗣统，竚望中兴，士英兵权自握，政柄自操，从不讲战守之事，止知上贪黩之谋，酒色逢君，门户固党。及后事败，理合从亡，乃士英犹拥兵卫三千，携妾媵臧获，歌儿舞女二百余人，金珠宝玩锦绣纨绮数千余杠，独不能携带弘光一人一骑，使其进退无门，卒陷死地，如飞廉之助纣为虐，卒致死亡。然飞廉终为纣而死于海隅，士英弃弘光而逍遥外郡，较之飞廉，其狡猾更凶。其后沿途之逃窜也，士英调黔兵入卫，意欲办走贵阳，凡所过州县，需索供应，鞭挞居民，有闭门不纳者，辄架大炮攻打，城破蹂躏，燔劫一空，如公孙述之乘乱草窃，欲据蜀自雄，然述犹保郡自守，而英乃纵兵掳掠，较之公孙述，其叛逆尤著。以士英之惨刻，士英之奸诡，士英之凶暴，士英之叛逆，万死犹不足赎。

乃今世之切齿士英者，以其卖国欺君，窃比为今之秦桧。臣谓士英何如人焉？乃敢上拟秦桧耶？夫秦桧辅佐高宗，主持和议，不闻其以高宗性命白送与金人，而南宋六朝一百五十二年天下，以和议缓其亡者，为功不小。今试责士英以澶渊一日之盟，士英其能之乎？如士英者，徒事贪淫，不思恢复，有韩侂胄之嗜欲，而无其志气；有意偷安，不能留恋，有贾似道之荒淫，而无其福德；自立城府，斥逐言官，有李林甫之蒙蔽，而无其智谋。等而下之，即欲取法于卑卑三相，尚且不能，乃欲颉颃秦桧耶！

潜逃至浙，更复无耻，见太后则假太后以垂帘，见潞王则尊潞王以监国，见浙抚则借浙抚为鸠巢，见方营则倚方营为兔窟。东奔西走，不能相容。直待杭州已失，犹思蒙面屈膝投诚。不意外邦反存正论，谓弘光奸辅，欲捕杀之，士英始狼狈而走，奄至东阳，已一月余矣。今闻立上监国天台，不思魑魅难见禹鼎，复颜甲而来，希图攀附。夫以南都旧臣，朝见监国新主，趋蹡殿陛，束身请罪，则亦已矣。乃复带马骑数百余人，驻匝清溪渡口，上表请朝，候旨定夺，俨然董卓、曹操伏兵道左劫，立迁都之状。盖其目中尚知有人否耶？

臣谓子婴继统，尚能族斩赵高；建文逊位，犹自手诛辉寿。彼庸君孱主，至国破家亡之际，犹能回光返照，雪恨报仇……况我主上睿谟监国，圣政伊始，宁容此败坏决裂之臣，玷污朝宁乎！臣中怀义愤，素尚侠烈，手握虎臣之椎，腰佩施全之剑。愿吾主上假臣一旅之师，先至清溪，立斩奸佞，生祭弘光。敢借天下第一之罪人，以点缀主上中兴第一之美政。风声所至，军民必踊跃鼓舞，勇气百倍，传首北鄙，有不震竦詟服，退舍避之者，请斩臣头以殉可也。[①]

据张岱自述，这封措辞激烈又充满拳拳忠心的奏疏终于打动了鲁王。“疏入，监国召岱至御榻前，诏以先杀后闻。”[②]张岱立即带兵数百人往蹑之。马士英闻讯，宵遁江上，并通过与方国安的特殊关系，让方国安挟制鲁王，斥逐张岱，令马士英统兵协守钱塘江。张岱曾寄予厚望的小朝廷，并没有给他真正的希望，虽然他被任命为兵部职方主事，但这只是个荣誉性的职务，并没有实际职权。为此，张岱感到这个“莞尔小朝廷”根本不能成事，鲁王本身也只是方国安、王之仁等几个拥兵自雄军阀的一块招牌而已。他毅然辞去职务，避居嵊县西白山中，不久，方国安又派人强邀其出山，多次催促。当时，他曾有一番激烈的思想斗争。《陶庵梦忆 · 祁世培》中有详细的记叙：

---

① (明)张岱著:《石匮书后集》卷四八,中华书局1959年版。

② (明)张岱著:《石匮书后集》卷四八,中华书局1959年版。

乙酉秋九月，余见时事日非，辞鲁国主，隐居剡中。方磐石遣礼币，聘余出山，商榷军务，檄县官上门敦促。余不得已，于丙戌正月十一日，道北山，逾唐园岭，宿平水韩店。余适疽发于背，痛楚呻吟，倚枕假寐。见青衣持一刺示余，曰："祁彪佳拜！"余惊起，见世培排闼入，白衣冠。余肃入，坐定。余梦中知其已死，曰："世培尽忠报国，为吾辈生色。"世培微笑，遽言曰："宗老此时不埋名屏迹，出山何为耶？"余曰："余欲辅鲁监国耳。"因言其如此如此，已有成算。世培笑曰："尔要做，谁许尔做？且强尔出，无他意，十日内有人勒尔助饷。"余曰："方磐石诚心邀余共事，应不我欺。"世培曰："尔自知之矣。天下事至此，已不可为矣。尔试观天象。"拉余起，下阶西南望，见大小星堕落如雨，崩裂有声。世培曰："天数如此，奈何！奈何！宗老，尔速还山，随尔高手，到后来只好下我这着！"起，出门附耳曰："完《石匮书》。"洒然离去。余但闻犬声如豹，惊寤，汗浴背，门外犬吠嗥嗥，与梦中声接续。蹴儿子起，语之。[①]

从上述张岱梦中所见祁彪佳及与祁彪佳的对话，可看出他当时既想出山应方国安之聘，继续辅佐鲁王监国政权，又担心

① (明)张岱著，程维荣校注：《陶庵梦忆·西湖梦寻》，上海古籍出版社2001年版。

方国安掣肘，另有阴谋；同时他又清醒地认识到世事已经如此，即使再有高人，也无法扭转鲁王政权失败的命运，还是回到剡山，继续完成《石匮书》的著述为好。出山应聘隐藏着险情，还山从事著述于心不甘，经过思想斗争，张岱最后选择出山不应聘的折中方案。抵家十天后，果然如原先预料的一样，方国安的官兵绑架了镳儿，逼勒助饷，最后，张岱变卖了家产，交了钱，才把儿子赎回，平生所藏之书，除携带的数簏存放在剡县山中，其余书籍皆为方国安士兵占据。“日裂以吹烟，并舁至江干，籍甲内，挡箭弹，四十年所积，亦一日尽失。”[①]张岱回想起梦中祁彪佳所言，眼前发生的种种事实，使他彻底地对小朝廷失去了信心，他终于托病不赴方国安之召。

绍兴沦陷，鲁监国逃亡海上

鲁监国政权成立之初，义军和方国安、王之仁统帅的明军凭着一股忠义自许的勇气，每日蓐食鸣鼓，登陆作战。十月，诸营会师，与清军战于钱塘江上。方国安严阵以待，张国维、钱肃乐率本部兵翼后，前锋副将钟鼎新用火攻。杀死清军绯衣大将一人，诸将吕宗忠等奋勇血战，各斩数十级，夺获军械，连阵十日，诸军皆有功。第七战成绩尤其显著，义军追至草桥门下，会大风雨，弓矢不能发而退。时浙西义旗四起，列营数百，杭州陷入包围之中。相持至次年三月，清军开堰，驱船入

① (明)张岱著，弥松颐注：《陶庵梦忆·三世藏书》，上海书店印行1982年版。

江，攻明师。张国维命王之仁率水师从江心袭战，命令各营坚守待战。会东南风大起，王之仁率军扬帆奋击，击沉清舟无数，诸军齐发，遂大捷。清军斩溺者，死者甚多，明军乘胜进围杭州，遭到清军顽强抵抗，不克而退。孙嘉绩、熊汝霖所部转战西兴、乔司间，不避矢石，杀伤清兵不少。从浙东起兵以来几历一年之久，在这一年中，以乌合之众，御久战之清军，艰苦支撑，盖已竭尽烈士义民之心力矣。鲁王监国绍兴的近一年中，曾击退清师，收复海盐、乍浦等地，给清军以有力的打击，但因为政权内部的矛盾和朱以海本人过惯了腐朽荒淫的贵族生活，既缺乏治国之才，又利令智昏，为眼前的名利所羁，不能妥善处理面临的几个大问题：

一、官军和义军的军饷问题。

朱以海既缺乏治国之才和驾驭文臣武将的能力，也不能有效地支配当地的有限财力。领兵大将方国安、王之仁、朱大典率领的官员自称正兵，孙嘉绩、熊汝霖、钱肃乐等临时招募而来的市民农夫称为义兵。方国安、王之仁凭借兵力优势，竭力主张“分地分饷”，即正兵享受全部正饷，按亩计征的田赋征额；义兵只能食义饷，即通过劝输等办法取得的银米，这就使义兵处于没有固定粮饷来源的困境。鲁监国命廷臣合议，方国安、王之仁坚决要求全部田赋由正兵自行分地征收，遭到许多廷臣的反对，鲁监国迫于压力，最后还是把浙东各府县的六十万两钱粮由方、王两军自行分配。浙东各处义师在断绝了粮饷来源后，大多散去，连督师大学士张国维直接掌握的亲兵营也只有几百人。

二、唐鲁政权的矛盾。

唐藩朱聿键建立隆武政权的时间比鲁藩和朱以海监国绍兴稍早，且得到各省南明政权的支持，而鲁监国只局限于浙东一隅。从辈分论，隆武帝与鲁监国是叔侄关系。为此，隆武元年（顺治二年，1645）九月，隆武帝派遣兵科给事中李中藻为使，前往绍兴颁诏，宣布两家不分彼此，鲁监国委任的朝臣可以到隆武朝廷中担任同等官职。大敌当前，本应勠力同心、团结一致对付外敌，然而双方为了争夺领导权，竟然祸起萧墙。朱以海见朝臣中不少人主张尊奉隆武帝，愤愤不平，宣布退归藩位，于九月十三日返回台州。浙东监国诸臣拒绝接受隆武帝诏书，重新迎回朱以海。唐鲁争斗从此愈演愈烈。不久，隆武帝派使者鲁清源至浙东犒师，鲁监国总兵方国安纵兵夺其饷，杀死使者，且出檄数唐藩之罪；鲁王派到福建去的使臣也被隆武政权杀死。鹬蚌相争，渔翁得利。唐鲁双方的对立，给清军以各个击破的机会。隆武二年（1646），清军将隆武帝从福州赶往汀州，隆武帝被擒遇害；鲁王也失守绍兴，退到舟山一带，山堂水殿作了他的行朝，整天漂泊海岛，与海鸥、落日为伍。

三、鲁监国昏庸无能，信用奸邪。

鲁监国信用皇亲国戚，元妃张氏哥哥张国俊与汉奸谢三宾互相勾结，招权纳贿，竟然让媚清的谢三宾出任大学士。军饷财政大权操纵在太监客风仪、李国手里。总兵方国安、王之仁专横跋扈，任用私人，竟然将误国权奸马士英、阮大铖接纳进来。对此，张岱评论云："从来求贤若渴，纳谏如流，是帝皇美德。若我鲁王，则反受此二者之病：鲁王见一人，则倚为心膂；闻一言，则信若蓍龟。实意虚心，人人向用。乃其转盼，则又不然：见后人则前人弃若弁毛，闻后言则前言视为冰炭。乃至后来，有多人而卒不得一人之用，闻多言而卒不得一言之用。附疏满廷，终成孤寡，乘桴一去，散若浮萍；无柁之舟，随风漂荡，无所终薄矣。鲁王之智，不若一舟师，可与共图大师哉？"①

形势很快恶化。1646年（清顺治三年、明隆武二年、鲁监国元年）五月，清廷命令多罗贝勒博洛为南征大将军，兵分二路，一路由主力马步兵组成，从杭州六和塔、富阳、严州一带涉江大举进攻；另一路由水师组成，从鳖子门沿海而进。清军的火炮刚打到方国安的阵地，方国安部署的钱塘江防线顿时瓦解，溃不成军，这个被鲁监国封为越国公的总兵带领马兵五百、步兵七千多人不战而降，其余各部也损兵折将，纷纷逃窜。鲁监国在张名振等护卫下逃离绍兴，经台州乘船逃往海上。六月初一，清军占领绍兴。先后跟随降清的还有新建伯王业泰，内阁大学士方逢年、谢三宾、宋之普，吏部尚书商周祚，兵部尚书邵辅忠，刑部尚书苏壮，依附方国安的原弘光朝兵部尚书阮大铖和一大批总兵副将。大学士张国维、督师兵部尚书余煌、礼部尚书陈函辉、大理寺少卿陈潜夫先后自杀，督师大学士朱

① (明)张岱著:《石匮书后集》卷五,中华书局1959年版。

大典据守金华，最后壮烈牺牲，被封为兴国公的王之仁原打算与隆武帝所封的肃虏伯黄斌卿会师，不料受到黄斌卿的倾轧，凿沉大舟，家属全部溺海而死，而自己直驶吴淞口，最后转赴南京，为洪承畴杀害。

第八章 颠沛流离

历史的十字路口

绍兴沦陷了，“国破”与“家亡”的厄运同时落在张岱头上，他内心极度的悲痛，“悠悠忽忽”，“駴駴为野人”。[1]何去何从？张岱清醒地认识到，在这个重大历史转折关头和残酷的现实斗争中，他必须作出慎重的选择。

张岱于《快园道古·言语部》中曾说：“世乱之后，世间人品心术历历皆见，如五伦之内无不露出真情，无不现出真面。余谓此是上天降下一块大试金石。”[2]乱世中的人们无不接受检验。张岱的好友祁彪佳，拒绝清朝贝勒“致书礼聘”，大义凛然，自书绝笔诗“幸不辱祖宗，岂为儿女计？含笑入中原，浩

---

①（明）张岱著，弥松颐注：《陶庵梦忆·自序》，上海书店印行1982年版。

②（明）张岱著，高学安、佘德余校点：《快园道古·言语部》，浙江古籍出版社1986年版。

然留天地”[①]，沉水而死。理学大师刘宗周，不启封原样退回贝勒聘书，告诫儿子刘汋在清朝“不应举，不做官”，绝食而死。清贝勒多次上门，王思任誓不朝见，闭其门大书“不降”，绝饮食而死。友人陈函辉投缳死，余煌跳水死。更有人举兵抗击清军，英勇不屈：张岱堂伯张焜芳领兵反击清军，为清军所执，不降被杀；堂弟张萼初举兵抗清，兵败被俘，从容就义。也有一些人抛弃家人，削发为僧，以示反抗。张岱好友祁熊佳，崇祯十三年（1640）进士，曾任福建南平知县、兵科给事中等职，他毅然拒绝贝勒“致书礼聘”，于寓山寺与蒲团相对，终日纵谈世外烟霞。好友陈洪绶，于当年六月清军攻进绍兴城后被擒，毛奇龄的《陈老莲别传》载：“王师下浙东，大将军抚国固山，从围城中搜得莲，大喜，急令画，不画；刃迫之，不画；以酒与女人诱之，画。久之，请汇所为画署名，且有粉本，渲染已，大饮。夜抱画寝，乃伺之，遁矣。”陈洪绶趁夜逃至绍兴城南云门寺为僧，易名老迟、悔迟，自书诗题：《丙戌夏，悔逃命山谷多猿鸟处，便薙发披缁。岂能为僧，借僧活命而已。闻我予安道兄能为僧于秀峰猿鸟路穷处，寻之不可得。丁亥见于商道安珠园，书以识怀》[②]。陈氏虽避居云门，仍同外界有书信、诗歌往还，如《闻闽中失守，君臣入海，又闻卫公城守，有怀》二首。也有一些明朝的高官、名将、乡绅在清廷的威胁利诱下，

---

①（明）祁彪佳著：《祁彪佳集》，中华书局1960年版。

②（明）陈洪绶著：《陈洪绶集》卷四，浙江古籍出版社1994年版。

纷纷剃发变服，顶戴花翎，改事新朝，沦为贰臣。张岱亲眼看见绍兴城里的“两大老，膜拜贝勒，伏地不起，恭敬万状”①，奴颜婢膝，丑态百出。

国破家亡的关头，张岱心里自然很不平静。薙发变节，改事新朝，他嗤之以鼻；遁入空门为僧，他心里静不下来；再次举兵抗清，他已失去举兵的信心和财力。“甲申北变之后，诸王迁播，但得居民拥戴，有一成一旅，便意得志满，不知其身为旦夕之人，亦只图身享旦夕之乐，东奔西走，暮楚朝秦，见一二文官便奉为周召，见一二武弁便倚作郭李。唐王粗知文墨，鲁王薄晓琴书，楚王但知痛哭，永历惟事奔逃。黄道周、瞿式耜辈，欲效文文山之连立二王，谁知赵氏一块肉入手，即臭腐糜烂。如此庸碌，欲与图成，真万万不可得之数也。”②他对南明诸王的所作所为已失去信心，再说此时的他，大多田产已经典卖，只留下供自己栖身的几间老屋和供生活的几亩薄地而已。他本是个血性男儿，向来崇尚义烈，祁彪佳等人的忠义壮烈行为使他震动很大，他也想随之而去，“每欲引决”。多少年后，他曾几次明确提到抉择时的心境：

> 陶庵国破家亡，无所归止，披发入山，駴駴为野人……作自挽诗，每欲引决，因《石匮书》未成，尚视息

① (明)张岱著:《石匮书后集》卷八,中华书局1959年版。

② (明)张岱著:《石匮书后集》卷五,中华书局1959年版。

人世。[1]

> 然余之不死，非不能死也；以死而为无益之死，故不死也。以死为无益而不死，则是不能死而窃欲自附于能死之中；能不死，而更欲出于不能死之上。千磨万难，备受熟尝。十五年后之程婴，更难于十五年前之公孙杵臼；至正（岱误，应为“至元”）二十六年之谢枋得，更难于至正（至元）十五年前之文天祥也。[2]

张岱认为，甘洒热血，一死了之，固然可贵，也很简单，但是草率地自杀殉节是否值得？他还有《石匮书》这未竟的事业，好友祁彪佳殉难前也曾嘱咐他一定要完成《石匮书》的写作。不死，还要保持自己的民族节操，忍受无数的艰难困苦，这比死更难。春秋时晋灵公昏庸，大夫屠岸贾陷害赵盾家族，程婴与公孙杵臼商量，为救赵氏孤儿，用自己亲生的儿子以易赵孤，然后出面告密公孙，以转移屠岸贾的视线。公孙与假孤儿被杀，真孤儿被程婴抚养成人，后来终于报了深仇大恨。

文天祥（1236—1282），字宋瑞，号文山，吉州吉水（今江西）人。宋理宗宝祐四年（1256）对策集英殿，擢为第一，为宁海节度判官，后忤权奸贾似道致仕。德祐初年，诏天下勤王，文天祥提兵入卫临安。第二年出知临安府，除右丞相，兼枢密使，

---

①（明）张岱著，弥松颐注：《陶庵梦忆·自序》，上海书店印行1982年版。

②（明）张岱著：《石匮书·义人列传》，见《续修四库全书》第320册，上海古籍出版社2002年版。

出使元军议和，被拘。后脱逃至真州，欲请两淮之兵抗战，因被猜疑，不为所用。后辗转至温州，因力寡势弱，屡战屡败。景炎三年（1278）被俘，遣送至燕，至元十九年（1282）不屈而死。谢枋得（1226—1289），字君直，号叠山，信州弋阳（今江西）人。宝祐四年（1256）进士，除抚州司户参军，宝祐五年（1257）诋贾似道，谪居兴国军，咸淳三年（1267）遇赦归。德祐元年（1275）应诏上书，知信州。抗击元军，屡败不屈。宋亡后避居闽中。其《与参政魏容斋书》中云："某愿一死全节久矣，所恨时未至耳。"至元二十三年（1286），程元海推荐宋臣，辞不肯出。后留楚炎又荐，坚辞不行，当局强迫其北上至燕，绝食而死。张岱借此故事旨在说明，生死要看情势，要有原则，要有意义价值，既不苟活，也不轻生。张岱决定要完成未竟的事业——《石匮书》的撰写，宁可承受肉体的痛苦和精神的折磨，一定要顽强地生存下去。

逃难的生涯

丙戌（1646）闰六月，清军攻进绍兴，四处追捕支持鲁王监国的力量，在此情势下，张岱只得避兵逃难。他带了一子一奴和一箱书籍，逃到了夏履桥之北的越王峥。越王峥，又名越王寨。《嘉庆山阴县志》记载："勾践栖兵于此，又名栖山。上有走马岗，伏兵路，洗马池，支更楼故址。"越王峥的北面是牛头山，两山之间，古时有一条狭窄的山陆孔道，是萧山通往绍兴的关隘。这里有千年古刹，内住寺僧上百人，寺中方丈远明上人与祁彪佳和他是知交，因此张岱悄悄地避住在寺中，利用这里幽静的环境继续从事《石匮书》的编撰。因为清兵搜索正紧，他轻易不敢出寺，很少有人认得他。住持远明上人白天不与他交接，只有到了晚上才偷偷地与他谈论古今。这一住不觉已是两个多月，倒也安静无事。谁知一天偶然出寺，被人认出，自此前来拜见交谈者络绎不绝。行踪既已暴露，便意味着再也不能住下去了。他担心一旦被发现，就会牵连寺僧，牵涉好友远明上人。他决定马上转移，在来不及与远明上人辞别的情况下，只得留诗话别：

避兵走层峦，苍茫履荆棘。住趾越王峥，意欲少歇息。

谁知方外人，乃有孙宾硕。僧房幽且深，藏我同复壁。

焦饭与酸齑，遂与数晨夕。一子又一奴，竞夺三僧食。

萧然昼掩门，十日九不出。寺僧百余人，谋面俱不识。

一住过三春，两月生明日。山窗静且闲，因得专著述。

再订《石匮书》，留此龙门笔。上人日不来，携灯话促膝。

与之商古今，侃侃具绳尺。开士有心人，偶尔隐缁笠。

一日缘山行，乃为人物色。姓氏落人间，不复能隐匿。

剥啄扣僧寮，来往如络绎。仓卒去庐山，康乐送莲席。

不及别远公，时时在胸臆。戎索政自苛，搜罗遍荒僻。

恐以累檀那，风起不留革。何日得升平，扶筇到山泽。

再过虎溪头，笑言常哑哑。[1]

为了避开清兵的追踪，张岱背着藏有《石匮书》副本和《四书遇》底稿的竹簏，没有回到绍兴县城里的家，而是径直转徙到嵊县西白山中，继续《石匮书》的修改编撰。西白山中住着一支同宗的张氏后裔，他在《百丈泉》诗序中云："余宗人分居剡中蕢院，皆魏公（张浚）裔也。丙戌以避兵至此，宗人引看百丈泉。"[2]在同宗人的帮助下，他将原住在山阴县城内的家小全部转移到嵊县西白山中。经过一年多的颠沛逃难的生活，他已将剩余的田产都典卖了，身边仅剩的几个奴仆也都逃走了，此时的他已是一无所有。在徙居西白山的这段艰苦异常的日子里，他曾经写下不少诗篇，真实反映了他的生活状况和思想感情。

《和贫士七首（有序）》云：

丙戌九月九日，避兵西白山中，风雨凄然，午炊不继，乃和靖节《贫士》诗七首，寄剡中诸弟子。

秋成皆有望，秋萤独无依。

空中自明灭，草际留微晖。

---

① (明)张岱著，夏咸淳校点:《张岱诗文集·避兵越王峥留谢远明上人》，上海古籍出版社1991年版。

② (明)张岱著，夏咸淳校点:《张岱诗文集·百丈泉序》，上海古籍出版社1991年版。

霏霏山雨湿，翼垂不能飞。
山隈故盘礴，倚徙复何归。
清飙当晚至，岂不寒与饥？
悄然思故苑，禾黍忽生悲。

其二

风雨当重九，淡然独倚轩。
愧非仲舒子，目不敢窥园。
村醪远不继，日午橱无烟。
残书手一卷，埋头自钻研。
婢妾窥我笑，唠唠有后言。
囊涩无聊尔，敢谓自称贤？

其三

四壁无所有，凄然张断琴。
每当风雨夜，发此金石音。
子期既已逝，谁复来相寻？
腹饥徒煮字，樽空耻自斟。
岂无长安米，苟得非所钦。
丹崖与白石，彼或谅吾心。

其四

不食嗟来食，古昔有黔娄。
邻翁尝馈粟，愧余无以酬。
云是伯夷树，不复辨商周。
天柱既已折，杞人复何忧？

行吟在泽畔，吾将见吾畴。
幸不惭死友，此心何所求！

其五

蝉不栖松柏，正气不可干。
五年辱陶令，三月解其官。
山居不食力，犹然愧素餐。
重九尚尔饥，何以抵岁寒。
瓶粟耻不继，乞食亦厚颜。
行行复何之，荆门昼自关。

其六

陶公坐高秋，绕室生蒿蓬。
苟不忘利禄，赋诗焉得工？
身不事二姓，何如楚两龚。
采薇与采药，人言将不同。
嗒为名利尽，无复问穷通。
九原如可作，杖履愿相闻。

其七

屼屼徐无山，郁然在中州。
君仇未能报，老我田子畴。
不学桃源渡，落花向外流。
陈咸用汉腊，不为家室忧。
西山歌虞夏，我唱无人酬。

愧予何能尔，首阳有前修。[①]

九月九日，登高赋诗，会友畅叙，是中国文化传统。而此时的张岱却如同秋天的萤虫一样，在秋风凄厉、山雨霏霏中孤苦绝望。家徒四壁、午厨无烟、囊中羞涩、寂寞无友攀谈，唯一支撑自己的是胸怀着的坚定文化信念。他埋头忍饥从事著述，但却不被别人和家人所理解，聊以自慰的是没有愧对死去的朋友，在衣食不继、极端困苦的情况下，他仍然不屈不挠地坚持了下来。作为遗民，张岱念念不忘、萦绕脑际的是中兴故国的事业。鲁王监国绍兴虽然暂时失败了，但是闽浙各地仍然拥戴鲁监国而纷纷起来抗清，一度还颇有一番作为。桂王朱由榔，续封唐王朱聿镇，相继起兵于肇庆、广州，抗清事业方兴未艾。张岱于此时写作的有《和挽歌辞三首》：

张子自觅死，不受人鬼促。
义不帝强秦，微功何足录？
出走已无家，安得狸首木？
行道或能悲，亲旧敢抚哭。
我死备千辛，世界全不觉。
千秋万岁后，岂遂无荣辱？

---

①（明）张岱著，夏咸淳校点：《张岱诗文集·和贫士七首（有序）》，上海古籍出版社1991年版。

但恨《石匮书》，此身修不足。

其二

泉台无渍酒，聊复进此觞。

山田种新秫，何时更能尝？

残书堆我案，敝裘委我傍。

老鸮昼亦哭，鬼火夜生光。

婢仆各自散，若敖悲异乡。

草木阴翳处，啾啾夜未央。

其三

西山月淡淡，剡水风萧萧。

白衣冠送者，弃我于荒郊。

山林甚杳冥，北邙在嶕峣。

翳然茂松柏，孝子自攀条。

身既死泉下，千岁如一朝。

目睹岁月除，中心竟若何？

平生不得志，魂亦不归家。

凄凄《蒿里曲》，何如《易水歌》？

魂兮欲何之？应来庙坞[①]阿。[②]

三首诗忠实地记录了张岱在极其艰苦的生活环境下，仍然

---

① 庙坞，为张岱先父母葬地。

② (明)张岱著，夏咸淳校点：《张岱诗文集·和挽歌辞三首》，上海古籍出版社1991年版。

胸怀“平生不得志，魂亦不归家”，亟盼复明中兴的坚强意志。

这一时期，张岱还写了《湖蹬庵二首》《和有会而作》《和述酒》等诗。这些诗篇均以纪实手法，淋漓尽致地记录了一年多来的逃难生涯和思念故国的深厚感情。其中《和述酒》如下：

空山堆落叶，夜壑声不闻。
攀条逾绝巘，人过荆蓁分。
行到悬崖下，伫立看飞云。
生前一杯酒，未必到荒坟。
中夜常堕泪，伏枕听司晨。
愤惋从中出，意气不得驯。
天宇尽寥阔，谁能容吾身？
余生有几日，著书敢不勤？
胸抱万古悲，凄凉失所群。
易水声变征，断琴奏《南薰》。
竹简书日月，石鼓发奇文。
王通抱空策，默塞老河、汾。
灌圃南山下，愿言解世纷。
所之不合宜，自与鱼鸟亲。
若说陶弘景，拟我非其伦。①

① (明)张岱著，夏咸淳校点：《张岱诗文集·和述酒》，上海古籍出版社1991年版。

挚友王雨谦评此为“清音傲国”，故国情深，沉郁顿挫，字字血泪，溢于言表。

顺治四年（1647）夏天，时局稍趋稳定，为生活所迫，张岱本来想迁回山阴，可“故旧见之，如毒药猛兽，愕窒不敢与接”[①]，于是他只得避居离绍兴城三十里外的项里。项里，相传为当年项羽避难隐匿之地。司马迁《史记·项羽本纪》载：“秦始皇游会稽，渡浙江，梁与籍俱观。籍曰：‘彼可取而代也！’梁掩其口，曰：‘毋妄言，族矣！’梁以此奇籍。”此后项羽起兵于此。陆游的《剑南诗稿》中以《项里》《项王祠》《项王庙》为题的诗作不少，其中有“筑祠不知始何代，典祀千载谁敢删”之句。项羽这位失败的英雄，在这特定的时刻引起了张岱情感上的强烈共鸣。他在《项王祠二首·山阴项里》中写道：

龙门编《本纪》，明予继亡秦。
天意存三户，兵书敌万人。
英雄成草创，象魏寄松根。
榆社多灵爽，千秋重岁禋。

其二

古今成败事，力到即为名。
无楚秦难灭，禽刘项亦成。
马留壮士志，草拍美人情。

① (明)张岱著，弥松颐注：《陶庵梦忆·自序》，上海书店印行1982年版。

我亦忧秦虐，藏形在越峥。[①]

两诗歌是咏项羽在推翻秦王朝暴政、逐鹿中原的过程中虽然失败了，但是他亡秦之功、帮助刘汉政权建立之功不可没，旨在寄寓抗清斗争虽然遭遇挫折，但复兴的希望还是存在的。王雨谦评论此诗说："才是不以成败论英雄，西楚霸王定当掀髯九原矣！"正是心存"存明""复明"的一线希望，才支撑、鼓励着张岱坚强生活下去的信心。大约作于同时的《毅孺弟作石匮书歌答之》最后说："白水真人天一隅，中兴有日定还车。班彪只许完《前汉》，范晔还成《后汉书》。"[②]这里的"白水真人"喻指中兴汉朝的刘秀，"天一隅"则喻指处于西南一隅的永历政权，表达了张岱企盼中兴的期望，恰与《项王祠二首》所传达的心思相似。

隐居项里的张岱，一边紧张地从事撰述，一边与外界联系，关注着抗清复明事业。前方抗清的消息亦接连不断地传到他的耳中。永历元年（1647）三月，瞿式耜为桂林留守不久，清军刘成栋部数万人趁势围攻桂林城。瞿式耜急令总兵焦琏迎战。焦琏仰攻射敌，乱箭中其臂，拔镞再射，连毙数敌，后明军陆续赶来，乘胜追杀，连砍数十骑，皆为清军中号为冲锋陷阵者。

---

① (明)张岱著，夏咸淳校点：《张岱诗文集·项王祠二首》，上海古籍出版社1991年版。

② (明)张岱著，夏咸淳校点：《张岱诗文集·毅孺弟作石匮书歌答之》，上海古籍出版社1991年版。

敌气夺，遂溃败，追杀数十里。此次战役，瞿式耜与焦琏以三百人打败清兵上万人的进攻，杀死敌骑数百，保全了桂林城，“论者谓南渡以来武功第一”①。同年五月下旬，驻屯平乐和阳朔的数万清兵又大举侵犯桂林，瞿式耜镇定指挥，总兵焦琏负创忍痛，督率诸将分头扼守。瞿式耜亲自取出西洋火铳从城头施放，当场击毙清将三四人。二十六日黎明，焦琏出奇兵斩杀清兵无数。两次桂林保卫战的胜利，打击了清军的气焰，大长了抗清人士的志气。此后一段时间内，广西地区抗战局势大为改观，清兵由原来的攻势转为守势，而明军由原来的守势转为攻势，原来投降清军的一些明军将领纷纷反正。

听到这些令人振奋的消息，张岱不由得壮怀激烈，复仇的热血顿时高涨。写于顺治四年（1647）的《孝陵磨剑歌》一诗小注云“丁亥七月十六日项里记梦”。该诗作形象地记录了他当时的心态：

狼狈住山隈，守此数茎发。亲属为我危，背言多嗤之。
余曰毋为尔，与尔一言诀。自分死殉之，从此不愿喝。
七月夜生凉，长空如水阔。奇鬼一族来，狰狞复泼刺。
中有騌騊马，昂昂善蹄啮。手持蝌蚪文，云奉孝陵节。
促余上骐駓，去如风雨疾。蜂拥无多时，居然见紫阙。

① (明)张岱著:《桂王》《瞿式耜传》，见《石匮书后集》卷五、卷五二，中华书局1959年版。

上有黄袍人，皇皇向臣说。有言忘其词，闻之胆惨裂。
蒲伏在阶墀，舂胸且愊咽。诏开武库门，授臣三尺铁。
隐隐鹛鹈文，土绣入其骨。诏臣砥砺之，指授殿前碣。
臣往试磨砻，石燥水又渴。下手成烟霜，旋抽声猝嚓。
庭陛何森严，敢言取桔槔？微臣以泪磨，继之以呕血。
顷刻去荫翳，光芒起仓猝。拨开千障云，苍凉见日月。
捧向帝膝前，剑气白于血。弹铗付老臣，殷勤赐斧钺。
长语与危言，叮咛嘱其别。群鬼整鞭弥，送臣归岩穴。
天风夹海涛，马蹄姑撒钹。霹雳起床头，恍闻天柱折。
管簟汗如浆，伏枕犹战栗。移时魂始定，欲言尚勃呹。
君不见昭陵嘶石马，流汗气袛沫；蒋山走泥兵，沾襟露渫泄。
老臣总猥羸，岂遂让瓦埒。安得郭汾阳，愿与敌一决。
祇谒旧寝园，此心日夜热。①

西北抗清前方小胜的消息传来，使张岱思绪万千，因而“铁马冰河入梦来”，梦中见到明太祖亲自授给他三尺剑，勉励他奋蹄战场，像唐朝大将郭子仪那样，建立抗清复明的事业。可见张岱虽已年过半百，避居山村，生活十分清苦，但其抗清复明的豪情却丝毫未减。

① 胡益民著:《张岱研究》,安徽教育出版社2000年版。

第九章　生活困窘

租住快园

张岱在项里住了大约两年，直到顺治六年（1649）秋天，才搬回绍兴城中。此时故居早已易主，园中一片荒芜，乔木被砍了，房屋也被几家分占了，面对此景，张岱不胜酸楚，只得居住在卧龙山下的快园。此园原是绍兴名宦御史大夫韩五云的别业，其婿诸公旦“改为精舍，读书其中，妇翁曰‘快婿也’，因以名园”[①]。祁彪佳《越中名园记》载：“登龙山之阴，见竹木交荫，知为公旦诸君之快园。小径逶迤，方塘澄澈，堂与轩与楼，皆面池而幽敞，各极其致。”[②]张岱幼年曾随祖父来此游玩，主人去世后，子孙凋零，园亦荒芜，从前景物，十去八九。张岱租借下来，稍加缮葺，一住就是二十多年。园中有一个简

① (明)张岱著，云告校点：《琅嬛文集》，岳麓书社1985年版。

② (明)祁彪佳著：《祁彪佳集》，上海书局1960年版。

陋的书室，张岱题名“渴旦庐”。“渴旦”又作“鹖鴠”，乃是鸟名。此鸟寒夜鸣叫，渴求黎明，故曰“渴旦”，又称“寒号鸟”“求旦鸟”。张岱拿它作为书斋的名称，有很深的寄托意思。张岱《快园十章》诗云：

其一

於惟国破，名园如毁。虽则如毁，意犹楚楚。
薄言葺之，诛茅补垒。若曰园也，余岂敢尔！

其二

园亭非昔，尚有山川。山川何有？苍苍渊渊。
烟云灭没，躨跜蜿蜒。呼之或出，谓有龙焉。

其三

皦皦山月，以园起止。载升载沉，若出其里。
星汉灿烂，若在其底。水白沙明，鱼虾夜起。

其四

有松斯髡，有梅斯刖。昔则荟苍，今则茁蘖。
龙性难驯，鸾翮易铩。傲骨尚存，忍霜耐雪。

其五

维沼有泥，维园有畦。斛泥灌畦，畦蔬则肥。
水深泥薄，始可以鱼。旁通小渚，以菱以渠。

其六

厥蔬维何？冬菘夏瓠。味含土膏，气饱风露。
藿食莼羹，以安吾素。曰买菜乎，求益则那。

其七

有何可乐？南面书城。开卷独得，闭户自精。

明窗净几，蔬水曲肱。沉沉秋壑，夜半一灯。

其八

伊余怀人，客到则喜。园果园蔬，不出三簋。

何以燕之？雪芽禊水。何以娱之？佛书《心史》。

其九

空山无人，读书深柳。聊用养和，赖此红友。

子美掀髯，浮白在手。博浪一椎，取以下酒。

其十

身无长物，惟有琴书。再则瓶粟，再则败袽。

意偶不属，纳屦去矣。敢以吾爱，而曰吾庐。[①]

四年多动荡不安的逃难生活，使张岱备尝了生活的艰辛和劳苦，同时也磨炼了意志，增加了对历史和人生的理解。张岱自幼就爱读《周易》，深受祖父张汝霖影响，对《周易》有深入研究，精通世间万事万物变化之理。他曾说："一盛一衰，天运之循环；一损一益，人事之调剂。"[②]"（人生）一得一失，转

① (明)张岱著，夏咸淳校点：《张岱诗文集·快园十章》，上海古籍出版社1991年版。

② (明)张岱著：《石匮书·文苑列传总论》，见《续修四库全书》第320册，上海古籍出版社2002年版。

若轴轳；一利一弊，信如合券。”[①]因此，对于艰苦的物质生活，他已习以为常；对于人生贫富的变化，他的心境也非常平和。所以，快园对他来说虽“园亭非昔”，却觉得“於惟国破，名园如毁。虽则如毁，意犹楚楚”[②]。张家原为越中望族，名园别业遍布绍兴城里和郊区。仅状元台门及卧龙山一带就有张汝霖晚年兴筑的砎园、张懋之的筠芝亭、张耀芳的苍霞谷、张联芳的万玉山房、张五泄的献花阁、张元忭的不二斋、张岱的梅花书屋，绍兴城南及九里山一带就有张耀芳的众香阁、张五泄的天镜园、张汝霖的表胜庵和天瓦山房、张天复构建的镜波馆等十多处。张岱自幼至国变前，与名园朝夕相处；国变之后，这些名园或被毁，或被他人侵占，与张岱毫不沾边，他变得一无所有。同样，快园原来也是一座名园：“开门见山，开牖见水。前有园地，皆沃壤高畦，多植果木。公旦在日，笋橘梅杏，梨楂菘蔬，闭门成市。池广十亩，豢鱼鱼肥。有桑百株，桃李数十树，收其植，日可得耘老一叉钱。春时煮箨龙以解馋，培木奴以佐绢，相时度地，井井有条。”[③]如今轮到自己租住它时，却已成为“有松斯髡，有梅斯刖”，“山川何有”[④]，已废毁。为

① (明)张岱:《石匮书·同姓诸王世表》,见《续修四库全书》第318册,上海古籍出版社2002年版。

② (明)张岱著,夏咸淳校点:《张岱诗文集·快园十章》,上海古籍出版社1991年版。

③ (明)张岱著,夏咸淳校点:《张岱诗文集·快园记》,上海古籍出版社1991年版。

④ (明)张岱著,夏咸淳校点:《张岱诗文集·快园十章》,上海古籍出版社1991年版。

此，他曾与好友陆德先开玩笑说："昔人有言，孔子何阙，乃居阙里；兄极臭，而住香桥；弟极苦，而住快园。世间事，名不副实，大率如此。"[①]诙谐谑笑之中寄寓了张岱对世事沧桑的感叹。但张岱毕竟能平淡对之，虽然"山川何有"，却有"苍苍"的草树，松虽"髡"，梅虽"刖"，但今已"茁蘖"，旁生枝丫，其"忍霜耐雪"的傲骨犹如张岱自己；也有"渊渊"的池沼，"鱼虾夜起"；明亮皎洁的月光，在快园的上空或升或落。这里有张岱的生活：将池沼的肥泥挹到菜畦上，种上菘、瓠、藿等蔬菜，池沼水深了可以养鱼、种植菱和莼菜，供自己食用；如果客人来了，还可以端上自己种植的果蔬招待；南面还有渴旦庐书室供看书撰述，疲倦了还可以弹琴解乏；"老人喃喃喜谈往事"，"暑月日晡，乘凉石桥，与儿辈放言，多及先世旧事"。[②]张岱住在快园期间的物质生活是十分困苦的，但精神生活却十分充实，他的大多著作都成于这里，怪不得他要说："敢以吾爱，而曰吾庐。"

老来始习舂米、担粪活

与前几年颠沛流离的逃难生活相比，租居快园的二十几年总算是安定了，有一个像样的家园可以经营了，但是张岱仍是经济拮据、生活贫困、经常揭不开锅。写在这一时期的诗篇有

① (明)张岱著，夏咸淳校点：《张岱诗文集·快园记》，上海古籍出版社1991年版。

② (明)张岱著，高学安、佘德余校点：《快园道古·小序》，浙江古籍出版社1986年版。

《甲午儿辈赴省试不归走笔招之》《仲儿分爨》《甲午初度是日饿二首》《甲午次儿下第归二首》《乙未初度》《种鱼》《看蚕》《舂米》《担粪》等，对其生活状况作了十分真切的描述。其中《甲午儿辈赴省试不归走笔招之》具体描述了当时的生活情形：

我年未至耆，落魄亦不久。奄忽数年间，居然成老叟。
自经丧乱余，家亡徒赤手。恨我儿女多，中季又丧偶。
十女嫁其三，六儿两有妇。四孙又一笄，计口十八九。
三餐尚二粥，日食米一斗。昔有负郭田，今不存半亩。
败屋两三楹，阶前一株柳。二妾老如猿，仅可操井臼。
呼米又呼柴，日作狮子吼。日出不得哺，未明先起走。
如是十一年，言之衹自丑。稍欲出门交，辄恐丧所守。
宁使断其炊，取予不敢苟。寒暑一敝衣，捉襟露其肘。
嗫嚅与人言，自觉面皮厚。大儿走四方，仅可糊其口。
次儿名读书，清馋只好酒。三儿惟嬉游，性命在朋友。
四儿好志气，大言不忸怩。二稚更善啼，牵衣索菱藕。
老人筋力衰，知有来年否。儿辈慕功名，撇我若敝帚。
持此一管笔，思入麟凤薮。阿堵与荐剡，均非尔所有。
不若且归来，父子得聚首。挈瓶往灌畦，捕鱼编竹笱。
四儿肯努力，储粟自盈缶。酌酒满匏尊，进为老人寿。

温饱得一年，一生亦不负。胜以五鼎烹，哭我荒山阜。[1]

从这首诗中，我们知道他家人口很多。他有六个儿子，十个女儿（三个已经出嫁），两个媳妇，四个孙子，一个孙女。他中年丧妻，尚有二妾，瘦得像猴子似的，加上张岱自己，家中共有二十三人。从前家业兴旺时，娶妻讨妾，生儿育女，子孙满室，三世同堂，那才是兴旺发达、幸福无比呢！如今家业萧条，人口多，反而感到这是沉重的负担。过去是高楼大厦，园亭阔绰，田连阡陌，现在是租住快园，“上无片瓦存，下无一锥立”[2]。顺治十一年（1654），清政府清查户籍，因他没有田产，因而没有户籍，成了实际上的流民。更主要的是几个儿子不善经营。“大儿走四方，仅可糊其口”，可能在外经商或教馆，但也只能维持自己的生活。“次儿名读书，清馋只好酒”，二儿虽是个读书人，但嘴馋好酒，什么重活也不愿干。他们两人皆已成家，而且生有子女，却不能独立，还要倚靠父亲养家。三儿、四儿年纪尚小，不知生计之艰，只知喜欢嬉游、交朋友、说大话。五儿、六儿年纪更小，只知牵着大人的衣服，肚子饿了要菱藕吃，没有就常常啼哭。如此一个大家庭，生活来源仍然要靠张岱一人。为此，老人自感负担沉重。“攒食一老人，骨瘦如

① (明)张岱著，夏咸淳校点：《张岱诗文集·甲午儿辈赴省试不归走笔招之》，上海古籍出版社1991年版。

② (明)张岱著，夏咸淳校点：《张岱诗文集·仲儿分爨》，上海古籍出版社1991年版。

鸡肋。喂儿不得饱，杀之也何益！”[①]一家人长期处于艰难竭蹶之中，困于衣食供给，以致“山厨常断炊，一日两接淅”，“寒暑一敝衣，捉襟露其肘”。五十八岁生日那天，“既无方朔米，焉得洛生醽？小儿剪藿葵，一贫真至此”[②]。张岱原来有茶癖，可是“余经丧乱余，断饮已四祀。庚寅三月间，不图复见此。瀹水辨枪旗，色香一何似。盈斤索千钱，囊涩止空纸。转辗更踌躇，攘臂走阶址。意殊不能割，嗅之而已矣”[③]……偶于市上见日铸佳茶，无钱可买，只能嗅之而已，真是凄怆至极。张岱知道这样下去，一家人都要遭殃，就好像众人乘坐一条破船，一旦遇到风浪，难免舟覆人溺，“沉沦结一团，一人不得出”[④]。他苦苦劝告儿子们赶快分家，以免同归于尽。“撑距出逆流，大家拯此厄”[⑤]，人人努力，个个自给，才能渡过困境。可是儿辈们不能体谅老人的苦衷，因为他们在国变时尚处髫龄，对亡国之痛的感受远没有老一辈深切。新政权开科取士，他们耐不得清贫，不听老人的劝告：“儿辈慕功名，撇我若敝帚。持此一管笔，思入麟凤薮。”他们和张岱青年时代一样，还想重温祖上荣

① (明)张岱著，夏咸淳校点：《张岱诗文集·仲儿分爨》，上海古籍出版社1991年版。

② (明)张岱著，夏咸淳校点：《张岱诗文集·甲午初度是日饿二首》，上海古籍出版社1991年版。

③ 胡益民著：《张岱研究》，安徽教育出版社2000年版。

④ (明)张岱著，夏咸淳校点：《张岱诗文集·仲儿分爨》，上海古籍出版社1991年版。

⑤ (明)张岱著，夏咸淳校点：《张岱诗文集·仲儿分爨》，上海古籍出版社1991年版。

华富贵的美梦。“岂有西山裔，还来徒啜哺？”[1]伯夷、叔齐不食周粟，饿死首阳山（即“西山”），其后裔难道可以违背先人的遗志，向周人摇尾乞食吗？张岱一生忠于明朝，他不要儿辈食禄清廷。他希望儿子们打消博取功名的念头，父子团聚，安心种田，只要大家一起努力，肯定能够得到温饱，这比升官发财之后，以“五鼎”告祭乃祖乃父强多了。可是儿子们哪能听得进去呢？“母孀怎锢女，乌老但凭雏。”大概只有他们碰壁落第了，才肯回头。他转忧为喜，告诫儿子：“尔或思争气，予原不动心。故园松菊在，对此一开襟。”[2]

张岱为生活所迫，苦苦支撑一家二十几口人的衣食，广开经营门路。他学习养蚕，但是“园桑八九树，老秃无旁枝。下叶仅数筐，树头靡无遗”[3]。“人饥尚有菜，蚕饿不食葵”[4]，无钱买桑叶，结果还是东借西挪，“剜肉而割股，那可救其饥”[5]，弄得“人饥蚕又饿，辗转在庭除”[6]，深感满肚子的学问经济，到此田地已无法可施了。他又试着养鱼，买了上千尾鲤鱼苗放进水塘，“畜之未十日，乃曰需草苴”[7]，于是典衣买舟，花钱

---

① (明)张岱著，夏咸淳校点：《张岱诗文集·甲午次儿下第归二首》，上海古籍出版社1991年版。

② (明)张岱著，夏咸淳校点：《张岱诗文集·甲午次儿下第归二首》，上海古籍出版社1991年版。

③ (明)张岱著，夏咸淳校点：《张岱诗文集·看蚕》，上海古籍出版社1991年版。

④ (明)张岱著，夏咸淳校点：《张岱诗文集·看蚕》，上海古籍出版社1991年版。

⑤ (明)张岱著，夏咸淳校点：《张岱诗文集·看蚕》，上海古籍出版社1991年版。

⑥ (明)张岱著，夏咸淳校点：《张岱诗文集·看蚕》，上海古籍出版社1991年版。

⑦ (明)张岱著，夏咸淳校点：《张岱诗文集·种鱼》，上海古籍出版社1991年版。

请人打草。可是，“万钱募一老，头秃背且伛。日食一升饭，酌酒满其盂。打草不盈担，强半是菱蕖”[①]。费了许多财力，不但一无所获，反而赔了许多，最后弄得“夏粮遂不足，山厨竟断炊”[②]。经过反复考虑，“夜半陡然省，开围纵所如”[③]。沉重的家庭负担，没有把张岱压垮，反而使他更加坚强。从小至青年时期，他过惯了饭来张口、衣来伸手的生活，一向不知稼穑之艰难的人，居然在年近古稀时拿起杵臼，挑起粪担。写于康熙二年（1663）的《舂米》《担粪》两首诗，生动地记叙了他劳动的情形和感受。

舂米

身任杵臼劳，百杵两歇息。上念梁鸿才，以助缚鸡力。
余生钟鼎家，向不知稼穑。米在囷廪中，百口丛我食。
婢仆数十人，殷勤伺我侧。举案进饔飧，庖人望颜色。
喜则各欣然，怒则长戚戚。今皆辞我去，在百不存一。
诸儿走四方，膝下皆哇泣。市米得数升，儿饥催煮急。
老人负臿来，臿米敢迟刻？连下数十舂，气喘不能吸。
自恨少年时，杵臼全不识。因念犬马齿，今年六十七。
在世为废人，赁舂非吾职。臂力讵能加？举杵惟于邑。

① （明）张岱著，夏咸淳校点：《张岱诗文集·种鱼》，上海古籍出版社1991年版。
② （明）张岱著，夏咸淳校点：《张岱诗文集·种鱼》，上海古籍出版社1991年版。
③ （明）张岱著，夏咸淳校点：《张岱诗文集·种鱼》，上海古籍出版社1991年版。

回顾小儿曹，劳苦政当习。①

担粪

生平所不能，着棋与担粪。棋故绝不为，粪岂人可进？
孔门有樊运，学圃发其问。即以仲尼为，圃事岂不紊？
余昔爱芬芳，敦彝设藩溷。近日理圃蔬，大为粪所困。
忆昔文翰林，思以秽舟遁。追者遥迹之，炉香数里歕。
仲子既灌圃，香臭岂敢论？窗下南瓜荣，堂前茄树嫩。
天气稍干封，粪须旦晚运。婢仆无一人，担粪固其分。
偶呼稚子来，儿女复相逊。扛扶力不加，进尺还退寸。
老人犹喜饭，焉敢不自奋？余闻野老言，先农有遗训。
日久粪自香，为农复何恨？②

张岱从小生活在贵族家庭，养尊处优，缺少劳动的锻炼，“杵臼全不识”，而现在，因生活窘迫，几个成年的孩子又外出谋生，家里缺少劳力，在“市米得数升，儿饥催煮急”，“偶呼稚子来，儿女复相逊”的情况下，虽已是六七十岁的老人，也只得亲自动手。但毕竟是上了年纪的人，“连下数十舂，气喘不能吸”，“扛扶力不加，进尺还退寸”。通过亲自参加劳动，他的想法发生了根本变化。劳动使他获得无比的快乐，“窗下南瓜荣，堂前茄树嫩”；劳动使他感到“日久粪自香，为农复何恨”，

① (明)张岱著，夏咸淳校点：《张岱诗文集·舂米》，上海古籍出版社1991年版。

② (明)张岱著，夏咸淳校点：《张岱诗文集·担粪》，上海古籍出版社1991年版。

发现务农也是种不错的职业，“回顾小儿曹，劳苦政当习”，他醒悟发现，应当从小培养儿孙们热爱农业劳动的好习惯。

老来更重夕阳情

蜗居快园的二十几年中，生活尽管艰苦，还要亲自参加如舂米、担粪等粗重的体力劳动，但张岱还是非常豁达的。年轻时交往的朋友大多流散了，有的已经作古，有的因为阻隔两地，音讯断绝。张岱犹自杜门不出，“稍欲出门交，辄恐伤所守”，江南遗民的数次大型社集酬唱都不见他的踪影。偶尔出去，亦“良朋不过三，笑听野人谈”。他只与同住在绍兴城里的几位结发之友，或者是偶然来绍兴游玩的朋友交往，因为觉得见面机会稀少而更加珍贵，交谈内容更为丰富，感情也更为真切。顺治九年（1652）十一月，颓废的禹庙经过重修后焕然一新，老朋友曾益带领朱腾之、林叔含、魏子煌等友人来绍兴观光谒祠，张岱陪同。他们一起在禹庙吟诵了杜甫的《古屋》诗，并推荐曾益在后壁横二丈四尺、高二丈八尺的粉墙上，画两枝梅树，并书“梅龙”二字于上，字径四尺，作为纪念。顺治十一年（1654），新昌同宗族弟张仲良来游绍兴城，张岱十分高兴，邀至快园，以园中自种果蔬、雪芽茶热情招待，叙多年离别之情。不久，他赴新昌南明回访张仲良，并为仲良父作《族叔遁庵公墓志铭》《处子振四祖姑遗像》《仲良像赞》。张仲良陪同张岱游览了新昌大石佛，张岱作《大石佛院》诗。

顺治十四年（1657），张岱于西湖参与谷应泰主持的《明史纪事本末》修撰期间，恰逢族弟张有誉（具德和尚）主修的灵隐寺落成，张岱前往并作《具德和尚灵隐寺落成刚值初度作诗寿之》祝贺。嘉兴黄皆令，名媛介，南明亡后逃难至绍兴，后流寓杭州西湖以卖画为生，善古文诗词及书画，后嫁同县士子杨世功。杨家贫寒，皆令黾勉同心，怡然自乐。在绍兴期间，媛介与祁彪佳遗孀商景兰及长女祁德渊、季女祁德琼，王思任季女王端淑等唱和，张岱闻之，主动与之酬唱，称扬黄媛介道："右军书法眉山文，诗则青莲画摩诘。才子佳人聚一身，词客画师本宿业。巾帼之间生异人，何必须麋而冠帻？"[①]

顺治十六年（1659），在老友王誉素家，张岱听李玉成吹觱篥，欣赏姜无幻出示白居易作的《觱篥歌》。觱篥是一种古乐器，又名悲篥、笳管，本出龟兹，以竹为管，以芦为首，状似胡笳，吹出的音调有时激昂悲壮低沉悲凉，有时裂石而穿云，"譬诸绰注在冰弦"。张岱听后，触景生情，"十六年来无笑颜，为爱佳音且强食"[②]。

康熙二年（1663）六月，张岱好友鲁云谷亲手莳弄的、被称为"鱼魫兰"的兰花盛开，张岱应邀至其家观看，云谷以初春日铸茶和玉带之水招待，两人茶话终日，无所不谈。张岱褪尽了往日担粪、舂米辛劳的倦容，忘记了往日缺钱缺米操劳的

---

①（明）张岱著，夏咸淳校点：《张岱诗文集·赠黄皆令女校书》，上海古籍出版社1991年版。

②（明）张岱著，夏咸淳校点：《张岱诗文集·李玉成吹觱篥》，上海古籍出版社1991年版。

忧虑，似乎又回到了二十多年前在南京桃叶渡与茶道名家闵汶水品茶斗水时的情景。回家后，当晚写了《癸卯六月鲁云谷鱼魫兰盛开，茶话终日，赋谢》的七古诗和《越中鱼魫兰今年独盛二首》五律诗。

康熙八年（1669）十月十三日，余煌之胞弟余若水卒。余若水，名增远，崇祯十六年（1643）进士，授淮安宝应知县，时刘铎清驻扎淮安，强迫余若水行下属礼，余若水上任刚一月，即辞职归。明亡后隐居城郊，安心农圃，拒绝与官府来往。张岱赞赏其气节："兄死止水，弟不渡河，一死于十五年之前，一死于十五年之后，俱不失为赵氏忠臣。"[①]他特作《余若水先生传》祭悼，借称扬余若水之气节，申述自己为人之气节。

康熙九年（1670）三月下旬，老友鲁云谷无疾而逝。张岱得到消息后大为惊诧，"仓皇走视，痴呆植立，惝恍久之"。谓生死大事，迅速若此，真如梦幻，痛悼不已；归坐山斋，忆其生平，遂为作传。张岱高度赞赏鲁云谷"居心高旷，凡炎凉势利，举不足以入其胸次。故生平不晓文墨，而有诗意；不解丹青，而有画意；不出市廛，而有山林意"[②]。

夏天，老友周戬伯病逝，其长子嘉绩走至张岱家，诚恳邀请张岱为之作墓志铭。张岱生平不喜欢作谀墓文，如作，一定要实事求是，真实反映墓主一生。为此，他写了周戬伯"以奇

---

①（明）张岱著，云告校点：《琅嬛文集·余若水先生传》，岳麓书社1985年版。

②（明）张岱著，云告校点：《琅嬛文集·鲁云谷传》，岳麓书社1985年版。

文见斥，遂罢弃举业”而“涉猎群书，以此浪荡不羁，家业日落”的经历，养成“蹇傲佯狂，见人矫骇愕窒，如野鹿山鸡，不可与接”的孤傲性格，为“诗则昌谷之《恼公》，文则韩非之《孤愤》，赋则屈原之《离骚》”，所作《史断》一书，“评骘千古人物，抉幽发微，新论迭出”。张岱对其“位不偿德，命不酬才”[①]的命运十分感慨，这其实也是对自己遭遇不幸的感慨。

康熙十一年（1672），绍兴府、会稽县当局将原由董钦德主撰的《会稽县志》交由张岱主修，张岱不满董氏原稿“挂一漏九，留三增七。有所作好，则踵事增华；有所作恶，则变本加厉”。推辞再三，他勉强起草了《凡例》十则，“于凡例之外，不敢多赘一字，盖至慎也”[②]。由于张岱的坚持，会稽县当局后改其族兄张噩仍继任，但在定稿刻印时又改署董钦德为主编，使用董之原稿，仅将张岱撰写的《凡例》附于后。可见张岱当时既想维护《会稽县志》的质量，又担心陷入人事纠纷之中的矛盾心理。

康熙十二年（1673）三月三日，恰逢王羲之《兰亭修禊序》一千三百二十周年，经历二十二个癸丑年，张岱两次幸遇，甚感荣幸，于是和堂弟登子及好友周戬伯、陆癯庵等人再次游览兰亭胜迹。归家后，他思绪万千，连续写了《癸丑暮春兰亭后集寻得旧址有作四首》（缺第三首）和《癸丑兰亭修禊序》《古

① (明)张岱著，云告校点：《琅嬛文集·周宛委墓志铭》，岳麓书社1985年版。

② (明)张岱著，夏咸淳校点：《张岱诗文集·与张噩仍》，上海古籍出版社1991年版。

兰亭辨》等诗文。

康熙十三年（1674），好友陆瓕庵、祁豸佳两人皆届八十余岁，张岱分别作《寿陆瓕庵八十》《寿祁止祥八十寿》七言诗祝贺。“戏曲知己”袁于令（箨庵）于顺治十五年（1658）由南京寓住会稽，与张岱来往频繁，常在一起品茗论曲。张岱赞赏他“四方馈送集如云，依旧囊空无半文”的慷慨和“轻视督邮如儿曹，五斗何为肯折腰”的倔强性格，又赞赏《西楼记》传奇“《西楼》一剧传天下，四十年来无作者”，同时又直言不讳地批评其《合浦珠》传奇追求“怪幻”，“但要出奇，不顾文理”的创作倾向。康熙十三年（1674），袁于令因病卒于会稽，张岱作《为袁箨庵题旌停笔哭之》诗吊念。

康熙十四年（1675），张岱自遭国变三十年不至吼山，这一年携儿孙辈游吼山，意外地于吼山禅堂遇见一老尼，定睛注视，乃是外伯祖父陶兰亭（1550—1615）先生之季媳。陶兰亭，名允宜，字懋中，号兰亭，系张岱外祖父陶允嘉之兄。其第三子崇厚，字汇溪，庠生，所配状元尚书毛瓒之孙女。陶家此时也已败落，家产不存，而留此弱媳守此山斋。为此，张岱十分感慨：李文饶的平泉胜地传为子孙，却“鞠为茂草”；许玄度、王右军将住宅舍为佛刹，反而“至今犹在”。①

此年，张岱仅剩的最后一个总角老友周戬伯卒，享年八十九岁。张岱作《祭周戬伯文》哀悼。

---

①（明）张岱著，云告校点：《琅嬛文集·越山五佚记·吼山》，岳麓书社1985年版。

同年，张岱至西湖，见岳鄂王祠墓“已历五百一十四年于此矣。日久倾圮，游人嗟叹”[①]，遂执笔作《募修岳鄂王祠墓疏》，足见其关心忠烈及人文遗迹。

① (明)张岱著，云告校点：《琅嬛文集·募修岳鄂王祠墓疏》，岳麓书社1985年版。

第十章　著史情结

“但恨《石匮书》，此身修不足”

《石匮书》的编撰，据张岱的自序，始于崇祯元年（1628）。因家藏材料不够，“成、宏（弘）而上，杞（祁）宋无征；（隆）庆（万）历以来，文献不足”，作《征修明史檄》，“共期倒箧，各出搜遗。倘得成编，实为厚幸”[①]。至崇祯十七年（1644）明亡时，“今所成书者，上际洪武，下讫天启，后皆阙之，以俟论定”，大部分初稿完成。遂“携其副本，屏迹深山，又研究十年，而甫能成帙”[②]。

张岱在明亡后很长一段时间里心灰意冷，“悠悠忽忽，既不能觅死，又不能聊生”[③]，曾作自挽诗，有殉节的念头。但是

① (明)张岱著，云告校点:《琅嬛文集·征修明史檄》，岳麓书社1985年版。

② (明)张岱著，云告校点:《琅嬛文集·石匮书自序》，岳麓书社1985年版。

③ (明)张岱著，云告校点:《琅嬛文集·自为墓志铭》，岳麓书社1985年版。

"因《石匮书》未成，尚视息人世"[①]，完成《石匮书》遂成了他在新朝生存下去的精神支柱。他在避难于嵊县西白山中创作的《和挽歌辞三首》其一写道：

我死倍千辛，世界全不觉。
千秋万岁后，岂遂荣与辱？
但恨《石匮书》，此身修不足。[②]

他认为"不死"与"死"一样重大，且死之外更有甚于死者。"以区区一死，遂可以塞责乎哉"，他对明清之际盲目以死见忠的现象不以为然。他说："论死于不能死之人，则死为泰山；论死于能死之人，则死又为鸿毛矣！呜呼！若吾太史者，岂可以一死卸其责哉？"在他看来，非一死能体现忠君爱国。天汉二年（公元前99年），作为太史令的司马迁，在汉武帝面前实事求是地陈说李陵投降匈奴乃出于无奈，以后必将伺机报答汉朝，却因此受到"腐刑"的惩罚。对司马迁来说，这是人生的奇耻大辱，远比死刑更为痛苦。他一度想到自杀，但他不愿让宝贵的生命在毫无价值的情况下结束，于是隐忍苟活，在著述《史记》中求得生命价值的最高实现。张岱以司马迁自比，显然，他是把自己看作"不能死之人"，因为自己还身负完成故国

---

① (明)张岱著，弥松颐注：《陶庵梦忆·自序》，上海书店印行1982年版。

② (明)张岱著，夏咸淳校点：《张岱诗文集·和挽歌辞三首》，上海古籍出版社1991年版。

之史的重任，正是基于这样的想法，张岱才把自己后半生的心血倾注于《石匮书》的写作上。清顺治三年（1646）六月，清兵攻陷绍兴。仓皇中，张岱携一子一奴隐于绍兴县西南部的越王峥寺院中，“山窗静且闲，因得专著述。再订《石匮书》，留此龙门笔”[①]，从事《石匮书》修订工作。三个月后潜回绍兴老家，携带家眷及书稿逃往嵊县西白山中王院。此时的他，要解决一家老小的糊口问题，更担心的是年届不惑、身处危厄之中，恐难完成《石匮书》的编订，“但恨《石匮书》，此身修不足”，他要抓紧有限的时间，“余生有几日，著书敢不勤”[②]，以后又徙居绍兴郊外项里，直到顺治六年（1649）九月，才卜居于绍兴城中卧龙山脚下的快园。尽管结束了颠沛流离的生活，但原有的家产已全部耗尽，张岱面临的是“瓶粟屡罄，不能举火”[③]，“布衣蔬食，常至断炊”[④]。就在这种艰苦卓绝的生活环境中，张岱仍孜孜矻矻，笔耕不已，“五易其稿，九正其讹，稍有未核，宁阙勿书”[⑤]，终于于顺治十一年（1654）完成了“上际洪武，下讫天启”的《石匮书》的前编，时年五十七岁，书成后作《石匮书自序》。

---

①（明）张岱著，夏咸淳校点：《张岱诗文集·避兵越王峥留谢远明上人》，上海古籍出版社1991年版。

②（明）张岱著，夏咸淳校点：《张岱诗文集·和述酒》，上海古籍出版社1991年版。

③（明）张岱著，弥松颐注：《陶庵梦忆·自序》，上海书店印行1982年版。

④（明）张岱著，云告校点：《琅嬛文集·自为墓志铭》，岳麓书社1985年版。

⑤（明）张岱著，云告校点：《琅嬛文集·石匮书自序》，岳麓书社1985年版。

上三衢，入广信，采访明朝遗老

张岱卜居快园期间，一面从事《石匮书》等著作的写作和修订，一面与挚友李研斋、金堡等人暗中联络，关注周边义军活动，为“中兴”故国而努力，同时又广泛搜集崇祯朝的史料。他对南宋末年抗元英雄文天祥、谢枋得一类人物情有独钟，因为“千古节义，多出江西卢陵、广信，垂范不远，木本水源，感发有自，不其然哉”。

当时江西义师抗清活动十分活跃。早在顺治元年（1644），金声桓、王得仁等部投降清军，入据江西之时，江西各地乡绅就掀起了抗清斗争。比较著名的有万元吉，是南昌人、弘光时太仆寺少卿，拒绝金声桓招降，坚守赣州。金声桓围城一年，城中粮尽，饿死者相枕藉。元吉发书请求援兵，一书截一指缄牍内，血淋漓书面。其子劝降，元吉怒而手刃其子，以颈血贮盆中，呼各将士歃血同心，誓死不降。城破，投水死，时人比之张睢阳。抚州乡绅揭重熙、傅鼎铨招募义兵起兵响应，抚州失守后，两人至福建朝见隆武帝，隆武朝廷任命揭重熙为江西巡抚，再次组织义勇进攻抚州，兵败后退入山区。顺治五年（1648），金声桓、王得仁、李成栋反正后，受命于明永历朝廷。揭重熙以明朝旧抚身份联络各部义师进攻福建邵武，由于义军组织松散，不战而溃，邵武之役以失败告终。不久清军包围了省会南昌，金声桓、李成栋相继兵败身死。揭重熙联合张自盛、曹大镐等聚集的义兵，活动于赣南、闽西地区。顺治八年

（1651）五月，在清军优势兵力追击下，揭重熙、曹大镐先后兵败被俘。顺治九年（1652）二月，张自盛战败被俘，三人皆英勇牺牲。清军的围剿，到处烧杀劫掠，给江西百姓造成了极大的灾难。张岱于顺治十年（1653）八月，上三衢，入广信，沿途所过州县，但见一城之中，仅茅屋数间，余皆蓬蒿荆棘，景况凄清，令人坠泪。访问当地遗老，皆言多次战争，烧杀劫掠，死伤、逃离者无数。江西各地乡绅由于响应金声桓、王得仁反正，失败后被株连殆尽。到了信州，看到立砦坚守仍有数十多处，乡村百姓大多坚持明代风俗，经过战乱仍然活着的缙绅大多隐居在偏僻的山村，不与官府来往，读书人坚持不参加清朝政府的考试。张岱这次实地考察、访问，搜集了有关崇祯至清初的大量真实史料，为撰写《石匮书后集》积累了丰富的史料，更主要的是受到了思想上的教育，更加坚定了自己的反清立场。

为搜集崇祯朝史料，参与《明史纪事本末》编撰

顺治十三年（1656）五月，谷应泰①以户部郎中提督浙江学政。到位后，即设“谷霖苍著书处”于杭州西湖畔，物色寻访文坛耆旧，从事《明史纪事本末》的编撰。张岱手头已经完成了《石匮书》前编，由于其在浙江文坛的声望甚高，自然成为谷应泰第一批被礼聘物色的对象。邵廷采《明遗民所知传》载

① 谷应泰(1620—1690)，字赓虞，别号霖苍，顺天府丰润县人。顺治四年(1647)进士，历官户部主事、员外郎。

曰："山阴张岱……沉淫于有明一代纪传，名曰《石匮藏书》，以拟郑思肖之《铁函心史》也。至于废兴存亡之际，孤臣贞士之操，未尝不感慨流连陨涕，三致意也。顺治初，丰润谷应泰提学浙江，修《纪事本末》，以五百金购请其书。慨然曰：'是固当公之。公之谷君，得其人矣！'"[①]温睿临《南疆逸史》记载："山阴张岱，字宗子，左谕德元忭之曾孙也。长于史学……辑有明一代纪传，既成，名曰《石匮藏书》。丰润谷应泰督学浙江，闻其名，礼聘之，不往。以五百金购其书，慨然曰：'是固当公之，谷君知文献者，得其人矣。'……谷应泰既购张岱纪传，复得（谈）迁《国榷》，因集文士辑《明史纪事本末》，盖两家体裁较他稗史独为完备。"[②]

张岱售书之说两书一致，且温氏说法源于邵廷采之说，承继之迹甚明。但据张岱的《与周戬伯》一文记载："弟向修《明书》，止至天启。以崇祯朝既无《实录》，又失《起居》，六曹章奏闯贼之乱，尽化灰烬；草野私书，又非信史。是以迟迟，以待论定。今幸逢谷霖苍文宗，欲作《明史纪事本末》，广收十七年邸报，充栋汗牛。弟于其中簸扬淘汰，聊成本纪并传，崇祯朝名世诸臣，计有数十余卷，悉送文几，祈著丹铅，以终厥役。弟盖以先帝鼎升之时，遂为明亡之日，并不一字载及弘光，更

① (清)邵廷采著，祝鸿杰校点：《思复堂文集》卷三，浙江古籍出版社1987年版。

② (清)温睿临著：《张岱·谈迁传》，见《南疆逸史》列传第三十九，中华书局1959年版。

无一言牵连昭代。”[①]两相比较，和谷应泰礼聘张岱参与《明史纪事本末》修撰之说完全一致。而谷应泰“以五百金购其书”之说也是可能的。张岱约于年底应聘至杭州，把自己所著的《石匮书》提供给谷氏参考，并直接参与《明史纪事本末》有关部分撰写任务，方得出入谷氏著书处，利用谷氏所收藏的资料，继续从事《石匮书后集》的撰写。张岱参与谷应泰《明史纪事本末》的目的，主要是利用谷氏收藏的资料，完成《石匮书后集》的写作。与此同时，完成原来与谷氏约定的《明史纪事本末》中的有关撰写任务。如果将《石匮书后集》与《明史纪事本末》仔细对照，就会发现，《石匮书后集》卷六十二《中原群盗列传》、卷六十三《盗贼列传》与《明史纪事本末》卷七十五《中原群盗》、卷七十七《张献忠之乱》、卷七十八《李自成之乱》的文字内容基本相同，叙述风格大体一致，可以肯定《明史纪事本末》中的这几卷系张岱所写。对张岱而言，一稿两用，只需稍稍更改其中总论“谷应泰曰”的文字为“石匮书曰”即可。此外，《明史纪事本末》中有些拟目，如《东林党议》《争国本》《三案》等，受《石匮书》中《门户列传》《顾宪成列传》的影响十分明显，因为这些篇目的基本观点与张岱相同。

① (明)张岱著，夏咸淳校点：《张岱诗文集·与周戬伯》，上海古籍出版社 1991 年版。

白色恐怖，誓与《石匮书》共存亡

清顺治三年（1646）六月，绍兴沦陷，鲁监国朱以海在张名振等保护下乘船渡海到达舟山。驻守在舟山的黄斌卿借口自己是隆武朝廷所封，不承认鲁监国的合法性，拒绝朱以海进城，鲁监国只能在舟山群岛借住。九月间，据守金门、厦门一带的郑彩、周瑞领军来到舟山，见朱以海处境困窘，于是将其迎往福建。此时，隆武朱聿键已遇难于福建长汀。虽然郑成功、黄斌卿仍然以尊奉业已不存在的隆武朝廷为由，拒不接受鲁监国的领导，但大多数文官武将和浙江、福建绅民都以鲁监国作为抗清复明的旗帜。顺治四年（1647）以后，浙江、福建等东南抗清运动风起云涌，取得了一系列胜利，一度收复了闽东北三府一州二十七县，省会福州几乎成了孤城。但由于鲁监国内部郑彩排斥异己，不能团结对敌，所复州县又重新落入清军之手。顺治六年（1649）九月，张名振、阮进、王朝先合谋，袭杀舟山守将黄斌卿，遂使鲁监国移往舟山，站住脚跟。鲁监国扼守舟山，联络内地复明武装开展抗清运动，既对江浙清朝政权构成了威胁，又牵制了清军主力，使其不能进入福建，为郑成功的扩充力量创造了条件。为此，遭到了江浙清军大举进攻，舟山失守，损失惨重，只得移舟温州海域的三盘。顺治九年（1652）正月，郑成功同意鲁监国朱以海和部众进驻厦门，由于郑成功与鲁监国的复杂关系，迫使朱以海决定放弃监国之名，派使者上表永历朝廷，在共同拥戴永历朝廷的旗帜下，维持着一种带有依附色彩的同盟关系。顺治十年（1653），张名振、张煌言凭借原鲁监国的军力，率军北上，三入长江，秘密与钱谦益、姚志卓等人策划会师长江，由于永历朝廷孙可望野心膨胀的原因，这一计划未能实现。

顺治十五年（1658），清军分三路进军西南，郑成功乘机率领战船北上长江，由于遭到狂风阻拦，未能达到原定目标。顺治十六年（1659）四月，郑成功、张煌言配合统率大军，夺取定海炮城，焚毁清军战船一百余艘，接着向长江进发，攻克瓜州、镇江，包围南京。此举赢得沿江州县乡绅百姓纷纷响应，使清军丧胆。绍兴祁班孙、魏耕等人联合各山寨力量积极响应，图谋大举。由于郑成功过分迷信自己在军事和政治上的威慑力量，认为此举足以迫使南京城内清军不战而降，结果失去了战机，遭到了南京守备力量的猛烈反击，长江之役以失败而告终。

但是张煌言联合郑成功北伐的“长江之役”却给清朝统治者敲响了警钟，为此，清廷采取了血腥镇压和文化高压政策，严厉追查“通海事件”，到处搜捕。顺治十七年（1660），浙江布政使张晋彦因出资刊刻李渔《无声戏二集》而受到弹劾，抄没家产，流徙宁古塔。康熙元年（1662），魏耕、钱缵曾、潘廷聪被捕，后被杀于杭州，祁班孙遣戍宁古塔。康熙二年（1663），庄廷鑨《明史》案发，查继佐无端被牵连下狱，因此案而死者达七十余人。康熙三年（1664），抗清英雄张煌言被捕，继而被杀害于杭州。一连串的白色恐怖信号，使张岱感到私修明史随时都有可能被告发。为此，他于康熙四年（1665）

预营生圹于项里的鸡头山，并预先写下《自为墓志铭》，一旦受牵连就以生命殉之，决不丧失自己的民族气节。

后来时局渐有缓和，张岱立即坚持不懈地继续修订《石匮书后集》。

“存国史”即“存明”“复明”

张岱虽不像张煌言、魏耕、金堡等那样，为反清复明的事业奔走不息，他的反清复明思想主要是通过坚韧执着的著史情结来表现的。张岱坚持“存明”“复明”的信念，就是要认真发扬节义思想。张岱在《石匮书》卷二一九《义人列传总论》中说：“夫忠臣死忠，孝子死孝，二者，天下之正道出。乃于忠孝之外，而又有所谓死义。夫义者，可以死，可以不死者也。可以无死，虽不死而人不得责之以必死；可以死，能拼一死，而世界不可少此一死，故谓之义也。”张岱针对崇祯朝败亡之际士大夫表现的事实，“闯贼陷京师，百官报名投顺者四千余人，而捐躯殉节，效子车之义者，不及三十。余辈博带峨冠，尽化为雉翎绿帽，辇下如此，遑问畿外！当官如此，遑问在籍乎”[①]。故而在《石匮书后集》的《循吏》《独行》《义人》《逊国诸臣》《交阯死事》《土木死事》《南巡死谏诸臣》中大力倡导节义思想，其中在流寇死事、流寇死战、甲申殉节、甲申勋戚殉难、乡绅就义、江西殉难、江南就义、丙戌殉难、江右就义、两广

① (明)张岱著:《石匮书后集》卷二三,中华书局1959年版。

死义、辛卯殉难等十一个类传中，几乎通篇写节义事迹，热情歌颂敢谏善谏的忠臣和为抗击农民军、清军而英勇献身的英雄人物。他主张“忠臣义士多见于国破家亡之际，如敲石出火，一闪即灭，人主不急起收之，则火种绝矣”[①]。他高扬正气，力斥势利，认为在民族危亡时刻，坚持气节、不屈不挠、抗争到底是唯一的选择，因为“人畏虎，虎亦畏人，石压笋，笋能斜出”[②]，任何幻想与妥协都是不可取的。张岱针对清初抗清形势变化，审时度势，力倡“古今成败事，力到即为名”[③]，主张不以成败论英雄。其营生圹于项里之鸡头山，标举“伯鸾高士，冢近要离，余故有取于项里也”，就是要鼓励时人和后人不断奋起反抗，继绝世，砥砺忠义，“存明”“复明”充满明确的用世精神。

其次，张岱的反清复明立场，还表现在力田自励的苦隐精神和对旧朝的怀念及与新朝的不合作态度上。亡国之际的张岱曾作自挽诗，“每欲引决”，但因著述《石匮书》的事业未成，“尚视息人世”。然而“生”的艰辛千倍于死。由于国亡家衰，田产荡尽，衣食无继，继续生存面临着重塑人生道路的重大问题。他在“力田”“处馆”“幕客”“医卜”“商贾”等生计方式中，郑重地选择了“力田”，苦隐农耕的人生道路，不仅因为传

---

①（明）张岱著，云告校点：《琅嬛文集·越绝诗小序》，岳麓书社1985年版。

②（明）张岱著：《石匮书后集》卷九，中华书局1959年版。

③（明）张岱著，夏咸淳校点：《张岱诗文集·项王祠二首》，上海古籍出版社1991年版。

统文化讲求耕读传家，更主要的还取决于他的遗民情结。张岱舂米、担粪、种菜、饲鱼、养蚕，无所不为，“连下数十舂，气喘不能吸”[①]，“扛扶力不加，进尺还退寸”[②]，“苦至无声泪，此笑真足悲”[③]，就是在这种极端困苦的环境下，张岱坚守着“存明”“复明”的信念，支撑着，等待着。张岱反对儿辈参加清朝的科举考试，认为“阿堵与荐剡，均非尔所有。不若且归来，父子得聚首。挈瓶往灌畦，捕鱼编竹笱。四儿肯努力，储粟自盈缶”[④]，“劝儿且强饭，不必泣歧路”[⑤]。与新朝不合作的强烈态度，又促使他固守力田自励的苦隐精神。

入清三十余年，他大部分时间蜗居快园，家口多，没有固定的家产收入，仅靠力田、养蚕、种菜维持余生，“山厨长断炊，一日两接淅。秋来无寸丝，空房叫促织。老妻甚尪羸，短衣不蔽膝。如此年复年，萧萧徒四壁”[⑥]。“奈何五六口，犹望我之粒。柴米少不周，诟谇到我侧。老人无计施，日夜自煎

---

① (明)张岱著，夏咸淳校点:《张岱诗文集·舂米》，上海古籍出版社1991年版。

② (明)张岱著，夏咸淳校点:《张岱诗文集·担粪》，上海古籍出版社1991年版。

③ (明)张岱著，夏咸淳校点:《张岱诗文集·看蚕》，上海古籍出版社1991年版。

④ (明)张岱著，夏咸淳校点:《张岱诗文集·甲午儿辈赴省试不归走笔招之》，上海古籍出版社1991年版。

⑤ (明)张岱著，夏咸淳校点:《张岱诗文集·甲午次儿下第归二首》，上海古籍出版社1991年版。

⑥ (明)张岱著，夏咸淳校点:《张岱诗文集·仲儿分爨》，上海古籍出版社1991年版。

逼”[1]。如此苦寒困顿的生活，张岱一直谨守遗民节操，杜门不出，绝不奔走求援：“稍欲出门交，辄恐丧所守。宁使断其炊，取予不敢苟。”[2]江南遗民的数次大型社集酬唱都不见他的踪迹，更不用说游走权贵之门，“晚岁杜门谢客，客亦渐辞老人去。间策杖入市，人有不识其姓氏者，老人辄自喜。遂更名曰‘石公’，又曰‘碟庵’”[3]。偶尔一出，依然是“良朋不过三，笑听野人谈”，因此也就难怪乡人邵廷采《思复堂文集》著录明遗民时，竟不知张岱具体卒年，只是含糊说及七十余岁卒。

---

①（明）张岱著，夏咸淳校点：《张岱诗文集·仲儿分爨》，上海古籍出版社1991年版。

②（明）张岱著，夏咸淳校点：《张岱诗文集·甲午儿辈赴省试不归走笔招之》，上海古籍出版社1991年版。

③（明）张岱著，弥松颐注：《陶庵梦忆·砚云甲编原序》，上海书店印行1982年版。

第十一章　黍离之悲

《西湖梦寻》：西湖情结

张岱一生与西湖结下不解之缘，因为此地有其父亲建造的寄园，“先大夫以三百金折其华屋，徙造寄园”[①]，“余少时从先宜人至寺烧香”[②]，“余幼时从大父访先生”[③]，“余幼时至其中看牡丹”[④]，“少年读书岣嵝”[⑤]，“余在西湖，多在湖船作寓，夜夜见湖上之月，而今又避嚣灵隐，夜坐冷泉亭，又夜夜对山

① (明)张岱著，程维荣校注：《陶庵梦忆·西湖梦寻·芙蓉石》，上海古籍出版社2001年版。

② (明)张岱著，程维荣校注：《陶庵梦忆·西湖梦寻·高丽寺》，上海古籍出版社2001年版。

③ (明)张岱著，程维荣校注：《陶庵梦忆·西湖梦寻·小蓬莱》，上海古籍出版社2001年版。

④ (明)张岱著，程维荣校注：《陶庵梦忆·西湖梦寻·灵芝寺》，上海古籍出版社2001年版。

⑤ (明)张岱著，程维荣校注：《陶庵梦忆·西湖梦寻·飞来峰》，上海古籍出版社2001年版。

间之月，何福消受。余故谓西湖幽赏，无过东坡，亦未免遇夜入城”[①]，直至甲午（清顺治十一年，1654）、丁酉（清顺治十四年，1657）两至西湖，“如涌金门，商氏之楼外楼，祁氏之偶居，钱氏、余氏之别墅，及余家之寄园一带湖庄，仅存瓦砾”[②]。前后约五六十年的时间里，至少有三分之一的时间在西湖生活。因此对西湖名胜和掌故了如指掌，“水尾山头，无处不到；湖中典故，真有世居西湖之人所不能识者，而陶庵识之独详；湖中景物，真有日在西湖而不能道者，而陶庵道之独悉”[③]，感情特别深厚。“余之梦西湖也，如家园眷属，梦所故有，其梦也真……旧役小傒，今已白头，梦中仍是总角。夙习未除，故态难脱……唯吾旧梦是保，一派西湖景色，犹端然未动也”[④]，印象特别深刻。为此，张岱作《梦寻》七十二则，留之后世，以作西湖之影。

《西湖梦寻》五卷，成于康熙十年（1671），张岱时年七十四岁。《四库全书总目》史部地理类著录，《提要》云：“是编乃于杭州兵燹之后，追记旧游，以北路、西路、南路、中路、外

---

①（明）张岱著，程维荣校注：《陶庵梦忆·西湖梦寻·冷泉亭》，上海古籍出版社2001年版。

②（明）张岱著，夏咸淳校点：《张岱诗文集·西湖梦寻序》，上海古籍出版社1991年版。

③（明）王雨谦著：《西湖梦寻序》，见（明）张岱著，夏咸淳校点：《张岱诗文集·补编》，上海古籍出版社1991年版。

④（明）张岱著，夏咸淳校点：《张岱诗文集·西湖梦寻序》，上海古籍出版社1991年版。

景五门，分记其胜，每景首为小序，而杂采古今诗文列入其下。岱所自作尤多，亦附着焉。其体例全仿刘侗《帝京景物略》，其诗亦全沿公安、竟陵之派。”“全仿”“全沿”之说含有轻蔑之意，也不符合事实，但也指出张岱受到竟陵派的影响。刘侗是竟陵派继钟惺、谭元春之后又一巨擘，约长张岱三岁。张岱称刘侗为“山水知己”，两人皆有山水游乐的爱好。张岱与刘侗相交于何时，张岱文集未详，考方以智《流寓草》卷五有《赠刘侗人、于司直》诗一首，作于崇祯八年（1635），其时方以智、刘侗均在南京。据《陶庵梦忆》所载，崇祯七年（1634）至十二年（1639）期间，是张岱浪迹南京秦淮河时间最多的时候，张岱与刘侗相识当在崇祯八年（1635）前后。《西湖梦寻》在体例与文字风格上与《帝京景物略》有相仿之处，那是间接受到的影响。直接影响《西湖梦寻》还属嘉靖间名士杭人田汝成的《西湖游览志》。《西湖游览志》二十四卷，编写体例为：先西湖总序，后分叙孤山，南山，北山，南山城内，南山分脉城内、城外，北山分脉城内、城外等胜迹；每景先叙其沿革，后采录古今诗文。《西湖梦寻》从体例上参照了《西湖游览志》编排框架，全书五卷，卷一西湖总记、西湖北路，卷二西湖西路，卷三西湖中路，卷四西湖南路，卷五西湖外景，并转录征引了《西湖游览志》不少材料，包括掌故旧闻和描写湖山的精彩句段，采录了部分诗文。但这部分的鲜明个性和独创成就仍卓然可见，它不仅汇录了嘉靖以前歌咏、记叙西湖的诗文、传说、史实，而且补充了大量明末清初的新史料和晚明袁宏道、张京元、李流芳、萧士玮的山水园林诗文，新辟了许多景点，如关王庙、十锦塘、小青佛舍、云栖等，大都是作者亲见亲闻亲历，至于识见特异、情致深永、写景清逸、叙事轻灵，远在田汝成的《西湖游览志》之上，可谓独树一帜。这是一部以记录西湖名胜的掌故传说和杂史性质为主要内容的小品集，同时也是一部专门为西湖“传神写照”的，具有很高文学成就的山水记和风俗记。

《西湖梦寻》记叙山水林壑自然景观之美：“风篁岭上有一片云石，高可丈许，青润玲珑，巧若镂刻”[①]；“堤阔二丈，遍植桃柳，一如苏堤……行其下者，枝叶扶疏，漏下月光，碎如残雪”[②]。也记亭台楼阁、寺观祠庙、园林别墅的人文景观之盛：“山巅有阁，凌空特起，凭眺最胜，俗称玛瑙山居。寺中有大钟，侈弇齐适，舒而远闻。”[③]更多的是将两者交错融合于一体，在写建筑物结构形制精巧美观的同时，尤其注重描述选址的得当、取景的巧妙；既写园林别墅的精致华饰，又以其拙朴取胜，带有野趣，求得与自然环境的协调统一。张岱非常赞赏建在莲花峰下的青莲山房，“跨曲涧，深岩峭壁，掩映林峦

---

①(明)张岱著，程维荣校注：《陶庵梦忆·西湖梦寻·一片云》，上海古籍出版社2001年版。

②(明)张岱著，程维荣校注：《陶庵梦忆·西湖梦寻·十锦塘》，上海古籍出版社2001年版。

③(明)张岱著，程维荣校注：《陶庵梦忆·西湖梦寻·玛瑙寺》，上海古籍出版社2001年版。

间”[①]，择地绝佳；外面布置简朴自然，“以石屑砌坛，柴根编户，富贵之中，又着草野”[②]，内部精思巧构，“曲房密室”，“大类迷楼”[③]。青莲山房内华外朴，华隐于朴。而湖心亭则“金碧辉煌，规模壮丽，游人望之如海市蜃楼。烟云吞吐，恐滕王阁、岳阳楼俱无甚伟观也”[④]。此亭非但没有破坏自然景观，反而使西湖山水大为增色。在杭州西湖建筑史上，也曾有过大兴土木破坏生态环境的恶性事件。九里松原是“苍翠夹道，藤萝冒涂，走其下者，人面皆绿”的清凉世界，后来南宋理宗为爱妃在此建功德院，“巧丽冠于诸刹”，“经始时，望青采斫，勋旧不保，鞭笞追逮，扰及鸡豚”，从此万绿化为乌有，“昔日曾传九里松，后闻建寺一朝空”。在中国历史上，开山伐林建宫殿、修寺院、造陵墓，严重破坏自然景观和生态环境的史实，不胜枚举，九里松的毁灭仅是一例。强调建筑艺术与生态环境、人文景观与自然景观的和谐统一，这是张岱建筑思想的精髓。

周作人在《陶庵梦忆·序》中曾说，张岱“所注意的是人事而非自然，山水不过是他写作生活的背景”。《西湖梦寻》中

---

① (明)张岱著，程维荣校注：《陶庵梦忆·西湖梦寻·青莲山房》，上海古籍出版社2001年版。

② (明)张岱著，程维荣校注：《陶庵梦忆·西湖梦寻·青莲山房》，上海古籍出版社2001年版。

③ (明)张岱著，程维荣校注：《陶庵梦忆·西湖梦寻·青莲山房》，上海古籍出版社2001年版。

④ (明)张岱著，程维荣校注：《陶庵梦忆·西湖梦寻·湖心亭》，上海古籍出版社2001年版。

记载了与西湖建设和发展密切相关的人物。如，李泌、白居易、苏轼、林逋等唐宋名贤，徐渭、黄汝亨、包应登等明代才子，也记载了钱镠、岳飞、贾似道、于谦等帝王将相和太监孙隆及具德和尚、莲池大师、葛洪等名僧高道，苏小小、冯小青等下层妇女。其遗闻轶事、风流文才跃然纸上。如其对“湖上四贤”的比较，尤其推崇林逋和苏轼；钱镠扼定东南十四州，封为吴越王，荣归犒劳乡亲，不愿“填西湖之半”筑宫殿，“焉有千年而其中不出真主者乎？奈何困吾民乎”的清醒和爱民精神；尤其推崇岳飞、于谦“尽忠报国”反对外族侵略的爱国精神。他撰写的《岳坟柱铭》云：“呼天悲铁像，此冤未雪，常闻石马哭昭陵；拓地饮黄龙，厥志当酬，尚见泥兵湿蒋庙。”张岱深感岳飞沉冤未雪，志向未伸，遂寄希望于当世，能有英雄志士推翻清朝，恢复明朝的政权。康熙十四年（1675），张岱已七十八岁高龄，眼见岳墓“颓败益甚”，仍撰《募修岳鄂王祠墓疏》，大声疾呼：“西湖固多祠庙，梵宫之外，其合于祭法者三：汉之前将军关帝，宋之岳鄂王武穆，明之于少保忠肃”，“独岳坟距西湖闹地……盖已历五百一十四年于此矣。日久倾圮，游人嗟叹”，倡议“贤士大夫解囊乐助”重修。[①]他慧眼独具评价于谦再造之功：“公虽欲调郕王之兄弟，而实密护吾君之父子，乃知回銮，公功；其他日得以复辟，公功也；复储亦公功也。”[②]对

① (明)张岱著，云告校点：《琅嬛文集·募修岳鄂王祠墓疏》，岳麓书社1985年版。

② (明)张岱著，程维荣校注：《陶庵梦忆·西湖梦寻·于坟》，上海古籍出版社2001年版。

于大奸臣贾似道“误国奸人”则严正指斥，同时又承认其确有“谲智”和才艺，“其于山水书画古董，凡经其鉴赏，无不精妙”，“贾虽奸雄，威令必行，亦有快人之处”。[①]明万历司礼太监孙隆，掌苏杭织造数十年，“其于西湖之性情，西湖之风味”[②]虽一窍不通，“以数十万金钱装塑西湖，其功不在苏学士之下，乃使其遗像不得一见湖光山色，幽囚面壁，见之大为鲠闷”[③]。灵隐寺住持具德和尚，惨淡经营，调度有方，使毁圮的名刹顿复旧观，张岱以诗赞赏云：“公侯福德将相才，罗汉神通菩萨慧。”[④]明末四大高僧之一的莲池大师持戒板严，“峭似高峰，冷似冰者”，但思想活跃，机锋四溢，“平居笑谈谐谑，洒脱委蛇，有永公清散之风，未尝一味槁木死灰”。[⑤]对于“貌绝青楼，才空士类”、“年少早卒”的钱塘名妓苏小小，美慧多才、误落富家做妾、被大妇百般凌辱致死的冯小青，作者为之洒一掬泪，凄婉之音萦绕纸墨之间。总之，《西湖梦寻》中充分表现了张岱推崇忠义的爱国精神和重视才智技艺的思想。

---

① (明)张岱著，程维荣校注：《陶庵梦忆·西湖梦寻·明圣二湖》，上海古籍出版社2001年版。

② (明)张岱著，程维荣校注：《陶庵梦忆·西湖梦寻·大佛头》，上海古籍出版社2001年版。

③ (明)张岱著，程维荣校注：《陶庵梦忆·西湖梦寻·十锦塘》，上海古籍出版社2001年版。

④ (明)张岱著，程维荣校注：《陶庵梦忆·西湖梦寻·灵隐寺》，上海古籍出版社2001年版。

⑤ (明)张岱著，程维荣校注：《陶庵梦忆·西湖梦寻·云栖》，上海古籍出版社2001年版。

《西湖梦寻》在记叙杭州的人文掌故，描绘西湖胜景的历史沿革和风俗画卷时，追忆旧游，寻觅故踪，睹物思人，一往情深，情有独钟，表现了他独特的西湖性情——西湖风味的审美情韵，但亡明遗老的悼念之情亦时有流露。

苏东坡诗云："若把西湖比西子，淡妆浓抹总相宜。"而张岱将西湖喻为一个倚门卖笑的青楼女子。为什么？张岱认为，西湖丽则丽矣，人人艳羡，但从不把它当成一回事。春夏之时，西湖边桃李盛放，绿树成荫，浅蓝如茵，人人争而趋之，比肩接踵，这犹如青楼女子声色正胜之时，引得轻薄男子如蜂拥之，如蝶绕之；秋冬之际，草木凋零，湖山一片萧瑟凄凉，则犹如妓女人老珠黄，无人理睬，"门前冷落车马稀"了。晴朗之日的西湖犹如妓女年轻之时，雨雪天气的西湖则如妓女色衰之时；花朝之日的西湖能盛装迎客，月夜之时的西湖则风流星散了。这不像妓女像什么？古往今来恐怕没有一个人敢把西湖比作妓女，然而这是张岱鄙视西湖因而亵渎西湖吗？不是的。正是因为张岱对西湖爱得深、赏得切，才遗憾大多数游人这样亵玩西湖，视之如妓女。张岱的赏爱西湖，犹如一位男子倾心钟情于一位女子，淡妆也好，浓妆也好，盛颜也好，衰颜也好，无处不爱，无时不爱。在张岱看来，雪中之山，孤山之梅，并不逊于烟笼柳堤，雾罩桃花；月下湖山，并不逊于晴空朗日之下的灼灼桃李；雨色空蒙中的西湖也不逊于波光潋滟时的西湖。"湖上四贤"的李泌、白居易、林逋、苏轼还能真正欣赏西湖，但四人中仍有高下之分，至于豪奢之辈及人品低下之辈游湖，那不是欣赏西湖，而是玷污西湖。

众所周知，人们对美的事物的感受十分复杂。欣赏能力取决于欣赏主体的文化素质、生活经历、欣赏品位等因素。西湖之美人所共知，这是美的普遍性。在文人学士眼中，西湖是美的，在贩夫走卒眼中，西湖也是美的。但二者眼中的美又是不同的，所谓“一百个读者心中就有一百个哈姆雷特”。与此理同，真正能鉴赏西湖之美的人何其稀少，高山流水，知音难觅啊！除了提出这一美学命题，张岱还指出了欣赏西湖必须具备的三个条件：一要深情领略，能融湖山与个体情感为一体；二要静深，即要虚静其心，怀一颗淡泊之心，既爱西湖风景繁盛之时，亦赏西湖凄情之美；三要灵敏，即具备一种审美的能力，能鉴赏西湖四时的风景。《明圣二湖》不仅是西湖的总记，更是《西湖梦寻》的总纲，是张岱西湖鉴赏的经验总结，也是张岱西湖情结的宣言。张岱在《琅嬛文集·海志》中提出：“余登泰山，山麓棱层起伏，如波涛汹涌，有水之观焉。余至南海，冰山雪巘，浪如岳移，有山之观焉。山泽通气，形分而性一。泰山之云，不崇朝雨天下，为水之祖。而补陀又簇居山窟中，水之不能离山，性也。使海徒瀚漫而无山焉，为之固肌肤之会，筋骸之束，是有血而无骨也。有血而无骨，天地亦不能生人类，而海云乎哉！”[①]“山泽通气，形分而性一”的山水观使他认识到自然界是一个充满生命的有机整体，而不是冷漠孤寂的客观

①（明）张岱著，云告校点：《琅嬛文集·海志》，岳麓书社1985年版。

存在。因此，在他笔下的自然景物，都是自然生命的体现，都是活泼、有性情品格风味的。

张岱赞赏“善游湖者，亦无过董遇三余”，即“冬者，岁之余也；夜者，日之余也；雨者，月之余也”。[①]冬季、夜晚、雨天都是游人最少之时，此时的山水因静寂而愈显空灵、空旷、淡远。张岱对月夜的深情更是如痴如醉，以致“月夜夜夜出”，“夜夜见湖上之月”，“夜夜对山间之月”。[②]张岱品赏月夜山水，是为了在山水中寄寓深情，发现“自我”。因此，月夜的景物无不按作者的理想心态呈现一种美姿：“枝叶扶疏，漏下月光，碎如残雪”[③]，“一片芦花，明月映之，白如积雪，大是奇景”[④]，“夜月登此，阒寂凄凉，如入鲛宫海藏。月光晶沁，水气滃之”[⑤]。这一幅幅月夜山水画中，有对月夜美景产生的幻视与幻觉，灵感和灵视，是对山水之美的深情领略。如果说上述是张岱作为旁观者对月夜山水空灵之美的欣赏，那么在另一些篇幅中，作者便置身其中，达到山水与人物的自然契合。张岱寄身

---

①（明）张岱著，程维荣校注：《陶庵梦忆·西湖梦寻·明圣二湖》，上海古籍出版社2001年版。

②（明）张岱著，程维荣校注：《陶庵梦忆·西湖梦寻·冷泉亭》，上海古籍出版社2001年版。

③（明）张岱著，程维荣校注：《陶庵梦忆·西湖梦寻·十锦塘》，上海古籍出版社2001年版。

④（明）张岱著，程维荣校注：《陶庵梦忆·西湖梦寻·西溪》，上海古籍出版社2001年版。

⑤（明）张岱著，程维荣校注：《陶庵梦忆·西湖梦寻·湖心亭》，上海古籍出版社2001年版。

于空灵静谧的月夜山水，就是要寻求空灵静穆的“自我”，抛却庸俗无聊的“自我”。《西湖七月半》写了各种看月之人，这些人虚伪、粗俗、浅薄，他们名为看月，实则卖弄。或附风雅，扭捏作态；或狂呼乱叫，丑态百出。场面虽然热闹，却不是作者所要欣赏的美景。只有“或匿影树下，或逃嚣里湖”的那些“不作意看书者”，才是作者赞赏的同调。直到那些热闹的“看月者”散去后，这帮高雅闲逸之士才在“月如镜新磨，山复整妆，湖复颒面”的美景中饮酒赏月，且“纵舟于十里荷花之中”，将自己融于“香气拍人，清梦甚惬”的美景之中。月夜山水之美在于它的空静，空则境界开阔，静则心纯智灵，物我融洽。《湖心亭看雪》更是一幅冬夜山水美景：雪光晶映，夜色迷蒙，山水田地都因雪的覆盖，连成一体，洁白、空阔、无边无际，目不能尽，思不可穷。正如祁豸佳的《西湖梦寻序》所说：“其一种空灵晶映之气，寻其笔墨，又一无所有。”①

张岱喜欢在冬季、月夜、雨雪之时游赏山水，就是要领略那没有尘世纷扰的空静之美，追求那冥合无人、洗涤凡心的美境。从审美客体来说，冬天、雨雪、月夜山水具有空灵静谧的自然特色，可引起欣赏者的共鸣；从审美主体来说，是因为他们有追求空静之美的愿望和能力，能在那空灵境界中促使主客观融合，使主体得到陶醉和满足，从而在心灵中创造了空灵静

① (明)祁豸佳著:《西湖梦寻序》,见(明)张岱著,夏咸淳校点:《张岱诗文集·附录》,上海古籍出版社1991年版。

谧、移人性情的意境。

张岱欣赏山水，所津津乐道的另一境界便是淡远，这是由距离的宏阔、时空的无限延长、景物的萧疏、色彩的明晰所造成的空灵境界。人处在其间，便会心胸开敞、无所牵缠、心灵净化，进入灵境美景。张岱主张“竹石间意，在以淡远取之”[①]，“淡远长声价”[②]，追求淡远，赞赏淡远。他写泉石“一泓寒碧，清冽异常”[③]，“泉白如玉，水望澄明”[④]，“如秋月霜空，噀天为白。又如轻岚出岫，缭松迷石，淡淡欲散”[⑤]，皆用淡笔绘出空境，给人以明瑟清新之感。如果说清泉的淡远靠的是清淡，那么“群山屏绕，湖水镜涵……遥接海色，茫茫无际”[⑥]，就是空间的阔大、距离的长远、色彩的明洁所造成的淡远了。然而，这淡远的境界中有登高远望者的遐想，有作者独特的感受。作者有淡远之心，故能常见淡远之境：“倚望南窗，沙际水明，常见浴凫数百，出没波心”[⑦]，“长江带绕，西湖镜

---

①（明）张岱著，弥松颐注：《陶庵梦忆·山艇子》，上海书店印行1982年版。

②（明）张岱著，程维荣校注：《陶庵梦忆·西湖梦寻·火德庙》，上海古籍出版社2001年版。

③（明）张岱著，程维荣校注：《陶庵梦忆·西湖梦寻·龙井》，上海古籍出版社2001年版。

④（明）张岱著，程维荣校注：《陶庵梦忆·西湖梦寻·玉泉寺》，上海古籍出版社2001年版。

⑤（明）张岱著，程维荣校注：《陶庵梦忆·禊泉》，上海古籍出版社2001年版。

⑥（明）张岱著，程维荣校注：《陶庵梦忆·西湖梦寻·北高峰》，上海古籍出版社2001年版。

⑦（明）张岱著，程维荣校注：《陶庵梦忆·西湖梦寻·玉莲亭》，上海古籍出版社2001年版。

开，江上帆樯，小若鸥凫，出没烟波，真奇观也”[①]。这里的淡远之境既来自虚淡明洁的色彩，也来自缥缈空灵的环境和人物悠闲的心态，那出没波心的浴凫的点缀，那小若鸥凫的江上帆樯，都给人以天地辽阔之感，大有“采菊东篱下，悠然见南山”的情致。张岱追求淡远境界，要求景物间拉开距离，以具有萧疏淡远之致，反对拥挤扼塞。作者写“芙蓉石”之美，“状若芙蓉，为风雨所坠，半入泥沙。较之寓林奔云，尤为茁壮”[②]，“但恨主人深爱此石，置之怀抱，半步不离，楼榭逼之，反多厄塞。若得础柱相让，脱离丈许，松石间意，以淡远取之，则妙不可言矣”[③]，因为芙蓉石主人不通此道，无知地扼塞了美的生机，令人产生“恨无舒展地，支鹤闭韬笼”的遗恨。可见张岱追求的淡远既是景物的境界空阔、色彩明洁、距离萧疏造成的淡远，也是审美主体心境的淡远，是心的淡泊与物的距离相融合的淡远，其实质仍是空灵。

静谧和淡远造成空灵的境界，这是由听觉的静和视觉的阔在人的心理上造成的远和空。同时，山石迂曲、水流环绕、树木浓荫、色彩绿暗等因素造成的幽深，也能使人达到心旷神怡的空灵境界。这种境界的特点是：“景点的视域较窄小，光量

---

①（明）张岱著，程维荣校注：《陶庵梦忆·西湖梦寻·五云山》，上海古籍出版社2001年版。

②（明）张岱著，程维荣校注：《陶庵梦忆·西湖梦寻·芙蓉石》，上海古籍出版社2001年版。

③（明）张岱著，程维荣校注：《陶庵梦忆·西湖梦寻·芙蓉石》，上海古籍出版社2001年版。

小，空气洁静，景深而层次多。”[①]多层次幽境，能隔绝尘世的繁杂，人处其中，便会神清气爽，物我两忘，于不知不觉中得到灵感和快感。张岱特别喜欢描写绿色，对绿有非常深刻和细微的感受。他的笔下常常出现“绿、绿树、绿暗、清绿、冷绿”等字样，“门外苍松傲睨，蓊以杂木，冷绿万顷，人面俱失”[②]，人在其中就像潜游在绿的海洋中，温馨、爽快，烦躁、郁闷的感受被洗涤净尽。张岱还善于描绘“曲径通幽”的境界，善于领略幽静境界中的美：“朱栏屈曲，桥跨如虹，草树蓊翳，尤更岑寂”[③]，“其底邃窄通幽，阴翳杳霭”[④]。对“九溪十八涧”的描绘更具高致，水流“九折而出”，“径路崎岖”，“草木蔚秀，人烟旷绝，幽阒静悄”，空灵静寂，给人“别有天地，自非人间”的冥想。这种“缁流非遗世绝俗者，不能久居”[⑤]的幽境之美，只有像张岱这样的具有闲情逸致和高雅胸怀的佛道之人才能领略。

张岱作为晚明小品文坛的巨擘，在山水文学的创作上借鉴了郦道元、柳宗元、袁宏道等文学大家的创作长处，同时在晚

---

① 杨辛、甘霖著：《美学原理》，北京大学出版社1983年版。

② （明）张岱著，程维荣校注：《陶庵梦忆·西湖梦寻·岣嵝山房》，上海古籍出版社2001年版。

③ （明）张岱著，程维荣校注：《陶庵梦忆·西湖梦寻·放生池》，上海古籍出版社2001年版。

④ （明）张岱著，程维荣校注：《陶庵梦忆·西湖梦寻·烟霞石屋》，上海古籍出版社2001年版。

⑤ （明）张岱著，程维荣校注：《陶庵梦忆·西湖梦寻·九溪十八涧》，上海古籍出版社2001年版。

明文化由“文以载道”向“文以自娱”转变的背景下，并不注重单纯的模山范水表现自然景物的风姿，而是把自己的生活境遇、人生感受、艺术体验等种种复杂情感融入对自然的表现中去，形成其文“一切景语皆情语”，“似不经意写人实写人、以人为本”的山水小品创作观。张岱对自然山水的观照，又表现出独特的审美视角，即强调对自然山水本身内在特质的关注，如其对自然生命观、个性美的认识，都进一步深化了人们对自然的理解，提升了人们对自然的观照态度。

《陶庵梦忆》：都市生活情结

《陶庵梦忆》借鉴了宋人孟元老《东京梦华录》、耐得翁《都城纪胜》、吴自牧《梦粱录》和周密《武林旧事》诸书，以回忆录的形式追述往昔的繁华。“遥思往事，忆即书之”，“不次岁月”，“不分门类，别志林也”。[①]其记叙编次随意，纯属随笔小品，篇幅简短，短隽有味，带有强烈的主观色彩，文学性极强，代表晚明小品的极致。全书八卷，前七卷各有十五篇，第八卷加上补遗四篇为十七篇，合计有一百二十二篇。如按题材分类，描叙山水风景（包含园林）的有四十六篇，风俗民情（放灯、打猎、阅武）有二十一篇，能工巧匠有十七篇，说书演戏十五篇，艺术鉴赏十二篇，美食茶水十一篇。人物多为市井众生和文艺界名流，诸如工匠、花匠、琴师、画师、艺妓、优

---

①（明）张岱著，弥松颐注：《陶庵梦忆·自序》，上海书店印行1982年版。

伶、说书艺人、杂技演员等，皆为之传神写照，真切表现了晚明江南追求逞才纵情的社会思潮和都市繁华的风貌。

张岱喜游历，长期盘桓于江南繁华之地，南京、杭州、苏州、无锡、扬州、兖州等都会名城，广交才士名流、各色市井人物，深受市民文化的熏陶。开篇《钟山》记叙了他在崇祯十五年（1642）于南京钟山观看祭祀明太祖朱元璋明孝陵之事。张岱于崇祯十一年（1638）、十五年（1642）、十七年（1644）三次至南京钟山游观明孝陵。文章叙述明太祖听“浮浮冉冉，红紫间之，人言王气，龙蜕藏焉”，说钟山有王气，亲自与刘伯温、徐达、汤和勘定陵墓地点，但是选定的吉穴，早已被人所占，左边是吴大帝孙权，下面是梁志公和尚，只有请和尚让出宝地，于是另为和尚择地三百六十亩，移和尚的尸体在灵谷寺安葬，建塔供奉香火。《钟山》通过对明王朝的历史透视，不是采取议论的方式，而是通过叙述明太祖择陵、明末朝廷祭祖和修陵之场面以及“孝陵玉石二百八十二年，今岁清明，乃遂不得一盂麦饭，思之猿咽”来体现主旨。读其文，不难发现，作者意在说明朱元璋亲自选定风水宝地，并不能保佑朱氏天下万古流传。朱元璋死后，明朝就战乱不止，靖难之变、土木堡之变、夺门之变、庚戌之变、魏忠贤专权、甲申之变等，由此得出，要想长治久安，风水宝地并不是决定因素，重要的是施行仁政。张岱将《钟山》作为《梦忆》的开篇，曲笔回味，让世人警醒。

张岱对各地山水景观兴趣盎然，他曾走过近半个中国，《陶庵梦忆》中的山水小品和介绍各地园亭的小品占有相当的分量。如南京的燕子矶，无锡的愚公谷，其中受杭州西湖、绍兴种种佳境浸染日久，所识独详。西湖不大，可在张岱眼中别有洞天。《湖心亭看雪》中写道，“大雪三日，湖中人鸟声俱绝”，作者独往湖心亭看雪，见天地间竟如此空旷，“长堤一痕，湖心亭一点，与余舟一芥，舟中人两三粒而已”。可到了亭中，突然发现，有人跟我一样高雅，在这个漫天飞雪的晚上，到亭中来喝酒，各自惊叹“湖中焉得更有此人”，于是同饮。归来途中，舟子喃喃曰：“莫说相公痴，更有痴似相公者。”这里表述的，不是“众人皆醉我独醒”，而是“莫说相公痴，更有痴似相公者”。这里的“痴”，是“一往情深”，说明“我有真性情，别人也有”，这么看人看事，比较通透，没有孤芳自赏的毛病。

张岱怀着浓厚的兴趣，运用欢快灵动的笔墨，展现了晚明江南丰富多彩的文化生活和民间娱乐活动，比如，记录各地传统节日风俗习惯的《扬州清明》《虎丘中秋夜》《西湖七月半》，绍兴的《闹元宵》；谈及烟火灯会盛况的《绍兴灯景》《世美堂灯》《龙山放灯》《鲁藩烟火》等；涉猎各地奇风异俗的《泰州客店》《秦淮河房》《西湖香市》《鲁府松棚》《金山夜渡》《定海水操》《葑门荷岩》《天童寺僧》《牛首山打猎》《扬州瘦马》《严助庙》《越俗扫墓》等。每逢节日盛会，便会出现人山人海、万众狂欢的场景，阔人、雅人、俗人，各得其乐，形象逼真地描绘出晚明社会一道道非常别致的文化风景线，反映了社会文化心态的放佚和活跃。

《陶庵梦忆》中还着重描写了一批能工巧匠、奇士异人对于才智技艺的酷爱和追求，这种酷爱和追求不仅仅是为了生活，更是对技术、艺术的追求，是晚明江南经济传统手工业发达的产物。《金乳生草花》中的金乳生是一位擅长园艺的花匠，一年四季“错杂莳之，浓淡疏密，俱有情致”[①]。春以罂粟、虞美人为主，兼以山兰、素馨；暮春以芍药为主，兼以西番莲、紫兰、土萱等；夏以洛阳花、建兰为主，佐之乌丝菊、茉莉、珍珠兰等；秋以菊为主，辅以万寿芙蓉、秋海棠、矮鸡冠等；冬以水仙为主，长春佐之。木本有紫白丁香、滇茶、西府、白梨花，种之墙头屋角，以遮烈日。乳生事必亲历，早起即蒲伏阶下，捕虫治虫，“虽冰龟其手，日焦其额，不顾也”[②]。《樊江陈氏橘》中写道，橘农陈氏种植收藏谢橘的技艺。《吴中绝技》中写道，“陆子冈之治玉，鲍天成之治犀，周柱之治嵌镶，赵良璧之治梳，朱碧山之治金银，马勋、荷叶李之治扇，张寄修之治琴，范昆白之治三弦子，俱可上下百年保无敌手”[③]。《濮仲谦雕刻》中写道，“技艺之巧夺天工焉”[④]，“仲谦名噪甚，得其款，物品腾贵……而仲谦赤贫自如也”[⑤]。《沈梅冈》中写道，沈束在狱中之暇，旁攻艺匠，雕琢文具、壁锁、扇子，名声外扬，“巧匠

① (明)张岱著，弥松颐注：《陶庵梦忆·金乳生草花》，上海书店印行1982年版。
② (明)张岱著，弥松颐注：《陶庵梦忆·金乳生草花》，上海书店印行1982年版。
③ (明)张岱著，弥松颐注：《陶庵梦忆·吴中绝技》，上海书店印行1982年版。
④ (明)张岱著，弥松颐注：《陶庵梦忆·濮仲谦雕刻》，上海书店印行1982年版。
⑤ (明)张岱著，弥松颐注：《陶庵梦忆·濮仲谦雕刻》，上海书店印行1982年版。

谢不能事”，“以粥炼土”，“范为铜鼓者二”，“胜暹罗铜”。[1]《砂罐锡注》中写道，宜兴龚春的砂罐，王元吉的锡壶，《诸工》中的“竹，与漆、与铜、与窑”[2]，《世美堂灯》中写道，“灯彩艺人夏尔金，剪采为花，巧夺天工，罩以冰纱，有烟笼芍药之致”[3]……这些都侧面表现了晚明江南传统手工业和多种经营经济的发达。

张岱称扬说书艺人柳敬亭“描写刻画，微入毫发”[4]；赞赏女伶朱楚生“性命于戏，下全力为之”的敬业精神和“科白之妙，有本腔不能得十分之一者”，“虽昆山老教师，细细摹拟，断不能加其毫末也”[5]的专业成就；赞颂戏剧演员彭天锡“一肚皮书史，一肚皮山川，一肚皮机械，一肚皮磥砢不平之气”的高超演技。张岱的笔下，人的内涵不是以外在的身份地位和财富来品评衡量，而是以内在的品格和才能、技艺显示其价值，体现出晚明文化精神对人的新发现和对人的尊重；即便对长辈名士的品评，也不是以官职权势，而是专注于才能和品德的赞赏。如，黄汝亨（字寓庸）“交际酬酢，八面应之，耳聆客言，目睹来牍，手书回札，口嘱傒奴，杂沓于前，未尝少错”[6]；邹迪光（号愚公）精悉诗文书画、戏曲歌舞，又深于构园叠石，

---

① (明)张岱著，弥松颐注:《陶庵梦忆·沈梅冈》，上海书店印行1982年版。

② (明)张岱著，弥松颐注:《陶庵梦忆·诸工》，上海书店印行1982年版。

③ (明)张岱著，弥松颐注:《陶庵梦忆·世美堂灯》，上海书店印行1982年版。

④ (明)张岱著，弥松颐注:《陶庵梦忆·柳敬亭说书》，上海书店印行1982年版。

⑤ (明)张岱著，弥松颐注:《陶庵梦忆·朱楚生》，上海书店印行1982年版。

⑥ (明)张岱著，弥松颐注:《陶庵梦忆·奔云石》，上海书店印行1982年版。

"其园亭实有思致文理者为之"[①]；范允临（字长白）虽长相奇丑，而才情美富，冠履精洁，丝竹摇飏，园亭精致，"尽可自名其家"[②]。此外，与张岱过从甚密的友人中，陈章侯、姚简叔、曾波臣工于画；刘晖吉、包涵所、祁豸佳精于戏；王侣鹅、王本吾专于琴；闵汶水妙解茶道，其才艺皆卓然可称。人是万物的精灵，赞美人的智慧、才能、技巧，是晚明传统手工业、商品经济、民间工艺等发展的必然结果。

《陶庵梦忆》还如实演绎了晚明士人受到个性解放的思潮影响因而放纵情欲的社会现象。他们不仅讲究物质享受，而且追求男女大欲和文化生活等精神享受。张岱曾坦诚宣布"极爱繁华，好精舍，好美婢，好娈童，好鲜衣，好美食，好骏马，好华灯，好烟火，好梨园，好鼓吹，好古董，好花鸟，兼以茶淫橘虐，书蠹诗魔"。他喜爱美食，想方设法采购南货北果，山珍海味，"远则岁致之，近则月致之、日致之，耽耽逐逐，日为口腹谋"[③]。他不仅遍尝美味佳肴，而且深知食品烹饪、点心制作、水果保鲜收藏之道。他在《夜航船》卷十九《物理部》内专设食物果品，专门记述，尤精茶道，善辨泉水的产地和口味，了解制茶的各道工序，即所谓的"扚法、掐法、挪法、撒法、扇法、炒法、焙法、藏法"等，令著名茶艺专家闵汶水也自叹

① (明)张岱著，弥松颐注：《陶庵梦忆·愚公谷》，上海书店印行1982年版。

② (明)张岱著，弥松颐注：《陶庵梦忆·范长白》，上海书店印行1982年版。

③ (明)张岱著，弥松颐注：《陶庵梦忆·方物》，上海书店印行1982年版。

弗如："予年七十，精赏鉴者无客比。"[①]《陶庵梦忆》中有许多描述饮食的小品文，如《乳酪》《蟹会》《露兄》《兰雪茶》《闵老子茶》《禊泉》《阳和泉》《鹿苑寺方柿》等，实为中国美食文学之奇葩。张岱对男女之大欲持肯定态度，他有一妻二妾，还"好美婢，好娈童"。出入妓院，与南京秦淮名妓顾眉、董白、李十、杨能、朱楚生、王月生等往还，称其为"姬侍"；叹赏王月生的美貌如建兰初开，纤足如出水红菱，性格"如孤梅冷月，含冰傲霜"[②]，竭尽美词献给这位青楼女子。人的情欲需要不仅食色二端，还有文化艺术、娱乐活动等多方面的追求，如戏曲、音乐、书画、古董珍玩及民间各种的游乐如烟火、龙舟、彩灯、博彩等。《陶庵梦忆》中描述戏曲音乐、艺术鉴赏的就有二十七篇，约占全书的二分之一，单就戏曲音乐，如《绍兴琴派》《丝社》《张氏声伎》《金山夜戏》《朱云崃女戏》《刘晖吉女戏》《彭天锡串戏》《目莲戏》《过剑门》《冰山记》《严助庙》《不系园》等就有十五篇之多。张岱对于戏剧，淡化了它的社会教化功能，肯定其审美价值，强调其娱乐性，既可以娱人，也可以娱己，充分表现了他"以享乐为生平第一大目的"的生活理念。

张岱奉行"人无癖不可与交，以其无深情也；人无疵不可与交，以其无真气也"[③]的人情哲学，这种"癖""疵"在一般人眼中是一种病态、怪习性、坏脾气，张岱却认为这是有深情、

---

① (明)张岱著，弥松颐注：《陶庵梦忆·闵老子茶》，上海书店印行1982年版。

② (明)张岱著，弥松颐注：《陶庵梦忆·王月生》，上海书店印行1982年版。

③ (明)张岱著，弥松颐注：《陶庵梦忆·祁止祥癖》，上海书店印行1982年版。

有真气的表现。张岱的朋友圈中，就有相当一部分人有各种奇疵异癖，其中有“有书画癖，有蹴鞠癖，有鼓钹癖，有鬼戏癖，有梨园癖”的祁豸佳；有“性命于戏，生死以之”的刘晖吉；有精于茶道也癖于茶道的闵汶水；有“性命于戏，下全力为之”，“终以情死”的朱楚生；也有“癖于钱”“癖于酒”“癖于气”“癖于土木”或“癖于书史”的五异人。张岱自己就是个有多种“癖”的人。这种“癖”“疵”正是他们受到晚明江南城市经济繁荣、传统手工业发达和个性解放思潮影响，逞才纵情行为的表现，是人的个性和情感的释放。

《陶庵梦忆》所取的地域背景，除山东兖州、泰安、曲阜和江苏扬州等几个府县属于江北，其余的如南京、镇江、苏州、无锡、杭州、嘉兴、绍兴、宁波等皆为江南名城，这是当时城市经济文化活动最为繁华的地区。但是，在甲申之变和清兵入关以后，由于较长时期战争的破坏和清朝压迫政策的摧残，江南的经济和文化迅速衰落，昔日的繁华，荡为烟云，鞠为茂草。张氏家族也在这次改朝换代动乱中由荣显骤然沦为贫贱。张岱由此产生沧桑之感、幻灭之感，“因想余生平，繁华靡丽，过眼皆空，五十年来总成一梦”，深感国破家亡之悲，荆棘铜驼之痛。但他专注的是对前朝繁华靡丽的城市生活和至情至性、率性而行的文化氛围的追怀和眷念，其基调与《西湖梦寻》稍有不同，呈现出的奔放明快、绚烂奇丽多于伤感的样子。

《琅嬛文集》：亲情友情情结

《琅嬛文集》，凤嬉堂抄本题为《张子文粃》，这是经张岱编选，又经友人王雨谦"痛芟雠校，在十去七"的诗文选集。全书六卷：卷一为序文三十五篇；卷二有记七篇，启四篇，疏三篇；卷三有檄四篇，碑二篇，辩二篇，制二篇，乐府十篇，书牍十四篇；卷四有传六篇；卷五有墓志铭四篇，跋十七篇，铭六十八篇，赞十九篇；卷六有祭文十篇，琴操十篇，杂著三篇，颂九篇，词十七首，以上共计合二十余种文体。如果再从用途上将其归类，大致可分为：应用文，如公牍中的疏、启、制、檄和书牍杂著；传和碑志，包括哀祭文、箴铭、传和墓志铭；序、跋文；杂记，包括山水游记、台阁名胜记和属于论说文中的辩；诗歌，即乐府、词。从体裁看，它与同时代或前代的文人诗文集的文体没有什么大的不同。但若深入各种文体的内容，就会发现，《琅嬛文集》所采用的文体具有鲜明的特点：无应制文、八股文和谀墓文。

张岱生平没有出仕，也没有做过幕僚，很少为人代笔，因而在其中的公牍文体，虽有启、疏、檄、制等形式，但只有《贺鲁国主册封启》《戏册穰侯制》和《戏册芥侯制》三篇属于应景文。"启"在古代有奏章和书启之分，给君主、诸王上书被称为奏启；一般亲朋之间的往来的书信被称为书启，前者为上行公文，后者则是一般的应用文。唐宋以后，启文应用范围逐渐拓宽，除了少数致君或诸王，举凡向比自己地位高的人呈词，均可应用。涉及的内容范围也渐趋广泛，如谏诤、贺官、谢官、谢赏、荐士、献诗文，均可用启。这类启文或用骈体，或散体，内容充实而又情采动人的不多，张岱的《贺鲁国主册封启》即属于此种情况。制，称制书、制诏、制诰，皇上颁布制度、命令的文告。后来不仅限于制度、法规，遇有大封赏也用之。后两篇实属习作，故曰“戏”，不能算是正式的应景文。其余如《迎一金和尚启》《丝社小启》《游山小启》都属于书启，比一般亲朋之间往来的书信庄重恭敬。疏，原为臣子向帝王上书陈言，疏通事理、陈述政见，后来发展成为向官府、向公众陈述政见或建议。《龙山文帝祠募疏》用骈体，后两疏用散体，皆表达了张岱对社会文化事业的关注，特别是想通过募修岳鄂王祠墓这样的活动“俾为万世臣子楷模”，冀图呼唤反清复明的民族精神，具有鲜明、强烈的警世作用。檄，原是古代一种军事文告，汉代以后成为一种晓谕性的文告使用。《征修明史檄》严正批评明史诸家或“掩非饰过”，或“矫枉持偏”，或“挂一漏万”，缺乏史家的德、才、识，明确提出“欲追彪、固”重修明史的宏愿，和因文献不足，恳求有识之士“共期倒箧，各出搜遗”，是一篇气盛、理足、情浓的征集明史资料的文告。《癸丑兰亭修禊檄》作于清康熙十二年（1673），其时作者已年届七十六岁高龄，他与结发之友周戬伯、陆癯庵，族弟张登子于三月上巳同游兰亭，“欲效古风，仍修禊事”。此檄大有“老夫聊发少年狂”之气概，檄文骈散结合，琅琅可读。同时撰有《古兰亭辨》论说文及诗《癸丑暮春兰亭后集寻得旧址有作四首》（缺第三首）。

另两檄《斗鸡檄》《讨蠹鱼檄》，犹如寓言，以物喻人，描写细致，逐层展开，构思新颖，蕴涵深刻。

八股文正式出现于明宪宗成化年间，顾炎武于《日知录》中说："经义文流俗谓之八股，盖始于成化以后。"其本身发展有一个渐变过程，一般认为八股文源于经义，创自北宋王安石，但宋人的经义虽依经言命题，却能抒发己见，在行文中不要求代言口气，不硬性要求对仗，没有形式固定的程式，只相当于古文的论体。元代科举考试基本承袭宋制。明初从洪武三年（1370）开科考试，专设"四书义"一道，但在写作上或对或散，并无一定程式。张岱"少工帖括"，好习举业，一度埋头制艺学习，但因多次失利，终于认识到"区区帖括家，为地甚窄"，"一习八股，则心不得不细，气不得不卑，眼界不得不小，意味不得不酸，形状不得不寒，肚肠不得不腐"①。因此，张岱现存诸集中，《琅嬛文集》除两篇"辨"体属于论说文，还有《石匮书》某些列传前的总论和文末论赞"石匮书曰"外，无专门的论说文，自然谈不上有八股文。

无谀墓文。张岱明确宣称"余生平不喜作谀墓文"②，即便入清以后，在物质生活极端困苦的情况下，他也不愿意把作谀墓文作为维持生计的"副业"。文集中的四篇墓志铭和十篇祭文皆"期酷肖其人"，墓主或被祭者皆是至交，平时来往频繁，相

---

① (明)张岱著:《石匮书·科目志总论》,见《续修四库全书》第318册,上海古籍出版社2002年版。

② (明)张岱著,云告校点:《琅嬛文集·周宛委墓志铭》,岳麓书社1985年版。

互了解，感情深厚，因而所作皆从生平事实出发，对墓主性情交往，即无贬低。如写周宛委，“自负过高，目诸同门，少所许可。及试有司，以奇文见斥，遂罢弃举业。下帷稽古，涉猎群书，以此浪荡不羁，家业日落”[1]，“见人矫骇愕窒，如野鹿山鸡，不可与接。家居无事，辄浩叹长吁，其一肚皮怨天尤人磥砢不平之气，时时陡发”[2]。对其才情也无拔高：“凡有著作，诗则昌谷之《恼公》，文则韩非之《孤愤》，赋则屈原之《离骚》。如笑如嗔，如嘲如詈，如断岩之猿咽，如绝壑之泉悲。后作《史断》一书，眼前之人，不足以供其唾骂，乃进而评骘千古。虽谋如孙武，智如诸葛，忠如文山，义如豫让，廉如伯夷，功业若光弼、子仪，先生洗垢吹毛，寻其瘢疵，热唱冷嘲。”[3]这就将一个不合于世而又牢骚满腹的读书人形象逼真地突现出来。文后，张岱十分感慨地指出王弇州曾概括文人九种悲惨遭遇，周宛委占其四：一贫困，二嫌忌，三偃蹇，四恶疾，唯有寿登七十，和有轶才子三人值得欣慰。这种为他人写的墓志铭可以说是空前绝后的，与传统的墓志铭的写法完全不同，可以说只有张岱敢写，周宛委的后人才愿意接受。

除了上述提到的应用文和编入的部分词，还有山水游记和写人的传、墓志、祭文、碑、乐府和记物的铭、赞，还有表现对文学艺术见解的序、跋。《琅嬛文集》中的山水游记，周作人

①（明）张岱著，云告校点：《琅嬛文集·周宛委墓志铭》，岳麓书社1985年版。

②（明）张岱著，云告校点：《琅嬛文集·周宛委墓志铭》，岳麓书社1985年版。

③（明）张岱著，云告校点：《琅嬛文集·周宛委墓志铭》，岳麓书社1985年版。

在《中国新文学大系·散文一集·导言》中有一段比较王思任和张岱小品文的文字："王季重文殊有趣，唯尚有徐文长所说的以古字奇字替代俗字的地方，不及张宗子的自然。张宗子的《琅嬛文集》中记泰山及普陀之游的两篇文章比《文饭小品》各篇为佳。"[①]《岱志》与《海志》一反其他短幅小札，长达四五千言，前后相承，为姐妹篇。正如其《海志》中所说："余登泰山，山麓棱层起伏，如波涛汹涌，有水之观焉。余至南海，冰山雪巘，浪如岳移，有山之观焉。山泽通气，形分而性一。泰山之云，不崇朝雨天下，为水之祖。而补陀又簇居山窟之中，水之不能离山，性也。使海徒瀚漫而无山焉，为之固肌肤之会，筋骸之束，是有血而无骨也。有血而无骨，天地亦不能生人矣，而海云乎哉！"[②]张岱彻悟"山泽通气，形分而性一"的山水观，他认识到山和水是一个充满生命的有机整体，它们不是冷漠孤寂的客观存在，而是往往互相兼容的。他在《岱志》中说："看泰山，意想之所至，皆山也……泰山之下，虽不见水，而凡石痕砂迹无非水也。雪域中而雨无下，其汪洋之势，恍然在目。"[③]表现在作品中，张岱笔下的自然景观都是自然生命的体现，都是活泼、有性情品格风味的。如："入仪门，仙官高三丈，颙颙欲动。丹墀下有古松八九棵，蚪盘虬结，空翠逼人。

---

① 周作人著，张明高、范桥编：《周作人散文》第二集，中国广播电视出版社1992年版。

② (明)张岱著，夏咸淳校点：《张岱诗文集·海志》，上海古籍出版社1991年版。

③ (明)张岱著，夏咸淳校点：《张岱诗文集·岱志》，上海古籍出版社1991年版。

下列奇石数十株，樾暗苍冥，环行错愕。入大殿，圣像庄严，罗列阴森，不敢久立。”[①]作者通过“颙颙欲动”“蝌盘虬结”“环行错愕”“罗列阴森”等几个词，以拟人化景物描写手法，不仅展现了塑像、古松、奇石的自然生命意识，而且拉近了主客体的心理距离，使人与自然处于一种和谐一体的氛围之中，让我们强烈地感受到主体与大自然的亲切交流及对自然生命意识的尊重。

张岱观照自然，十分注意领略其“性情”风味，如《海志》中写道：“波龙潭、清水洋，风弱水柔，波纹如縠，月色麗金，簇簇波面，山奥月黑，短松怒吼，张髯如戟，吞吐海氛，蠢蠢如有物蠕动。舟人戒勿抗声，以惊骊窟。”[②]作者把海水、月光、山中的松树生命化，令人气慑。因为，自然界本身处在不停的运动之中，生生不息；而人的感情时时作用于自然界，与其交流，也使自然界仿佛与人一样具有性情风味。

《岱志》《海志》内容多而杂，作者在写法上借鉴了木华写的《海赋》：“‘胡不于海之上下四旁言之?’余不能言岱，亦言岱之上下四旁已耳。一字不及岱，而岱之事亦缘是而尽。”作者介绍泰山、普陀，不像正规志书那样讲究体例，按照门类条分缕析，那样容易呆板。张岱根据游迹，随记所见所闻，或记叙，或议论，或抒情，熔史笔与画笔于一炉，合方志与游记于一体，

① (明)张岱著，夏咸淳校点：《张岱诗文集·岱志》，上海古籍出版社1991年版。

② (明)张岱著，夏咸淳校点：《张岱诗文集·海志》，上海古籍出版社1991年版。

如一个高明的导游娓娓而谈，可资考证，可娱情性。这种形式的游记具有独创性。张岱作为描绘山水的高手，他并不注重单纯地模山范水表现自然景观的风姿，而是把自己的生活境遇、人生感受、艺术体验等种种复杂的情感融入对自然的表现中。受其影响的周作人曾经指出："张宗子是个都会诗人，他注意的是人事而非天然，山水不过是他所写的生活的背景。"[①]《岱志》《海志》中描写自然景观的文字只是行程和议论人事的背景，着重点仍是风土人情。

如《岱志》中记述泰安客店云："离州城数里，牙家走迎，控马至其门。门前马厩十数间，妓馆十数间，优人寓十数间。向谓是一州之事，不知其为一店之事也。到店，税店有例，募轿有例，纳山税有例。客有上中下三等，出山者送，上山者贺，到山者迎。客单数千，房十处，荤素酒筵百十席，优傒弹唱百十群，奔走祇应百十辈，牙家十余姓。合计入山者日八九千人，春初日满二万。山税每人一钱二分，千人百十二，万人千二百，岁入二三十万。牙家之大，山税之大，总以见吾泰山之大也。呜呼泰山！"[②]作者通过一爿客店的游客、掮客、演员、妓女包容的当时商业、税收情况的统计资料叙述，以"上下四旁"言之，正如其友王雨谦在此文夹评中指出："此等正泰山中难尽之事，写出绝无形迹。"这是极有价值的资料，一般文人是不会注

① 周作人著，钟叔河编：《知堂序跋·陶庵梦忆序》，岳麓书社1987年版。

② （明）张岱著，夏咸淳校点：《张岱诗文集·岱志》，上海古籍出版社1991年版。

意的，而张岱却注意到了，并作了详细的调查，从旅游业、商业和官方等多角度揭示了泰山旅游的兴旺，发人之所未发。

又记元君祠前众多香客献钱祈福的情状："四方香客，日数百起，醵钱满筐，开铁栅，向佛殿倾泻，则以钱进。元君三座，左司子嗣。求子者得子者，以银范一小儿酬之，大小随其家计，则以银小儿进。右司眼光。以眼疾祈得光明者，以银范一眼先酬之，则以银眼光进。座前悬一大金钱，进香者以小银锭或以钱，在栅外望金钱掷之，谓得中则得福，则以银钱进。供佛者以法锦，以绸帛，以金珠，以宝石，以膝裤、珠鞋、绣帨之类者，则以锦帛、鞋帨进。以是堆垛殿中，高满数尺。山下立一军营，每夜有兵守宿。一季委一官埽殿，鼠雀之余，岁数万金，山东合省官，自巡抚以至州吏目，皆分及之。"[①]一般游客看见香客们掷钱求福，最多凑上去看看热闹，或者也会一掷尽兴，表示对佛的虔诚，谁会深思推算每年有多少钱，这些钱怎样保藏、分配呢？张岱却作了翔实客观的描述，虽不作褒贬，而批评锋芒昭然若揭。这也是"上下四旁"言之，从一些极其平常，往往不为人们注意的现象入手，警示其中的社会问题。

张岱眼光敏锐，善于思考，能从细微的现象中感悟到深刻而又重大的问题。他在游览泰山看了秦始皇立的"无字碑"后，马上意识到是秦始皇"欲以无字愚万世，既泰山二字亦思抹杀，立碑即焚书之兆矣"，推行愚民政策。游罢泰山，回到兖州，读

---

① (明)张岱著，夏咸淳校点：《张岱诗文集·岱志》，上海古籍出版社1991年版。

完刘半舫赠送的一本汇集泰山文献的《岱史》后评论说：“自应邵《封禅书》外，亦少快心之作。盖入史者必大老，必当道，而卑官冷局无力入之，如王季重《泰山记》，钟伯敬《岱记》，俱不得入秩，况其他乎？此一史，其埋没高文典册者不可胜计，人而有意于高文典册，《岱史》其不可读也！”包括《岱史》的很多官修的志书，往往以官阶和权势名望作为论人论文的标准，因人入志，因人选文，这样一来，自然就把有才气但却“卑官”的落魄文人排斥在外，连王思任、钟惺那样的著名文人的著作也摒弃不录，如此“埋没高人典册者，不可胜计”。张岱议论大多能针对时弊，具有强烈的批判精神。

张岱自幼受到佛教思想的影响，如《海志》中：“村中夫妇说朝海，便菩萨与俱。偶失足一蹶，谓是菩萨推之；蹶而仆，又谓是菩萨掖之也。至舟中失篙失楫，纤介失错，必举以为菩萨祸福之验。故菩萨之应也如响。虽然，世人顽钝，护恶如痛，非斯佛法，孰与提撕？世人莫靳者囊橐，佛能出之；莫溺者贪淫，佛能除之；王法所不能至者妇女，佛能化之；圣贤所不能及者后世，佛能主之。故佛法大也。”[①]他信佛，在其他文章中也有些荒诞的记载，如：三叔死后向九山伯索命；季叔去世时，远在燕邸的仲叔却一字不差地梦见季叔的《自度诗》。但他又不佞佛，上述的一段话，正说明了他的清醒：村中夫妇礼佛，处处皆佛；佛能让人花钱，佛能让人除去贪淫，佛能深入王法不

① (明)张岱著，夏咸淳校点：《张岱诗文集·海志》，上海古籍出版社1991年版。

能至的山村夫妇的头脑之中，佛法的影响可谓大矣！

在《越山五佚记·吼山》篇中，作者着力描写了年轻时游历过的陶氏书屋，秀美幽深的山水景观："陶氏书屋，则护以松竹，藏以曲径，则山浅而人为之幽深也。水宕水胜，而亭榭楼台，意全在水，一水之外，不留寸址，非以舟中看水，则以槛中看水。舣舟其下，则悄然骨惊，肃然神怖，顷返欲堕，不可久留。旱宕水不甚胜，而意不在水。多留隙地，以松放其山，而山反亲昵，以疏宕其水，而水反萦回。造屋者只为丛林，不为山水。有厨庖而山水以厨庖妙，有回廊而山水以回廊妙，有层楼曲房而山水以层楼曲房妙。有长林可风，有空庭可月。夜壑孤灯，高岩拂水，自是仙界，决非人间。"[①]由此，张岱对陶氏书屋的喜爱之情溢于字里行间。而三十年后，作者经过兵燹之乱再游吼山时，已是"门径整戢，屋宇遹皇"。昔日富甲越中的陶氏家族，宅第今日已属其族人，万亩田产，不存尺土；往日人丁兴旺、豪华喧闹的山斋只留下一老尼静守禅堂。强烈的对比，给人以浓郁的家国兴亡之感，人事须臾之悲。

《琅嬛文集》的传、墓志铭、祭文、铭、赞占了全集的三卷，可见分量之重。张岱的传记散文（包括墓志铭、祭文）的写作，坚持力求真实再现传主的生平业绩的原则，不隐美、不隐恶，实有良史之风。为亲人作传，不文过饰非，为人作墓志，

① (明)张岱著，云告校点：《琅嬛文集·越山五佚记·吼山》，岳麓书社1985年版。

不怕唐突墓主。他主张“不失其本面、真面、啼笑之半面”[①]，在《周宛委墓志铭》中提出“必期酷肖其人”[②]，又在《附传》中提出：“宁为有瑕玉，勿作无瑕石。”[③]真实性是传记文学的生命，这些主张完全契合了传记文学真实性的要求。张岱根据其高、曾、祖、父生平业绩及流传、了解等三种不同情况，在《家传》的写作上作了不同处理：传高曾祖“如救月，去其蚀，则阙者可见也”[④]，因为“高曾自足以传，而又有传之者，无待岱而传者也”[⑤]，所以他采用补充强化的写法。曾祖张元忭是张岱最自豪也是最为尊重的，他在《家传》里写了这样几件事。（一）十七岁时就公开设位祭奠为上疏弹劾权相严嵩“五奸”“十罪”而被弃市的忠贞之士杨继盛。（二）为洗刷父亲张天复在云南副使任上的不白之冤，千里迢迢不辞艰辛，“一岁而旋绕南北者三，以里计者三万。年三十，而发种种白”[⑥]，后又上疏乞复父官，不允，遂致疾。（三）隆庆五年（1571）高中状元，正直不阿于座师、权相张居正，以致落职。（四）“里居四年，私刺不入公门。遇乡里有不平事，辄侃侃言之不少避”[⑦]，曾救助因病致狂误杀后妻而系狱的徐渭。（五）生活俭朴，不事华

① (明)张岱著，云告校点：《琅嬛文集·家传》，岳麓书社1985年版。

② (明)张岱著，云告校点：《琅嬛文集·周宛委墓志铭》，岳麓书社1985年版。

③ (明)张岱著，云告校点：《琅嬛文集·附传》，岳麓书社1985年版。

④ (明)张岱著，云告校点：《琅嬛文集·家传》，岳麓书社1985年版。

⑤ (明)张岱著，云告校点：《琅嬛文集·家传》，岳麓书社1985年版。

⑥ (明)张岱著，云告校点：《琅嬛文集·家传》，岳麓书社1985年版。

⑦ (明)张岱著，云告校点：《琅嬛文集·家传》，岳麓书社1985年版。

靡，待家人以礼。（六）在史学上继高祖未成之志，续修《山阴县志》，重修《绍兴府志》《会稽县志》，“三志并出，人称谈、迁父子”[①]。这样就把曾祖的刚正不阿、忠孝廉洁、固执的性格凸现出来了，但对他治家过严乃至不近人情的地方也作了如实记载：“黎明击铁板三下，家人集堂肃拜。大母辈頮盥不及，则夜缠头护鬓，勿使鬖髿。家人劳苦，见铁板则指曰：‘此铁心肝焉。’曾祖诞日，大母辈衣文绣，稍饰珠玉。曾祖见，大怒，褫衣及珠玉，焚之阶前，更布素，乃许进见。”[②]传祖父“如写照，肖其半，则全者可见也”[③]，因为“岱之大父亦自足以传，而岱生也晚，及见大父之艾，艾以前无闻焉”[④]，故采用略写前半生、详写后半生的方法。张岱写了祖父前半生。（一）髫时入狱探望徐渭，指出徐渭《阙编序》中“怯里赤马”之误。（二）少不肯临池，致使书法丑拙，淹蹇二十余年。（三）父亲死后，县官报复，田产被人抢夺，忌者中伤，父友邓文洁大为失望，临别面试之，才转忧为喜，鼓励其继承父业。（四）万历二十三年（1595）成进士，授清江县令，旋调广昌县令，才干卓越，备受黄汝亨等人称赞而定交。对其后半生，从万历三十四年（1606）担任山东提学副使（其时张岱九岁），于落卷中超拔名士李延赏，为人所劾，不久落职归里。家居期间，蓄养声伎，以丝竹

① （明）张岱著，云告校点：《琅嬛文集·家传》，岳麓书社1985年版。
② （明）张岱著，云告校点：《琅嬛文集·家传》，岳麓书社1985年版。
③ （明）张岱著，云告校点：《琅嬛文集·家传》，岳麓书社1985年版。
④ （明）张岱著，云告校点：《琅嬛文集·家传》，岳麓书社1985年版。

陶写性情。万历三十九年（1611），妻死，尽遣姬侍，独居天镜园，拥书万卷，日事阐述，暇则开九里山，每日策杖于猿崖鸟道间，游五泄、洞岩、天台、雁岩、玉甑等地山水，赋诗作记，诗文日积。万历四十二年（1614）起复南京刑部主事，与好友黄汝亨等十余人结"读史社"。万历四十五年（1617）奉诏视学贵州，荐拔名士杨文聪、梅豸，十月主武闱，后晋升广西参议，提兵讨伐瑶壮起义。天启元年（1621），因病从云南辞官归里，二年（1622）再起湖西道，三年（1623）病故。详尽地记叙了祖父屡起屡罢的出仕过程，赞赏祖父罢官隐居十年，诗文人品卓然自立，对其后因再度出仕使诗文成就受到影响表示痛惜。

对其父辈则以"网鱼，举其大，小者可见也"，因为"岱之先子，岱知之真，积之久，岱能传之，又不胜其传焉者也"。如果详尽全面地记叙，则篇幅大增，与高、曾、祖辈不相称，故抓住其生平几件大事，兼以细节描写，举小见大，概括记叙其一生主要生平事迹。

对其他人物的记叙则往往抓住一两件事，突出表现他们的能力和性格。如《附传》中记叙仲叔张联芳，写他自幼受到舅氏朱石门影响，善绘画，精文物鉴赏和收藏，中举后，以副职连续晋级，表现张联芳的爱好和精明能干；在《五异人传》中则以"癖""痴"为描写重点，专门写了"癖于钱"的族祖张汝方、"癖于酒"的族祖髯张、"癖于土木"的张介子、"癖于气"的十叔张煜芳、"癖于书史"的族弟张培，表现了晚明时代追求至真至情和率真任性的生活态度。

张岱在传主选择上有别前人，不拘格套。他笔下既有自己的亲属，也有仕途坎坷的高官、累世簪缨的世家子弟；有沉抑下僚者，也有一生落魄的读书人；有节义之士，不向清廷屈膝、隐迹田园、穷困而终者，更有出身低微的伶人与妓女。其中衡量的标准就是作者坚持的性灵和审美趣味。那么，什么是作者的性灵与审美趣味？张岱受晚明启蒙思想的影响，王阳明说："我的灵明，便是天地鬼神的主宰。"[①]李贽说："穿衣吃饭，即是人伦物理。"[②]他们肯定人的自然本性的观念打破了程朱理学的禁锢，极大地激发了人的主体精神，重视人的价值，尊重人的个性，在文学作品中描写人物注重揭示性格的独立性、主动性，重视提炼趣味性的生活细节和充满机智的议论，这些亮点在那些出身低微的人物身上表现最为突出。作者不是像以往的有些作品着重描写他们受欺侮的一面，而是表现他们不甘侮辱、损害，保持自己的尊严，力图掌握自己的命运，做一个独立、自由的人。如一生落魄的周宛委，始终不向命运低头，"一肚皮怨天尤人磥砢不平之气，时时陡发，不禁其性火上腾，妒河中决。凡有著作，诗则昌谷之《恼公》，文则韩非之《孤愤》，赋则屈原之《离骚》。如笑如嗔，如嘲如詈，如断岩之猿咽，如绝壑之泉悲"[③]，倔强地保持自己独立的人格。如，以中医为业的鲁云谷，多才多艺，"医不经师，方不袭古，每以劫剂臆见，起

---

① (明)王阳明著:《传习录》,见《王文成公全书》卷三,上海商务印书馆1934年版。

② (明)李贽著:《焚书》卷五,中国书店1985年版。

③ (明)张岱著,云告校点:《琅嬛文集·周宛委墓志铭》,岳麓书社1985年版。

死回生”[①]。张岱对其为人品格十分赞赏，“故生平不晓文墨而有诗意，不解丹青而有画意，不出市廛而有山林意”[②]。至其结交良友，直是性生，非由矫强。数月前有客在座，命苍头取其所藏雪水煮茶，而大为室人所谪。云谷大怒，经旬不与交语。谓余弟道之曰：“某以朋友为性命，乃欲绝我朋友，不若去此蠢妇！”[③]只此一语，具见侠肠，是岂不读书不晓文墨之人，而能道此也哉！在他心目中，人格、才能比金钱更珍贵。张岱曾经祭奠过的伶人夏汝开，生前“传粉登场，弩眼张舌，喜笑鬼诨，观者绝倒，听者喷饭，无不交口赞夏汝开妙者”[④]，但他从不肯低眉弄姿，“为人跛扈而戆直”[⑤]。他看重的是这些人身上的那股“才气”“傲气”。其他如性好戏谑、略无忌惮的王思任，癖于钱、癖于酒、癖丁气、癖于土木、癖于书史的五位异人等，这些人在生活中随心所欲，全然不在意伦理道德的束缚。他们率性而为的个性，与张岱坚守的性灵和审美趣味完全相合。

张岱写人物，全然不在意伦理道德的束缚，并不是说他否定伦理道德。在他为之树碑立传、作铭写赞的人物中，很多都具有强烈的爱国主义精神，从古代的荆轲、高渐离、张良、段秀实、晁盖、宋江、唐琦，到明代的余若水、姚长子等，他都

① (明)张岱著，云告校点：《琅嬛文集·鲁云谷传》，岳麓书社1985年版。

② (明)张岱著，云告校点：《琅嬛文集·鲁云谷传》，岳麓书社1985年版。

③ (明)张岱著，云告校点：《琅嬛文集·鲁云谷传》，岳麓书社1985年版。

④ (明)张岱著，云告校点：《琅嬛文集·祭义伶文》，岳麓书社1985年版。

⑤ (明)张岱著，云告校点：《琅嬛文集·祭义伶文》，岳麓书社1985年版。

予以赞颂。如嘉靖年间，倭寇入侵绍兴，雇工姚长子诱敌深入，自己惨遭“寸脔”，却保卫了家乡百姓，一百多个倭寇也被全歼。张岱有感于此，特地为他作墓志铭，赞扬他“醢一人，活几千万人，功那得不思”[①]。清军进入绍兴时，余若水之兄余武贞“渡东桥自沉死。若水悼邦国之云亡，痛哲兄之先萎，望水长号，誓不再渡，自是遂绝迹城市”[②]。张岱认为余若水中过崇祯年间进士，曾任淮安宝应县知县，虽然未能像其兄“激愤而殉，以明节也”，但他“义卫志，智卫身，托农圃之弃迹，下可见故主，无辱先人”[③]，其节概也是为人所难及的。其堂弟张燕客，于鲁监国二年（1646）带兵抵御清兵入越，兵败被执，不屈而死。尽管张岱对他的“躁暴鳌拗之性”和古玩、田产、币帛、货物“缘手辄尽”的败家子行为大为不满，但盖棺定论终归瑕不掩瑜，作者的倾向性是十分明确的。

《琅嬛文集》中的序和跋，还有尺牍，是全集的精华，集中体现了张岱的文艺美学思想。张岱的文艺美学思想十分丰富，主要表现在两个方面。

其一，主张文学艺术创作必须要有自己的个性，“自出手眼”“不落依傍”，这就是说，必须体现创作者个性、独创性。他在《柱铭钞自序》中说：“每取文长以夸称宗子。余自知地步甚远，其比拟故不得其伦。即使予果似文长，乃使人曰‘文长

---

① (明)张岱著，云告校点：《琅嬛文集·姚长子墓志铭》，岳麓书社1985年版。

② (明)张岱著，云告校点：《琅嬛文集·余若水先生传》，岳麓书社1985年版。

③ (明)张岱著，云告校点：《琅嬛文集·余若水先生传》，岳麓书社1985年版。

之后，复有文长’，则又何贵于宗子也？”[①]又在《琅嬛诗集自序》中提及：

余少喜文长，遂学文长诗，因中郎喜文长诗而并学，喜文长之中郎诗……张毅孺言余诗酷似文长，以其似文长者姑置之，而选及余之稍似钟、谭者。余乃始自悔，举向所为似文长者而悉烧之……今又取其稍似钟、谭而终似文长者又烧之……余今乃大悟，简余所欲烧而不及烧者悉存之，得若千首，钞付儿辈。[②]

张岱的诗文创作受到徐渭、钟惺、谭元春的深刻影响，他特别推崇徐渭，年轻时曾编辑过《徐文长佚稿》，王思任在为其作序时曾批评道：“宗子有存羊之意，不遗其皮毛齿角，欲还文长以还文长。”[③]中年以后，张岱终于清醒地认识到每个人都有自己的个性风格，这种个性风格的形成是与所处的社会环境遭遇、文化素养和个人天赋等多种因素相关的，模仿得再像，也只能得其皮毛。他结合自身学习柱铭、诗文的经历，深刻真切地论述了文学艺术创作必须在学习他人的基础上形成自己的个

① (明)张岱著，云告校点：《琅嬛文集·柱铭钞自序》，岳麓书社1985年版。

② (明)张岱著，夏咸淳校点：《张岱诗文集·琅嬛诗集自序》，上海古籍出版社1991年版。

③ (明)王思任著，任远点校：《王季重十种·徐文长佚稿叙》，浙江古籍出版社1987年版。

性风格。有无独特个性，是衡量文学艺术创作品位高下的基本标准。他批评曹学佺“藏书甚富，为艺林渊薮；（然）其自所为文，填塞堆砌，块而不灵，与经笥书橱，亦复无异”，“其《七录斋》诸集，食生不化，亦未见其长”[①]，反对在学习他人时“食生不化”“一无我在”的现象，提倡要“熟读经文，深思义味”，“精思静悟，钻研已久”，融会贯通，便会“忽然有得”，形成自己的思想和艺术风格。

张岱主张“诗人遭乱称作手，杜老天宝剑门走”，“诗文一道，非经折挫，其宝色不酣”，认为生活经历、社会实践对于文艺创作具有巨大作用。强调人生道路的坎坷不幸，如忧患、挫折，并不是坏事，相反，厄运、逆境、困顿，往往能锻炼人，增强人的意志和才干。彭天锡“一肚皮磥砢不平之气”，使他成为一代名伶；周宛委一生不得志，造就了他的绝妙之作。

其二，主张艺术作品要达到“登峰造极之理”，必须处理好“艺与道合”“人与天通”的关系。他在《石匮书·妙艺列传》中指出：“世人之一技一艺，皆有登峰造极之理；至人必以全力注之，及其通神入化，不待天工，又不全借人力，盖使人着力不得，不着力不得，服之，习之，使自得之，故曰‘游’也……于是知艺与道合，人与天通。”[②]这就是说，艺术作品要达到极高的境界，就必须掌握艺术的规律，达到“艺与道合，

---

① (明)张岱著:《石匮书后集》卷五八，中华书局1959年版。

② (明)张岱著:《石匮书·妙艺列传》，见《续修四库全书》第320册，上海古籍出版社2002年版。

人与天通”出神入化的地步，这就要求妥善处理“人力”与“天工”、“技艺”与“道”的关系，这是艺术家与非艺术家、艺术作品与非艺术作品的分界线。张岱推崇技艺中的天然、浑成之美，“米颠石，具丘壑；有云烟，无斧凿”[①]，“玉有璞，竹有箨。君子师之，示人以朴”[②]。木材未施斧凿曰“朴”，玉石未经雕琢曰“璞”。艺术作品经过加工，不留人工的痕迹，依然保存着朴实的原貌，非高明的艺术家或能工巧匠不能做到。

张岱推崇“不待天工，又不全借人力”，“着力不得，不着力不得，服之，习之，使自得之，故曰‘游’也”的技艺创作技巧，这与他的“太史公其得意诸传，皆以无意得之”[③]，“天下之有意为好者，未必好。而古来之妙书妙画，皆以无心落笔，骤然得之”[④]，“无意为之”，“无心落笔”的思想是一致的。他在《琅嬛文集·再跋兰田叔米山》中指出：“画米家山者，止取烟云灭没，故笔意纵横，几同泼墨。然不如其先定轮廓，后用点染，费几番解衣盘礴之力也。昔之善书者，谓忙促不及作书，正须解会此意。”[⑤]米芾父子所画泼墨山水看似不经意，信手点染，其实在落笔之前，早已经过充分的酝酿和构思，实可谓煞费苦心。只有意在笔先、成竹在胸、匠意独运，才能做到挥洒

---

① (明)张岱著，云告校点：《琅嬛文集·谢纬止研山铭》，岳麓书社1985年版。

② (明)张岱著，云告校点：《琅嬛文集·竹臂阁囊铭》，岳麓书社1985年版。

③ (明)张岱著，云告校点：《琅嬛文集·石匮书自传》，岳麓书社1985年版。

④ (明)张岱著，云告校点：《琅嬛文集·跋谑庵五帖》，岳麓书社1985年版。

⑤ (明)张岱著，云告校点：《琅嬛文集·再跋兰田叔米山》，岳麓书社1985年版。

自如、“使自得之”，看似无意却是有意。

张岱深刻地体验到艺术作品创作中“人力”与“天工”、“技艺”与“道”的辩证关系。艺术创作首先要借“人力”，勤学苦练、潜心钻研，在长期的实践中去掌握“登峰造极之理”，体验并摸索艺术的规律，经过长期的“人力”与“天工”、“技艺”与“道”的“通”与“合”的磨合，“使自得之”才能达到“游”，即自由、自在的程度。

《琅嬛诗集》：心灵历程的记录

张岱不仅是史学家，更是出色的散文家及诗人。他从小习诗，至壮及老未衰，曾云：“余少而学诗，迨壮迨老。”[①]他一生写下了许多诗歌，由于对诗作要求甚严，稍有不满意，便付之一炬，加之后来编集时，又经过反复删选，因此所剩不多。现存诗稿《张子诗粃》藏北京图书馆，凤嬉堂原钞本五卷，题“陶庵张岱著，白岳王雨谦评，雪瓢祁豸佳校”。有自序及王雨谦、祁豸佳、张弘序，但未见整理出版。据已经出版的《张岱诗文集》录诗统计：有四言古诗三十七首，五言古诗六十一首，七言古诗二十八首，五言律诗九十九首，五言排律一首，补编四十一首（包括《西湖梦寻》二十余首诗），加上《琅嬛文集》里的十首琴操，十首乐府，十七首词。又据黄裳先生《琅嬛文集跋》中言：“右书凡五卷，自古乐府至五言律，通得诗三百又

---

①（明）张岱著，云告校点：《琅嬛诗集·雁字诗小序》，岳麓书社1985年版。

五章。宗子手稿本也。”[①]又言“此册中诗之有纪年者，断手于康熙九年”[②]，又以为这个诗词稿本收“古乐府”“四言古”“五言古”“七言古”“五言律”诸体诗，可能是个残本，以下应该还有“七言律”“五言绝”“七言绝”诸体。如此，《张岱诗文集》中已收有纪年于康熙九年（1670）之后的《癸丑暮春兰亭后集寻得旧址有作四首》（缺第三首），《戊午除夕》《己未元旦》诗等五首，再加上为祁彪佳《寓山园》诸景题写的五绝十九首，五律一首，合计共有三百三十首。他的诗在当时就深得朋友的赞赏，张毅孺评云“即其诗篇，咄咄惊奇，连章累牍，便可高踞汉、唐之上”[③]，称扬他的诗篇数量多，可以和汉唐古风、唐人近体并驾齐驱。王雨谦曰“试读其诗，则于今昔之变，一篇之中三致意焉，此其诗又特一史也，而非失世之诗也……悲歌行国，泣数行下，如屈子《离骚》，不得其平则鸣……其为诗，则卓然张宗子之诗，非诸子之诗”[④]，更是将张岱之诗比作“诗史”，同屈原的《离骚》互相媲美，明显具有自己的个性特点，不与其他诗人混淆。

张岱的所有诗篇，大半作于明亡之后，多写今昔沧桑之变、国破家亡之感，正如对张岱深有研究的黄裳先生所说：“所存此

---

① 黄裳著:《榆下杂说·书跋偶存》,上海古籍出版社1992年版。

② 黄裳著:《榆下杂说·书跋偶存》,上海古籍出版社1992年版。

③ (明)张岱著,夏咸淳校点:《张岱诗文集·琅嬛诗集小序》,上海古籍出版社1991年版。

④ 胡益明著:《张岱评传》,南京大学出版社2002年版。

类资料甚富，尤以记清初江南变乱情状为有史料价值。集中有甲申以前诗，而大半为国变后所制”，“其诗之所抒写，大略为如下数事。记乱后生活，记撰朱明国史，记诸方美物。贯串其中者，遗民之心事也”。[①]

明亡前之诗大约占三分之一，从内容看主要分为以下三类。（一）咏物诗，如《孔子手植桧》《子贡手植楷》《焦山瘗鹤铭》《兖州鲁府松棚歌》《月氏王头饮酒器》《木寓龙》《木犹龙》及咏方物诸诗。（二）记游写景诗，如《观海八首》《瑞草溪亭》《龙山观雪》《白洋看潮》《雨洗中秋月倍明》《泰山》《云林秘阁》，西湖诸景诗，《阮园海祖堂留宿二首》《寓山士女游春曲》以及参与歌咏祁彪佳《寓山园》诸景诗作和词作。（三）赞颂至交好友说书、雕刻、吹笛、品茶等技艺和施药救世之诗，如《柳麻子说书》《赠王二公》《赠俞戬季》《闵汶水茶》《曲中妓王月生》及《丙子岁大疫祁世培施药救济记之》等。就题材而言，前期相对狭窄，主要反映了张岱前半生优游交往的生活，也从某个侧面反映了明代后期江南城市经济和文化生活的繁荣景象。

寓山，是绍兴府山阴县梅墅村旁的一座小山，祁彪佳称为“家旁小山”，是一座孤立的小丘，隔河与柯山相望。祁彪佳孩提时，其“季超、止祥两兄以斗粟易之”[②]，他曾与胞兄骏佳（季超）、从兄豸佳（止祥）前往寓山，“剔石栽松，躬荷畚锸，

① 黄裳著：《银鱼集·关于张宗子》，生活·读书·新知三联书店1985年版。

② （明）祁彪佳著：《祁彪佳集·寓山注》，中华书局1960年版。

手足为之胼胝”。二十余年后，石渐古，松也渐高，而季超兄去世，止祥筑柯园，在寓山之阳建麦浪大师塔。此前，祁彪佳巡按苏、松，因宜兴乡绅陈一教家奴恃势激起民变，彪佳首惩恶绅豪奴罪以平众怒，次擒首乱以申国法。首辅周延儒与陈一教为姻亲，其在宜兴的子弟家人更是恃势横行乡里，激起乡民焚其居宅，发其祖坟。周延儒欲兴大狱，祁彪佳仅惩为首者，而穷究致乱缘由，对周延儒不徇私情，为此，遭到周延儒的忌恨，趁祁彪佳回京考核之机，将祁彪佳降俸以示报复。祁彪佳愤极，加之连年殚竭心力，身体不好，为此于崇祯八年（1635）引疾疏请归养母亲王太夫人。归居期间，遂生于寓山建造别业之想。寓园，建造始于崇祯八年（1635）仲冬，开始只想筑三五楹而已，后经他人撺掇，越建越大，直到崇祯十一年（1638）春始完工。祁彪佳是一位园林专家，他在考察了越中园林基础上，亲自设计寓园布局。寓园占有山之三面，其下平田十余亩，“水石半之，室庐与花木半之。为堂者二，为亭者三，为廊者四，为台与阁者二，为堤者三，其他轩与斋类”[①]。堂与亭，高下分标其胜，为桥、为榭、为径、为峰，参差点缀，委折波澜，大抵虚者实之，实者虚之，聚者散之，散者聚之，险者夷之，夷者险之。寓园建有这些景致：读易居、呼虹幌、让鸥池、踏香堤、浮影台、听止桥、沁月泉、溪山草阁、茶坞、冷云石、友石榭、太古亭、小斜川、松径、樱桃林、选胜亭、虎角庵、袖

① (明)祁彪佳著:《祁彪佳集·寓山注》,中华书局1960年版。

海、瓶隐、孤峰玉女台、芙蓉渡、回波屿、妙赏亭、小峦雉、志归斋、天瓢、笛亭、酣漱廊、烂柯山房、约室、铁芝峰、寓山草堂、通霞台、静者轩、远阁、柳陌、幽圃、抱瓮小憩、韦庄、梅坡、海翁梁、试莺馆、归云寄、即花舍、宛转环、远山堂、四负堂、八求楼等。

张岱与祁彪佳既是亲戚，祁称张岱之叔张葆生为姨父，张葆生之子张燕客之妻为商等轩之女，与祁为连襟关系；他们更是文友，有共同的志趣爱好，自少年至中年，他们常在一起游览聚会，张岱称彪佳为“山水知己”，关系尤为密切。崇祯元年（1628），祁彪佳因父艰归，里居三年；崇祯八年（1635），因执法不徇私情为权相周延儒所忌恨，遂以侍养为名乞休归家，直至崇祯十五年（1642）应召赴京。前后十年家居期间，张岱与之“析疑赏奇，数山间晨夕”，组织枫社，共同参与救荒赈灾，来往频繁，感情融洽，《祁忠敏日记》记述甚多。祁彪佳寓园落成之后，张岱曾多次赴寓园游览，吟诗作词，为之题咏，祁彪佳编著的《寓山注》中就有张岱的绝句十九首，五律一首，《蝶恋花》词作十六首。如歌咏“水明廊”的五绝：“前山月正明，群鸥不成寐。惊起换河汀，光动玻璃碎。”恰与此景完全吻合。“园以藏山，所贵者反在于水，自泛舟及园，以为水之事尽，适循廊而西，曲沼澄泓，绕出青林之下，主与客似从琉璃国来，须眉若浣，衣袖皆湿。”又如“听止桥”，位于浮影台之西，“穴石之腹以为桥，而趾足岈嵯”。面对此景，张岱五律云：“水尽柴门掩，溪桥伴石幽。是泉皆心月，无水不归鸥。樾暗禽通语，云深松自脩。向山知有路，肯在此淹留。”祁彪佳评曰：“水穷云起，是何等境界。”

崇祯十一年（1638）暮春，附近村民青壮男女一齐奔向寓园参观游览，在此基础上，张岱写了《寓山士女游春曲》的七言古诗：“今见名园走士女，沓来连至多如许。倩妆灼灼春如花，笙歌嘈杂数部蛙”，“入耳但闻声啧啧，喃喃道是蓬莱宅”。[①]这首诗叙写了士女游园的兴奋惊奇之情，但又认为“可惜游人空转睛，好丑不辨同其盲”。为此，“余尝侧席有所思，试与游人共道之”[②]。北方“因见处处烽烟急，兵革不到有几邑？幸生吾乡岩壑间，况值春明个个闲”，“我语游人识不识，如此太平岂易得。谁使四方同此地，园中主人得无意”。[③]张岱盛赞寓园主人为人提供了太平游览场所。祁彪佳读到此诗后，称赏备至：“病中把玩《游春曲》……足亦空谷听足音”[④]，“弟正病疟，从病呓中得读《游春曲》，不觉霍然，始知读《檄》愈头风，良有以也。感慨惧怀，是一篇极大文字”[⑤]。如此一来，

---

①（明）张岱著，夏咸淳校点：《张岱诗文集·寓山士女游春曲》，上海古籍出版社1991年版。

②（明）张岱著，夏咸淳校点：《张岱诗文集·寓山士女游春曲》，上海古籍出版社1991年版。

③（明）张岱著，夏咸淳校点：《张岱诗文集·寓山士女游春曲》，上海古籍出版社1991年版。

④（明）祁彪佳著：《祁彪佳文稿·林居尺牍·与张宗子》，书目文献出版社1991年版。

⑤（明）祁彪佳著：《祁彪佳文稿·林居尺牍·又与张宗子》，书目文献出版社1991年版。

从一个侧面反映了北方已是战火四起，而江南的绍兴仍然处在南方闲游的和平环境，以及绍兴清明节前后民间踏青游览的风俗。

张岱前期创作中，还有收录于《琅嬛文集》的十六首词。这十六首词，都是为挚友祁彪佳寓园而作的《蝶恋花》词，每首各咏一景，但词人的视野并不局限于园中之景，而是涉及园外的山水和人事。如《小径松涛》写道“龛赭潮生，喷薄来山麓”，檐前风雨如八月“秋涛”。[①]连《孤村渔火》中的点点渔火“疑是天河成反覆，遍野疏星，连住招摇宿”[②]，也是气象万千。词人在歌咏自然风光的同时，往往把笔锋伸向社会时事，如《平畴麦浪》中“处处军输如吸髓，敢云畎亩忘庚癸”[③]，反映了当时农民在沉重征赋的盘剥下的深深忧虑。为此，王雨谦评其词曰：“既有冰车铁马之声，仍得行云流水之致。”

张岱的《咏方物》诗十首（存十首），所咏皆为当时各地土特产品，有河北苹婆果，杭州藕、枣、河蟹，金华火腿，台州白鲞，绍兴的菱，舟山的贝类、海味等。张岱深受祖父影响，与武林包涵所、黄贞父结饮食社，讲究正味，重视饮食之道，精研烹饪之术，曾编写了名为《老饕集》的食谱。这首诗讲究食物之味，“水辨渑、淄，鹅分苍白，食鸡而知其栖桓半露，啖肉而识其炊有劳薪，一往情深”。河豚味美，古人早有诗写到，

---

①（明）张岱著，云告校点：《琅嬛文集·小径松涛》，岳麓书社1985年版。

②（明）张岱著，云告校点：《琅嬛文集·孤村渔火》，岳麓书社1985年版。

③（明）张岱著，云告校点：《琅嬛文集·平畴麦浪》，岳麓书社1985年版。

但往往容易中毒。张岱对吃食河豚独有研究，“未食河豚肉，先寻芦笋尖。干城二卵滑，白璧是双纤，春笋方除箨，秋蓴未下盐。夜来将拚死，蚤起复掀髯”。以刚刚去壳的鲜芦笋与河豚同煮，则能去毒，吃起来肉质鲜嫩。又如咏《独山菱》：“镜水多菱角，独山迥不同。花擎八月雪，壳卸一江枫。萍实甘芳并，莲房气味通。风檐留半月，清供足三冬。”绍兴独山菱与其他地方不同，八月开花，九十月成熟后，呈枫红状，肉质脆嫩鲜甜。如果将菱挂在屋檐下风干半个月，菱肉甜美异常。在诗歌发展史上，古今诗人歌咏花鸟虫鱼、器具什物，却很少见到歌咏“以食为天”的食物，张岱可算是填补了空白。

张岱后期的诗作多抒写今昔沧桑之变、国破家亡之感。王雨谦评论“试读其作，今昔之变，一篇之中，三致意焉……悲歌行国，泣数行下，如屈子《离骚》，不得其平则鸣”[①]，真实记录了诗人在历史动荡大转折时期的颠沛流离的生活、满腔的怨恨和忧虑，因而也是张岱的生活“史”，遗民心灵“史”。

黄裳先生认为，张岱五古诗最多亦最佳。如写于顺治三年（1646）的《避兵越王峥留谢远明上人》的五言古诗。当年六月，鲁王监国政权败逃海上，绍兴沦陷，清军四处追捕曾经支持鲁王政权的人士。张岱仓皇中带了一子一仆和《石匮书》稿本逃到山阴县夏履桥越王峥的寺庙中避难，一边修改《石匮书》，一边注视时事动态，就这样住了将近三个月。有一天偶然

---

① 胡益明著：《张岱评传》，南京大学出版社2002年版。

出寺山行，被巡逻看见，怕给寺僧及远明上人添麻烦，张岱匆促上路，竟然不及与住持告别，只得留诗作谢，可见当时清军搜捕之紧，连偏僻的寺院也不放过。此诗语言朴实如话，蕴意十分丰富深刻。又如记述晚年家口繁多，无固定收入，大儿、二儿皆已成家，却又依靠张岱一人撑持，“正告我儿曹，年有近三十，娶妇而儒冠，毛羽不复湿。若父当此时，望尔供晨夕。奈何五六口，犹望我之粒。柴米少不周，诟谇到我侧。老人无计施，日夜自煎逼”[①]。年轻人不自食其力，还要依赖六七十岁的老头子养活自己的老婆孩子，柴米稍不及时，便要指责父母。诗人被逼得走投无路，只好提出“劝儿暂析炊，人人且自给”，“吾譬吾一家，行船遇覆溺。二十三口人，各各宜努力。手足自踤陆，方能不汆入”，“撑距出逆流，大家拯此厄”，“沉沦结一团，一人不得出”。[②]张岱要求已经成家的大儿、二儿分炊独立，一齐分挑家庭生活重担，好比行船中遇到旋涡急流，如果消极依赖，船只将会倾覆，大家都会被溺死，只有人人一齐努力，才能转危为安，逃出险境。诗句通俗浅显，比喻形象生动，感情真挚，可谓语真、境真、意真、情真，诗人的自我形象十分鲜明突出。此外，如《舂米》：“市米得数升，儿饥催煮急。老人负臿耒，臿米敢迟刻？连下数十舂，气喘不能吸。自恨少年

① (明)张岱著，夏咸淳校点：《张岱诗文集·仲儿分爨》，上海古籍出版社1991年版。

② (明)张岱著，夏咸淳校点：《张岱诗文集·仲儿分爨》，上海古籍出版社1991年版。

时，杵臼全不识。”[①]为了儿女，他虽年近古稀，仍然勉力舂米，累得上气不接下气，于是懊悔少年时的养尊处优，从不参加农家体力劳动。“回顾小儿曹，劳苦正当习。”[②]这是诗人经过国破家亡贫困生活的折磨和劳动实践得到的深切体会，与《担粪》中的“日久粪自香，为农复何恨”[③]一样，事事真实，字字真情，句句真话，不掺假，没有丝毫的矫饰，以真动人。

张岱的七言古诗也不比五言古诗逊色。黄裳先生认为“宗子诗中喜道其著明史事，屡屡言之不倦”。在《毅孺弟作石匮书歌答之》中，他明知“古来作史无完人，穷愁淹蹇与非刑”[④]，但仍然表示“白水真人天一隅，中兴有日定还车。班彪只许完《前汉》，范晔还成《后汉书》”[⑤]。张岱以白水真人刘秀暗喻残明永历帝，以为明祚中兴有望，一定要完成明史《石匮书》的写作。《读查伊璜三说》中写道，查伊璜即为查继佐，顺治二年（1645）听到鲁王监国绍兴的消息，毅然渡江参加鲁王政权，张岱与之同任兵部职方主事，其间两人过从甚密，查继佐可能将编撰的提纲大要与张岱作了交流。“高轩前岁过吾庐”的“前岁”很可能指顺治二年（1645）至三年（1646）的上半年这段

---

① (明)张岱著，夏咸淳校点：《张岱诗文集·舂米》，上海古籍出版社1991年版。

② (明)张岱著，夏咸淳校点：《张岱诗文集·舂米》，上海古籍出版社1991年版。

③ (明)张岱著，夏咸淳校点：《张岱诗文集·担粪》，上海古籍出版社1991年版。

④ (明)张岱著，夏咸淳校点：《张岱诗文集·毅孺弟作石匮书歌答之》，上海古籍出版社1991年版。

⑤ (明)张岱著，夏咸淳校点：《张岱诗文集·毅孺弟作石匮书歌答之》，上海古籍出版社1991年版。

时间。清军攻陷绍兴之后，张岱四出躲避兵乱，二人无暇见面交谈。查氏一度曾参加了浙东的抗清斗争，不久即回到家乡继续从事明史著述。查继佐《东山外记》载有“山阴前辈张宗子留心明史二十余年，汰繁就简，卷帙初备。欲移其草，就先生共为书”之说，此后可能有信求助张岱，张岱对于查继佐编撰明史大为赞赏：“古来作史有几个？字字皆拾龙门唾。自出手眼惟君能，廿一史中参一座。”[①]此时，张岱《石匮书》初稿已成，查继佐可能提出要与张岱合作编撰并借阅有关资料的要求。张岱婉转地拒绝了合作编撰的话题，“古今史贵一人成”，却同意将有关资料借阅：“皇明史宬一无留，草野收藏可汗牛。老生得此全无用，助尔添修五凤楼。家传投来集若云，其中清浊未能分。”[②]同时又盛情难却，故而答应“折简殷勤招及余，他年留作楮先生”[③]，以后为之校订其书。

张岱的七言古诗大多抒写与友朋的友谊交情，歌颂他们的高尚品格和杰出才华，这类诗一改五古之通俗浅近，显得古拙庄重，生动地反映了当时才士艺人的生活情况，具有较高的文史价值。如《柳麻子说书》《李玉成吹觱篥》《祁奕运鲜云小伶歌》《曲中妓王月生》《赠俞戬季》《闵汶水茶》《赠黄皆令女校

① (明)张岱著，夏咸淳校点：《张岱诗文集·读查伊璜三说》，上海古籍出版社1991年版。

② (明)张岱著，夏咸淳校点：《张岱诗文集·读查伊璜三说》，上海古籍出版社1991年版。

③ (明)张岱著，夏咸淳校点：《张岱诗文集·读查伊璜三说》，上海古籍出版社1991年版。

书》和《癸卯六月鲁云谷鱿兰盛开茶话终日赋谢》《寿陆癯庵八十》《具德和尚灵隐寺落成刚值初度作诗寿之》《为袁箨庵题旌停笔哭之》等篇，皆有裨考证。比如，关于袁于令的卒年历来就有争论，而张岱与袁于令（名晋，号箨庵）就有一段深厚的交情。袁于令，早年为诸生，明末至北京，清军入关后投降，授官水部郎，顺治三年（1646）出任山东临清关监督。清兵南下，为苏州绅士作降表进呈，因而升任荆州知府。顺治十年（1653），湖广抚臣参劾其盗侵钱粮而罢官，侨居江宁（南京）。顺治十五年（1658）寓居会稽，与张岱来往频繁，经常一起品茗论曲，登高涉水。张岱非常赞赏他“四方馈送集如云，依旧囊空无半文”[①]的慷慨和“轻视督邮如儿曹，五斗何为肯折腰”[②]的倔强性格，更欣赏他的传奇剧《西楼记》——“《西楼》一剧传天下，四十年来无作者”[③]。同时，张岱又直截了当指出其后期《合浦珠》的创作追求“怪幻”，“但要出奇，不顾文理”的倾向。康熙十三年（1674）死于会稽，张岱作诗《为袁箨庵题旌停笔哭之》吊唁。又如《快读徐野公〈香草吟〉兼贺其公郎入泮》诗，徐野公，即徐沁，会稽人。博通经史，长于考证，工诗文，善画，尤好戏曲。著有《越书小纂》《三晋纪

---

①（明）张岱著，夏咸淳校点：《张岱诗文集·为袁箨庵题旌停笔哭之》，上海古籍出版社1991年版。

②（明）张岱著，夏咸淳校点：《张岱诗文集·为袁箨庵题旌停笔哭之》，上海古籍出版社1991年版。

③（明）张岱著，夏咸淳校点：《张岱诗文集·为袁箨庵题旌停笔哭之》，上海古籍出版社1991年版。

行》《楚游录》《秋水堂稿》《谢翱年谱》等，工画，著有《明画录》《墨苑志》，另著有传奇《载花舲》《香草吟》[①]，被称为《曲波园传奇二种》。张岱晚年曾与他一起沿门祈请，“恳求越中名贤之三不朽者”[②]遗像，加以赞语，汇编成册。这位徐野公是谁呢？诗中有“总之徐氏多异才，接武青藤有家学”之句，可见徐野公乃是徐渭之后裔，按照其出生年（1626）推测，应是徐渭之曾孙辈。上述诗中，尤其是赞美艺人绝技的篇章更为精彩，王雨谦称这些诗“妙写入微”“写得活活”。如《李玉成吹觱篥》，此诗前有序写于“己亥三月”，即为顺治十六年（1659）。觱篥，为古乐器名，又名悲篥、笳管，本出龟兹，后传入中国，以竹为管，以芦为首，状似胡笳。此诗细致描写了李玉成觱篥的吹奏技巧，“觱篥吹来细若丝，一线轻微转咽逼”，“有气在喉出不敢，有涎在口嗾不得。妙处在唇更在颐，中欲吐时复半噢。只此揾抐浅深中，微茫用尽千钧力”，有时“裂石而穿云”，有时“譬诸绰注在冰弦，譬诸草书留渴笔”，“妩媚何妨带羞涩”，“十六年来无笑颜，为爱佳音且强食”。[③]在这里，张岱既写吹奏技艺和乐声，又写音乐旋律中所包蕴的心理内涵，而且将这三者融汇在一起，构成整个吹奏过程声情变化的完美

---

① 中国社会科学院文学研究所著：《古本戏曲丛刊》五集，上海古籍出版社1985年版。

② 绍兴越文化研究所著：《越中三不朽图赞·序》，华龄出版社2002年版。

③（明）张岱著，夏咸淳校点：《张岱诗文集·李玉成吹觱篥》，上海古籍出版社1991年版。

表现。张共同的诗因描写细腻、真切、自然流畅和情感的潜流暗转而独具特色。

张岱年轻时曾经学过琴曲，对各种乐器的吹拉弹奏皆有研究。他主张“技”与“道”统一，技巧是艺术家必备的基本能力和素养，“道”是艺术审美的规范和价值标准，没有纯熟过硬的技术作保证，就不能提升创作主体的审美理想、艺术修养和人格品位。“技”是“道”的基础，“道”是“技”的最高境界。张岱要求各种乐器的吹拉弹奏首先要“练熟还生”，化板为活，得心应手，要练到“十分纯熟，十分淘洗，十分脱化”①。这种练熟还生之法，“自弹琴拨阮、蹴鞠吹箫、唱曲演戏、描画写字、作文做诗，凡百诸项，皆借此一口生气。得此生气者，自致清虚；失此生气者，终成渣秽”②。他认为各种艺术具有审美的共同性，李玉成吹奏觱篥，善于运气，在喉不出，“一线轻微转咽逼”；又擅长运涎在口，妙在“唇”“颐”处欲吐半吃，并与手指的“捻搦浅深”中吹奏出美妙动听的音乐，既“妩媚”又“带羞涩”，唫揉绰注，得心应手。其间勾留之巧，穿度之奇，呼应之灵，顿挫之妙，达到“非指非弦、非勾非剔，一种生鲜之气”③的宏大精深的艺术审美状态。

关于张岱的诗歌，《四库全书总目提要》评云：“其诗文亦全沿公安、竟陵之派。”以“全沿”概评张岱诗文，自然包含对

---

① (明)张岱著，云告校点：《琅嬛文集·与何紫翔》，岳麓书社1985年版。

② (明)张岱著，云告校点：《琅嬛文集·与何紫翔》，岳麓书社1985年版。

③ (明)张岱著，云告校点：《琅嬛文集·与何紫翔》，岳麓书社1985年版。

公安、竟陵的偏见，也有失对张岱诗歌的全面评价，不过它毕竟指出了张岱诗文深受公安、竟陵的影响。张岱诗歌不仅受到公安、竟陵的影响，而且还深受徐渭影响。张岱《琅嬛诗集序》云："余少喜文长诗，遂学文长诗，因中郎喜文长诗而并学，喜文长之中郎诗……后喜钟、谭诗，复欲学钟、谭诗……余乃始知自悔……既取其似文长者而烧之矣，今又取其稍似钟、谭而终似文长者又烧之，则余诗无不当烧者矣。余今乃大悟，简余所欲烧而不及烧者悉存之，得若干首，钞付儿辈。"①可见，张岱在学习徐渭、公安、竟陵诗文的基础上，已经形成自己独特的个性。张岱为诗主张具有"冰雪之气"："世间山川、云物、水火、草木、色声、香味，莫不有冰雪之气；其所以恣人挹取受用之不尽者，莫深于诗文。盖诗文只此数字，出高人之手，遂现空灵；一落凡夫俗子，便成臭腐。"②何为"冰雪之气"？张岱认为："凡人遇旦昼则风日，而夜气则冰雪也；遇烦躁则风日，而清静则冰雪也；遇市朝则风日，而山林则冰雪也。"③张岱诗文深含此意。这里的"夜气""清静""山林"，正是其入清以后，以刚毅坚贞的精神自砺，憔悴苦隐，杜绝名利的高尚民族气节、遗民人格的体现。为此，"冰雪之气"大致包含诗格、诗境两个层面。一是张岱的诗格。诗格即是人格，张岱以"冰雪之气"喻人，其后期之诗，大多叙写乱后逃难避居的清贫生

① (明)张岱著，云告校点：《琅嬛文集·琅嬛诗集序》，岳麓书社1985年版。

② (明)张岱著，云告校点：《琅嬛文集·一卷冰雪文序》，岳麓书社1985年版。

③ (明)张岱著，云告校点：《琅嬛文集·一卷冰雪文序》，岳麓书社1985年版。

活，寂寞之中与志同道合的束发之友的酬唱，撰写朱明国史以及抒发遗民心志的诗篇，坚持冰清玉洁、耿介脱俗、坚贞自守、拒绝名利、憔悴苦隐的遗民气节。他崇尚气节，从年轻之时编撰《古今义烈传》到晚年著述《丁越三不朽图赞》，尤其是在《石匮书》中高扬大批的民族气节之士，他反对那些为世俗熏染物欲遮蔽，“其胸次不净，总一般不得狂”和“苟不忘利禄，赋诗焉得工”的民族败类和势利之徒。二是张岱的诗境。特取“冰雪”二字，和其先辈徐渭“本色”论诗，袁道宏“性灵”论诗，钟惺、谭元春的幽深孤峭的论诗主张一样，皆具有诗人独有的内涵。张岱认为：“非以冰雪之气沐浴其外，灌溉其中，则其诗并不佳。是以古人评诗，言老言灵，言隽言古，言深言厚，言他蒨，言烟云，言芒角，皆是物也。”这种轻灵、冷隽、高古、清婉的诗境，无不体现了“冰雪之气”，而且也不同程度地继承并包容了上述几家诗歌的意境风貌。张岱既有徐渭诗歌之奇崛姿媚，也有公安之新奇俊逸、轻灵秀发，还有钟、谭之幽深孤峭、冷隽萧远。张岱诗中绝少有低吟浅唱的轻松，更多的是饱经沧桑的沉重，也少清词丽句的铺排，往往呈现古朴、凝重、冷峻的艺术风格；在诗歌形式上，多用四言、五言、七言和古体，多押仄韵，于凝重古朴中显出顿挫凄怆，同时又内蕴着诗人心存“复明”的坚定信念和孤高的人格。

第十二章　卜居项里

项里的传说

《史记·项羽本纪》记载："项梁杀人，与籍避仇于吴中……秦始皇游会稽，渡浙江，梁与籍俱观。籍曰：'彼可取而代之也。'梁掩其口，曰：'毋妄言，族矣！'梁以此奇籍。"于越部族是个剽悍、好战的民族，越王勾践兴师覆吴的历史，一直萦回在秦王嬴政的脑际，特别是于越部族发源地大越（今浙江绍兴）一带的越民，《秦会要》曾记载"东南有天子气"，这就说明秦始皇担心于越部族会重新聚集，颠覆秦王朝的统治。为了铲除"东南天子气"，秦始皇于其在位的三十七年（公元前210年）二月出游，十一月"行至云梦，望祀虞舜于九嶷山。浮江下，观籍柯，渡海渚，过丹阳，至钱塘。临浙江，水波恶，乃西百二十里从狭中渡。上会稽，祭大禹，望于南海，而立石刻颂秦德”[①]。对此，《越绝书·外传记地传》也有类似的记载。秦始皇“三十七年，东游之会稽。道度牛渚，奏东安，丹阳，溧阳，鄣故，余杭柯亭南。东奏槿头，道度诸暨、大越。以正月甲戌到大越，留舍都亭。取钱塘江‘岑石’。石长丈四尺，南北面广尺六，西面广尺六寸。刻丈六于越东山上，其道九曲，去县二十一里”[②]。至大越后命左丞相李斯书写，刻石。《史记·索隐》则说：“此二颂三句为韵。其碑见在会稽山上。其文及书皆李斯，其字四寸，画如小指，圆镌。今文字整顿，是小篆字。”这就是著名的《会稽刻石》。

秦始皇远离咸阳，上会稽，祭大禹，并不是他的真正目的。他的真实目的就是清除于越部族在越地的影响，将秦王朝所谓的德政传播于越地。为此，他采取了两项严厉的措施。第一，更“大越”地名为“山阴”。大越在当时影响很大，为此，秦王朝想通过改造地名的手段来削弱“大越”在人们心中的影响。以其地在会稽山之北，北为阴，故为山阴，山阴县由此始。而大越之名从此遂逐渐消失。第二，迁徙人口，强行把越人迁出大越。“徙大越民置余杭、伊攻、故鄣”[③]，“乌程、余杭、黝、歙、芜湖、石城县以南，皆故大越徙民也。秦始皇帝刻石徙

---

①(西汉)司马迁著:《史记·秦始皇本纪》,中华书局1959年版。

②(东汉)袁康著,吴平辑录,乐祖谋点校:《越绝书·外传记地传》,上海古籍出版社1985年版。

③(东汉)袁康著,吴平辑录,乐祖谋点校:《越绝书·外传记地传》,上海古籍出版社1985年版。

之”[①]。同时又因“徙天下有罪适吏民，置海南故大越处，以备东海外越”[②]。强行将越人迁出大越，以此削弱于越部族在越地的影响，同时又将中原的六国贵族及其后裔、有罪之人迁往越地，改变越地人口结构，又可为抗衡或对付东海外越力量的重新集聚。

项羽，秦时下相（今江苏宿迁）人，身长八尺，力能扛鼎，才气过人。叔父项梁曾杀人，于是带着项羽避仇吴中。吴中有大徭役及丧，项梁常为主办，吴中贤士大夫皆出梁下，会稽守殷通也与之善。秦王政三十七年（公元前210年）叔侄两人都在徭役中，尾随秦始皇出游人马至山阴，曾目睹秦朝当局强行将大越之民押解迁徙，逼得他们妻离子散，背井离乡，既愤慨又无奈的场面；也目睹了一些越民不肯迁徙，拿起戈矛棍棒英勇反抗，最后全家被杀的血腥悲惨场面；还看到了一些越民匆忙逃往高山险僻之地的情景。项梁与项羽见此状况，觉得这是一个非常难得的机会，于是就逃亡隐匿于山阴州山（后称项里山）一带。至今绍兴一带还流传着有关项羽的传说。隐匿的当初，他们曾去柯山看杂戏，见石匠正在雕刻石柱，四个人抬一根尚觉吃力，项羽却随口说了句：“一个人拿一根差不多。”雕凿石人见他大言不惭，就说：“你一人如能拿一根，我们就白送你。”

---

①（东汉）袁康著，吴平辑录，乐祖谋点校：《越绝书·外传记地传》，上海古籍出版社1985年版。

②（东汉）袁康著，吴平辑录，乐祖谋点校：《越绝书·外传记地传》，上海古籍出版社1985年版。

"如果我拿四根呢?""当然全部送给你了!"项羽二话没说，两肩各扛了一根，两肋又各挟一根，穿着木屐，健步回到村里。如此神力马上博得了周围年轻人的钦羡，项羽就此还演练了几般刀枪剑戟的武艺，更是赢得了大越之民的信任和崇敬。于是，叔侄两人暗中串联结识了一大批大越的年轻人，隐藏于州山山中练武，并着手积聚兵马、粮草、兵器等起义的准备工作。《嘉泰会稽志》记载："项里山在县西南三十里，俗称项羽避仇于此，下有项羽祠。"项羽还与山阴县令厉狄结下了友谊。《嘉庆山阴县志·职官》记载："秦，厉狄，与项羽起(兵)山阴。"厉狄虽是秦王朝的故吏，但对秦王朝强迫越民北迁的残酷措施和大批越民被杀的悲惨遭遇也很愤慨，曾与项羽相约，一旦天下有事，他将起兵山阴，响应项羽。

秦二世元年(公元前209年)七月，陈涉等起义于大泽中(今安徽宿县西南故蕲县西)，会稽守(时郡治在吴中)殷通派人至山阴密告项梁叔侄："江西(长江以北)皆反，此亦天亡秦之时也。吾闻先即制人，后则为人所制。吾欲发兵，使公及桓楚将。"[①]项梁与项羽认为这是个极好的机会，他们答应殷通，等山阴之事处理完毕，马上赴吴中一起起事。打发送信人之后，项氏叔侄就投入了紧张的处理工作：一是加快教战练武的步伐，二是安排好走后队伍的隐蔽生存问题，将多余的粮草、武器藏于山中的密室之中。

---

①(西汉)司马迁著:《史记·项羽本纪》,岳麓书社1988年版。

从秦王政三十七年（公元前210年）至秦二世元年（公元前209年）九月，项梁与项羽叔侄两人在山阴待了近二十个月，时间虽然不长，但他们给大越的越民和由中原迁来的有罪吏民留下了很好印象，同样项氏叔侄对山阴之民及山阴之地也十分留恋。走时，他们为了不让人们注意，只带了原先已经挑选好的四五个剽悍、精通武艺的年轻人作为亲随，并选了六七匹膘肥健跑的马儿奔赴吴中。后来，项羽在和刘邦争夺天下的战争中，虽然再也没有回到山阴来，奔赴投靠项羽的村人也没有再回来，但他刎死乌江的消息传入山阴时，山阴人哭声遍野，难过了好几天。为了纪念这位英雄，他们在村里造起了一座项王庙，庙内塑上了霸王和虞姬的塑像，还设了一块蓝底金字的牌位，上写“西楚霸王项羽之位”。大殿的左边，还塑有一匹临死不愿离开项羽的乌骓马。从此这个村庄也被称作项里村了。

项羽在山阴的传说，东汉六朝人的文字中未见有记载。南宋陆游《陆放翁全集》中却有不少诗写到项里和项王庙，如《雨中自项里夜至新塘舍舟步归》《项里溪上见珍禽曰雉鹊，相随数十步不去》《项王祠》《项羽庙》等，其中如《三山下居三十有四年矣》一诗中有“西邻梅福隐，南望项王祠”之句，在《自贺》一诗中有自注道：“敝居去兰亭，项里皆甚迩。”可见，陆游住在三山时，曾常去项里游览项王庙。他曾有“筑祠不知始何代，典祀千载谁能删”之感慨。他曾参与《嘉泰会稽志》的编撰。《嘉泰会稽志》卷六记载：“项里山在县西南三十里，俗称项羽避仇于此，下有项王祠。”项王庙在县南十五里项里溪上，以亚父范增配享。建于何时无从查考，庙旁有数十户人家，岁时奉祀。项里生产杨梅，与六峰杨梅齐名，而以号河塔者尤佳。项王庙或项王祠现已荡然无存，成为田畈，但乡人中的老年辈尚能历数昔日此庙坐南朝北，占地数亩，庙内有项羽祀位神主和乌骓马雕像等概貌。如今在绍兴县柯桥镇一带仍流传着许多关于项羽的传说。如《蛇标枪》的传说，说的是项羽在项里摇船路过壶觞村旁的乌龟山，降伏了一条已修炼千年的乌梢蛇，成为一支乌光闪烁的金枪，这就是项羽与刘邦争雄时常用的那支“蛇标枪”。又如《马回桥》的民间传说中，马回桥村西的稻禾经常被一匹黑色的野马糟蹋，项羽发誓要擒住那匹野马，就在桥西的稻田里扎了一个黑黑的稻草人，野马在第一、第二天的黄昏看见有人站在那里就不敢走到田里，只望望走了。第三天黄昏，野马饿得实在不行了，看看那黑大汉还站在那里，它鼓起勇气，慢慢走近，轻轻地举起后腿用力一蹬，那黑大汉立即倒了。哈，原来是个稻草人！从此，野马就放心了。见了黑大汉非但不再躲避，还挨过去擦擦痒。又一天黄昏，野马吃饱了肚子又靠近大汉擦痒，冷不防，“呼”，黑大汉蹿上了它的背脊，死死抓住它的鬣毛不肯下来。项羽终于把野马驯服了。这匹野马就是项羽后来的坐骑乌骓马。另外还有“[illegible]”字谜的传说：项羽与项梁避仇于山阴项里时，常用十二面金铜锣鸣锣教战习武练艺。这十二面金铜锣分别用八成的黄金和二成的黄铜合铸而成，锣大如轮，声洪音清，背面铸有十二生肖图案，以示万众一心之意。项羽与项梁应会稽守殷通之招，准备告别项里乡亲，奔赴吴中之时，决定将十二面金铜锣留在项里。他们命令士卒深夜于项里草湾山附近挖洞藏锣，然后亲手在岩石上凿上“[illegible]”字作为记号。两千多年过去了，这巨大的“[illegible]”字如今依旧明显地留在项里的草湾山上，始终没有人能破解“[illegible]”之谜，自然也无法找到这十二面金铜锣。

“琅嬛福地”的幽美环境

“琅嬛福地”原是传说中神仙住的洞府，出于元代伊士珍《琅嬛记》卷上，“因共至一处，大石中忽然有门，引华入数步，则别是天地，宫室嵯峨。引入室中，陈书满架……华心乐之，欲赁地住数十日。其人笑曰：‘君痴矣？此岂可赁地耶？’即命小童送出。华问地名，说‘琅嬛福地也’”。张岱在《琅嬛文集》卷二的《琅嬛福地记》中作了详细说明，但将“欲赁地住数十日”的设想，改为“异日裹粮再访，纵观群书”。[①]文后附有五言古诗一首：“读书三十乘，千万出一二。方知余见小，春秋问蛄蟪。”[②]由此，张岱感慨个人眼力有限，实难读尽世上之书。此记与《陶庵梦忆》卷八《琅嬛福地》实为姊妹篇。张岱生前曾将自己的诗歌散文编纂成集，并以“琅嬛”命名，其意不外乎两方面：其一，认为自己的这些诗文只能藏之深山洞府，很难有机会在人间流传，这是自谦；其二，不愿将自己的诗文

---

①（明）张岱著，云告校点：《琅嬛文集·琅嬛福地记》，岳麓书社1985年版。

②（明）张岱著，云告校点：《琅嬛文集·琅嬛福地记》，岳麓书社1985年版。

流播于世，而将其藏于深山洞府之中。张岱有读书、藏书之癖，也有园林之癖，为此直言：“陶庵梦有夙因，常梦至一石厂……梦坐其中，积书满架，开卷视之，多蝌蚪鸟迹霹雳篆文，梦中读之，似能通其棘涩。闲居无事，夜则梦之。”这里一连用了五个词，“梦有”“梦至”“梦坐”“梦中”“梦之”，说明张岱非常向往自己能有一座地处风景秀丽幽静的山庄和书房，在那里生活看书、著述、品茗、尝果。终于，张岱物色并建造了这样一座山庄和书房，圆了自己的梦。它就在山阴县州山乡的项里村。

琅嬛福地在项里村的具体坐落方位，由于沧海桑田的变化，今天已很难确定在哪个地块，但从《琅嬛福地》一文的描述来看，所谓“郊外有一小山，石骨棱砺，山多筠篁，偃伏园内”，指的就是鸡头山。项里村位于项里江的上游，沿江而上，经井巧山、鸡头山，至项里村。张岱自撰的《自为墓志铭》说得很清楚：“曾营生圹于项里之鸡头山，友人李研斋题其圹曰：‘呜呼！有明著述鸿儒陶庵张长公之圹。’”[①]《琅嬛福地》记曰：“山尽有佳穴，造生圹，俟陶庵蜕焉，碑曰：‘呜呼，陶庵张长公之圹。’”[②]可见，张岱预营之圹就在鸡头山的山脚下，“余欲造厂，堂东西向，前后轩之。后磥一石坪，植黄山松数棵，奇石峡之；堂前树娑罗二，资其清樾。左附虚室，坐对山麓，蹬蹬齿齿，划裂如试剑，匾曰‘一邱’。右踞厂阁三间，前临大

---

①（明）张岱著，云告校点：《琅嬛文集·自为墓志铭》，岳麓书社1985年版。

②（明）张岱著，弥松颐注：《陶庵梦忆·琅嬛福地》，上海书店印行1982年版。

沼，秋水明瑟，深柳读书，匾曰‘一壑’”。该厂应在鸡头山与生圹坐落的另一端东向的山脚，这里较为开阔。厂屋坐西向东，前后畅通。厂屋后靠这鸡头山，于坡上砌上石坎，种植了数棵黄山松，松与松之间以奇形的大石围着；堂前种植娑罗二株，可借其清荫遮住夏日的阳光。厂屋的左边对着鸡头山的山脚，可以坐着观赏山坡上的风景；厂屋的右边，山脚的平坦处，建造了房屋三间，前面对着大沼，就是流向鉴湖的项里江。屋前紧靠项里江的堤岸边种植一排柳树，对着明净的水色，坐在深柳浓荫处读书写作，可谓有山有水，是个风景秀丽、极其幽静的读书休憩之所，非常适合张岱晚年的隐居生活。沿山的北面，还有村民的瓦房、草房、古老的大树、崎岖的山冈、山谷的涧水，更有绿油油的竹丛，极有次序地蜿蜒伸展。可见张岱居住的地方尽管是一座独立的山厂，但并非是遗世独居，与临近的村民仍有交往。

张岱的生圹建在与厂屋相向的鸡头山的另一端，估计沿着鸡头山麓走，至少有二三里路，生圹左边有一块面积大约一亩的空地，张岱在空地上面搭建了一座草房，里面布置着佛龛，挂着张岱的画像，由一位和尚住着，专门管理这里的供奉事情。生圹临近宽阔流向鉴湖的项里江，项里江的上游有一条弯弯曲曲的小河，小河也可通小舟。小河两岸皆为高地，上面栽植了很多水果树，此地以杨梅、橘子、梨、枣较为著名。山顶有座亭。鸡头山的西面山脚下，有肥田二十亩，可以种植糯稻和籼稻。琅嬛福地的大门位于鸡头山东北向的山脚下，面临项里江，与厂屋相距半里左右。这是一座两层的门楼，第一层楼门上端挂有一块“琅嬛福地”的匾额，第二层有座小楼，站在小楼上可望见秦望山上的香炉峰和敬亭山等。沿着项里江向北，有座古朴的石桥，石桥的上方有灌木丛，夏天的晚上，在这里可乘凉也可望月。张岱于清顺治四年（1647）七月，从嵊县西白山徙居这里，至顺治六年（1649）九月一直住在项里。可见张岱非常钟情项里的自然环境和人文环境。项里，传说中项羽避仇、练兵之地，还有后人为纪念他而兴建的项王庙。作为具有强烈民族气节的张岱，可以时时从这位大无畏的虽败犹荣的英雄人物身上汲取精神力量。在初居项里期间，他曾作五言古诗《孝陵磨剑歌》，自注“丁亥七月十六日项里记梦”。其诗曰：

狼狈住山隈，守此数茎发。亲属为我危，背言多嗤之。
余曰毋为尔，与尔一言诀。自分死殉之，从此不愿喝。
七月夜凉生，长空如水阔。奇鬼一族来，狰狞复泼剌。
中有騋騊马，昂昂善蹄啮。手持蝌蚪文，云奉孝陵节。
促余上骐骝，去如风雨疾。蜂拥无多时，居然见紫阙。
上有黄袍人，皇皇向臣说。有言忘其词，闻之胆惨裂。
蒲伏在阶墀，舂胸且愊咽。诏开武库门，授臣三尺铁。
隐隐鹏鹈文，土绣入其骨。诏臣砥砺之，指授殿前碣。
臣往试磨砻，石燥水又渴。下手成捆霜，旋抽声猝嚓。
庭陛何森严，敢言取槔桔。微臣以泪磨，继之以呕血。
顷刻去阴翳，光芒起仓猝。拨开千障云，苍凉见日月。

捧向帝膝前，剑气白于血。弹铗付老臣，殷勤赐斧钺。
长语与危言，叮咛嘱其别。群鬼整鞭弥，送臣归岩穴。
天风夹海涛，马蹄姑撒钹。霹雳起床头，恍闻天柱折。
管簟汗如浆，伏枕忱战栗。移时魂始定，欲言尚勃映。
君不见昭陵嘶石马，流汗气祇沫。蒋山走泥兵，沾襟露渫泄。
老臣总猥羸，岂遂让瓦埒。安得郭汾阳，愿与敌一决。
祇谒旧寝园，此心日夜热。[①]

张岱曾于崇祯十一年（1638）寓住南京鹫峰寺，亲闻“孝陵上黑气一股，冲入牛斗”，崇祯十五年（1642）七月在南京往观明孝陵祭祀。[②]其对于朱明王朝之感情，正如黄裳先生所言：“此诗托言纪梦，实为遗民心事之真实写照。即当日陶庵确有此梦，其造梦之因亦彰彰明甚。孝陵为朱明帝王陵寝之在江南者，贰臣如陈之遴且曾献计清廷，掘之以泄王气；而遗民故老则以瞻拜孝陵为不忘故君。清初人集，往往见有此作。于此，故国故君乃于遗民心目中混而为一。”[③]同年八月写于项里的还有《念奴娇》词，题下自注“丁亥中秋，寓项里作”。由于国破家亡，流离失所，往日的繁华景象只能留在脑海中作为美好回忆，一切的一切都成为过往烟云，情调凄怆悲凉。

---

① 胡益民著：《张岱研究》，安徽教育出版社2000年版。

② (明)张岱著，弥松颐注：《陶庵梦忆·钟山》，上海书店印行1982年版。

③ 黄裳著：《银鱼集·关于张宗子》，生活·读书·新知三联书店1985年版。

张岱在项里一直住了三年，大概是因为交通不便，不利于《石匮书》的编撰修订，几位老朋友及家人也一直在撺掇他搬回城里，于是于顺治六年（1649）九月又搬回城里。因为故居易主，遂租居于龙山后面的快园，这一住就过了二十四年，其间，康熙四年（1665）曾于项里鸡头山造了生圹。由于家庭人丁兴旺，顺治十二年（1655）全家已“十女嫁其三，六儿有两妇，四孙又一笄，计口十八九”。到了“仲儿分爨”时，“家口二十三”，光老二一家就有“奈何五六口，犹望我之粒”；以后老三、老四皆已陆续成家，由于前有老大、老二的样子，“三世同堂”，他们根本不想独立，都想图个“大树底下好乘凉”。这样的情形，使老人倍感负担过重，“攒食一老人，骨瘦如鸡肋”，加之随着年龄的递增，身体一年不如一年。再从居房来说，快园虽大，但若住上五六家，也觉得拥挤、吵闹。四个儿子成家后，兄弟之间、妯娌之间、孙儿之间矛盾渐多；老人晚年又喜好幽静，更主要是他一直怀念着以前住过的项里。康熙四年（1665），他于项里鸡头山营建了生圹，为自己的“百年之后”作了安排。康熙十三年（1674）时张岱已是七十七岁，他主持修葺了快园，为四个儿子分炊作了准备，大约就在当年他带了第五第六两个儿子和老伴移居项里。当年“更善啼”的“二稚”[①]假设为两三岁，那么如今也是二十岁出外的年轻小伙子

---

①（明）张岱著，夏咸淳校点：《张岱诗文集·甲午儿辈赴省试不归走笔招之》，上海古籍出版社1991年版。

了。此前，张岱可能已经在项里购置了土地，营建了房舍，房前屋后种植了菘、萝、竹、橘和其他水果。

寄希望于年轻后辈，着意编撰《于越三不朽图赞》《琯朗乞巧录》

《于越三不朽图赞》编成送刻是在康熙十九年（1680）中秋，书未刻成，而张岱已然去世。那么“与野公徐子，亲至各家造门祈请，恳示遗像而成者”始于何时？据陈锦《有明于越三不朽名贤图赞目录》（陈刻本）称：“以上像赞原序称有八人，事实多见有明人物志，意先生鉴定人数，正当葛巾野服隐剡溪山中时，故不及丙戌以后一语。”他认为是在清顺治三年（1646），即张岱五十岁以前。徐野公，名鍊，一名若耶，字野公，号水浣，一号镜曲花农，当为徐渭后裔，会稽人。据邓长风先生所著《明清戏曲家考略》中《〈香草吟〉和〈载花舲〉作者之再探索》一文，他从美国国会图书馆所藏的康熙癸亥（1683）刻本《山阴县志》，关于徐沁小传的资料中考定，徐沁的卒年为康熙癸亥年，其生年则可推知为天启六年（1626），张岱大他近三十岁。徐沁“性恬淡弗屑以干禄之学，随人步趋”，曾费数十年工夫，访问野店、僧寮、世家、故族，尽收徐文长作品，编成《佚草》十卷，请张岱作序。张岱结合自身教训，认为“文长生平每于醉梦之余，逞才卖弄，伸纸直书，不知点窜。字虽逼真，语过草率”，故应“剪棘除茅”“句节字沐，簸扬淘汰，俾成金璧，以示后人”。徐沁接受了张岱的批评，精心选择，刻成三卷。徐沁十分富有民族正义感，青年时与陈子龙交游，陈子龙殉国后，曾竭力搜寻陈子龙遗稿，辑刊谢翱《晞发集》，编撰《谢翱年谱》。他一生不得志，“生平游幕四方，以笔耕糊口者”。徐沁具有多方面的才能：懂军事，参与李郯园幕府谋划破闽寇，保两浙；精通水利，参与朱梅麓幕府筹划治河，著有《河防疏略》；精于鉴赏，明画理，撰《明画录》；懂本草，擅戏曲创作，著有《香草吟》《载花舲》传奇等。徐沁《香草吟》传奇，邓长风先生考证作于甲寅年（1674），张岱曾于此年或乙卯初写有《快读徐野公〈香草吟〉兼贺其郎入泮》七言古诗一首。张岱与徐沁“沿门祈请，恳其遗像，汇成一集”[①]，大约也在甲寅或乙卯以后。

从《于越三不朽图赞》目录“忠节”“义烈”“隐遁”所列人物来看：余煌列入“忠节”，丙戌殉节，《石匮书后集》卷四五有传；高岱、高朗父子列入“义烈”，也于丙戌殉节；何宏仁列入“隐遁”，其生平有“鲁监国拜御史，鲁王航海，公追至白峰投崖不死，土人以文信国事责公，谓君在不应遽死，遂入陶介山削发为僧，身任樵汲，以劳苦致病而死”等语；章正宸“仕鲁，兵败，襆被担簦，不知所终”，皆为“丙戌以后”语。再说，张岱“葛巾野服隐剡溪山中时”是因为“以方国公挟持监国，岱因之遭斥逐”[②]。不久方国安强令张岱出山，抵家后，

---

① (明)张岱著，夏咸淳校点：《张岱诗文集·于越三不朽图赞序》，上海古籍出版社1991年版。

② (明)张岱著：《石匮书后集》卷四八，中华书局1959年版。

方国安绑架张岱儿子，逼勒饷银。[①]六月，清兵攻陷绍兴，鲁监国逃亡台州。在清军四处追捕参与鲁王政权人员的情况下，仓皇中，张岱携一子一奴隐居于越王峥，在山里继续坚持《石匮书》的写作。三个月后，仍回到嵊县西北白山中。在此期间，张岱一面要躲避清军的追捕，另一面又要为徙居后的全家生活操劳，根本无心思，也无时间，更不安全，"亲至各家造门祈请，恳示遗像"；各家也不敢将遗像送给他们。"意先生鉴定人数"，不可能是在张岱"葛巾野服隐剡溪山中时"，更遑论"亲至各家造门祈请，恳示遗像"。所以刻意筹划，确定人选，造门祈请，恳示遗像，只能在清政权比较巩固稳定，文网渐松之时。我估计在康熙十三年（1674）以后的一两年时间里，即徐沁《香草吟》传奇写成、张岱作诗祝贺之前后。张岱约于康熙十四年（1675）后移居项里，《于越三不朽图赞》编纂定稿是在项里，最后作序也是在项里。

《于越三不朽图赞》共收人物一百〇九人，分为立德、立功、立言三门，三门中又各立子目。"立德"分目最详，有理学、忠烈、忠节、忠谏、孝烈、义烈、节烈、清介、刚正、盛德、隐遁、生孝十二目，所选人物八十七人。其中有参与平定宸濠叛乱的王阳明、孙燧，平定边疆少数民族起义而牺牲的陆梦龙、毛吉、郁采，保卫乡民而诱导倭寇进入险地而被杀的姚

---

①（明）张岱著，程维荣校注：《陶庵梦忆·西湖梦寻·祁世培》，上海古籍出版社2001年版。

长子，也有敢于弹劾并与刘瑾、严嵩、魏忠贤、马士英等权奸宦官斗争而屈死或贬官的董玘、徐学诗、沈炼、赵锦、胡敬所、黄尊素、吴从义、金兰、刘宗周等，更有忠于明朝、坚持民族气节而不惜捐躯，这里不仅有身为朝廷官员的倪元璐、周凤翔、祁彪佳、余煌、高岱，也有普通百姓王毓蓍、潘集、高朗、周卜年等，还有贞节孝烈的诸娥等妇女。张岱如此推崇有明一代越中人物的忠义气节且略于初盛，详于末季，显然是有感于时事，充满寄托之意。张岱早年曾著《古今义烈传》，旨在表彰历史上的节义之士，激励人们刺恶扬善，发扬蹈厉。他曾说过："忠臣义士多见于国破家亡之际，如敲石出火，一闪即灭。人主不急起收之，则火种绝矣。"又说："吾烈皇帝身殉社稷，光焰烛天，天下忠臣烈士闻风起义者，踵顶相籍。譬犹阳燧，对日取火，火自日出，不薪不灯，不木不石，盖其所取种者大也。"[①]那么，他在晚年为什么还要殚精竭虑编著《于越三不朽图赞》呢？"留形模以垂范，表践履以作型"。他是想以先辈们的道德仪容激发后辈意气，砥砺勉旃，"见理学诸公则自愧衾影，见忠孝诸公则自惭有愧忠孝，见清介诸公则自恨纠缠名利，见文学诸公则自悔枉读诗书，见勋业诸公则自惜空蝗梁黍，见文艺诸公则惟恐莫名寸长"。而且在序末特别提醒："但愿看官加意着眼。"由此可见，张岱希望年轻后辈继续发扬绍兴先贤的忠义节概。

① (明)张岱著，云告校点:《琅嬛文集·越绝诗小序》，岳麓书社1985年版。

《于越三不朽图赞》与《古今义烈传》《石匮书》一样，在人物选取上一改过去仅以帝王将相、高官显爵者入史的传统，其中包含了众多位卑不为人所看重者。如嘉靖年间智歼倭寇，以一人之性命，“活千万人之性命”的山阴雇工姚长子；还有只存姓氏而不闻名字、为救父兄“坐辟”之罪而卧钉板，“骨肉创重”的孝女诸娥；余姚窦氏，机智应对巨盗，解救家人，最后“佯渴取水饮，投井”自杀。张岱从他们身上看到了人性的高贵亮色。

张岱晚年于项里“琅嬛福地”书室中还编写了《琯朗乞巧录》一书，惜未见著录，也未见出版，现稿本藏于国家图书馆，分类辑录了古今智慧人士的诸多隽言妙语。《张岱诗文集·补编》辑有《琯朗乞巧录序》云：“余生来愚拙，悠悠忽忽，土木形骸，凡见人有智慧之事，智慧之言，心窃慕之，不能效法。曾闻人言，牛女星旁，有一星名琯朗，男子于冬夜祀之，得好智慧。故作乞巧一编，朝夕弦诵，以祈琯朗。倘得邀惠慧星，启我愚蒙，稍窥万一，以济时艰，虽不能传灯钻锐，以大展光明，囊萤映雪，借彼微芒闪烁，以掩映读书，徼幸多多矣。”[①]可见，张岱编写此书的目的，是为求得智慧，以济时艰。所谓“时艰”，即指遗民的覆践复明存明的志向和操守，也包含遗民当时困窘艰辛的物质生活。

---

①（明）张岱著，夏咸淳校点：《张岱诗文集·琯朗乞巧录序》，上海古籍出版社1991年版。

张岱清醒地认识到，哲人智士之睿虑哲谋，与奸雄狡狯之机械变诈有本质的不同，但智慧“实与同源，第视人用之何如耳？……发念即殊，其以应用，自不同也”。为此，他认为“世之误用智者，能杀人，亦能自杀，故道德家言，畏智如畏刃”，“慧之于人惟用活着，不用杀着……谈言微中，片语可以解纷；窍会相投，即时可以排难”，“借此灵明，出以应世”，智与慧源同而用异。为此可见，张岱希望求得的智慧，是属于哲人智士之睿虑哲谋，是光明正大的智慧，而不是奸雄狡狯之机械变诈，害人害己的阴谋。

《琯朗乞巧录序》与《于越三不朽图赞序》写于同时、同地，其时张岱已是八十多岁的老人，其“倘得邀惠慧星，启我愚蒙，稍窥万一，以济时艰”之说，只是他编写《琯朗乞巧录》意图的一部分，也可以说是一句遁词，其真实的用心，与《于越三不朽图赞》一样，寄希望于年轻后辈。

第十三章　告别人寰

张岱自康熙十三年前后迁居山阴项里村，与朋友交往的机会更少了，有时“策杖入市，人有不识其姓名者，老人辄自喜”，遂更名曰“石公”，又曰“蝶庵”，又号六休居士：“粗羹淡饭饱则休，破衲鹑衣暖则休，颓垣败屋安则休，薄酒村醪醉则休，空囊赤手省则休，恶人横逆避则休。”[①]后又作《蝶庵题像》：

> 嗟此一老，背鲐发鹤。气备四时，胸藏五岳。禅既懒参，仙亦不学。八十一年，穷愁卓荦。水到渠成，瓜熟蒂落。沉醉方醒，恶梦始觉。忠孝两亏，仰愧俯怍。聚铁如山，铸一大错。[②]

---

①(明)张岱著，高学安、佘德余校点：《快园道古·隐佚部》，浙江古籍出版社1987年版。

②(明)张岱著，云告校点：《琅嬛文集·蝶庵题像》，岳麓书社1985年版。

经过长时间梦与现实之间的徘徊较量，后期的张岱终于清醒了。

恪守遗民志节，执着于“存明”理想

崇祯十七年（1644）三月十八日，李自成农民起义军攻克北京，十九日凌晨，崇祯皇帝朱由检在绝望中自缢于煤山（今北京石景山），标志着明王朝正式灭亡。不久，吴三桂投降清朝，山海关一战，李自成败退，十月，清太宗皇太极第九子福临入关，定都北京，改元顺治，成了中国封建朝廷的新的统治者。

当时农民军和清朝势力尚未波及南方，南京作为明朝留都就自然成了明朝半壁江山的政治中心。不久马士英、史可法等军政要员拥立福王朱由崧为皇帝，建立了弘光政权。但由于朱由崧本人整日沉湎于酒色，以马士英、阮大铖为首的一伙奸臣把持朝政，争权夺利，排挤打击史可法等正直官员，结果弘光政权历时只短短一年，就被清朝灭亡了。顺治二年（1645）六月，鲁王朱以海监国绍兴，张岱以极大政治热情盛情接待，并以自己拥有的经济实力积极支持和参与鲁王政权，从事复明活动。张岱曾授职方主事，并上疏领兵捉拿奸佞马士英，但很快发现鲁王并非有为之主，扶他上台的一些将领也都包藏祸心，各个拥兵自重，于是在失望之余辞职隐居。顺治三年（1646）六月，清兵攻进绍兴，“国破”和“家亡”的厄运同时降到张岱头上，张岱陷入极度的悲痛之中，“悠悠忽忽”，“骇骇为野人”，

《石匮书·义人列传总论》中写道，“余一生受义之累，家以此亡，身以此困，八口以此饥寒，一生以此贫贱，所欠者但有一死耳”，说的就是这件事。

张岱深受儒家文化传统和时代环境的影响，以“华夷之辨”作为节义的判别标准。清朝入主中原后，江南抗清斗争风起云涌，绍兴的一些士大夫及读书人有的以死殉节。如著名理学家、崇祯朝左都御史刘宗周，在清兵攻陷杭州后，以绝食死殉；张岱挚友、崇祯朝福建御史、弘光右佥都御史祁彪佳，以沉水死殉；清兵攻陷绍兴后，曾任鲁王监国兵部尚书的余煌则跳江死殉；历任崇祯朝刑部主事、鲁王监国刑部右侍郎的王思任亦以绝食死殉；同时殉节的还有布衣王毓蓍、潘集、周卜年、倪舜平、钟皂隶等。有的则以武力抵抗，如张岱伯父张焜芳，在山东临清英勇抗击清军兵败被执，不屈而死；堂弟张燕客于鲁王监国时挂印从戎，清军入绍，燕客兵败被俘，不屈而死。

张岱在清军占据绍兴后，本来打算“引决”，《石匮书·义人列传》透露了他的思想变化：“然余之不死，非不能死也，以死为无益之死，故不死也……”张岱从弘光政权灭亡到鲁王监国政权的一段经历中，深感到南明诸王缺乏恢复大志，只图眼前旦夕之乐，“如此庸碌，欲与图成，真万万不可得之数也”[①]，因而不愿作“无益之死”，选择了一条没有亲身投入到血与火的抗清斗争道路，而是走隐忍苟活之路，通过《陶庵梦忆》《西湖

① (明)张岱著:《石匮书后集》卷五,中华书局1959年版。

梦寻》《琅嬛文集》和史著《石匮书》的撰写达到“存史”即“存明”的目的，表现自己的“衷曲”。

张岱效法南宋张择端著《清明上河图》、南宋遗民孟元老著《东京梦华录》、耐得翁著《都城纪胜》、西湖老人著《繁胜录》、吴自牧著《梦粱录》、周密著《武林旧事》及郑思肖著《铁函心史》的深情衷曲，他在明亡后所作的《史阙·南宋纪》中关于《清明上河图》中有一段议论值得咀嚼：

> 张择端《清明上河图》，因南渡后想见汴京旧事，故摩写不遗余力……嗟乎！南渡后人但知临安富丽，又谁念故都风物？择端此图，而谓忠简请回鸾表可也。

“忠简”即两宋之交的抗金英雄宗泽，他在汴京沦陷、高宗南迁以后，“前后请上还京二十余奏”，卒时，“但呼过河者三而薨”。黄裳先生认为，“这短短的一席话，可以看作《梦忆》《梦寻》的跋语”，又说，包括小品的张岱撰述，“大多是与史部有牵连的，可以看作一种突出的特色”。[①]联系《梦忆》自序：“偶拈一则，如游旧径，如见故人，城郭人民，翻用自喜。”[②]《梦寻》自序：“余为西湖而来，今所见若此，反不若保吾梦中之西湖为得计也。”[③]如此，我们可以认为，在张岱眼中，《清明上河

① 黄裳著:《黄裳书话》,北京出版社1997年版。

② (明)张岱著,云告校点:《琅嬛文集·梦忆序》,岳麓书社1985年版。

③ (明)张岱著,云告校点:《琅嬛文集·西湖梦寻序》,岳麓书社1985年版。

图》就是张择端不遗余力摹写北宋故都风物，以为历史见证，也作为自己怀念故国之情的慰藉；同样，两“梦”包括《琅嬛文集》，也是张岱对大明故国风物、山川有同样目的和功用的文字之史。张岱在《自为墓志铭》中曾提出：“必也寻三外野人，方晓我之衷曲。”[①]“三外野人”即《铁函心史》作者郑思肖，字忆翁，号所南，又号三外野人。所著《铁函心史》是于元世祖至正二十年（1360）亲手编定的，包括《咸淳集》一卷，《大义集》一卷，《中兴集》二卷（以上计诗二百五十首），《久久书》，《杂文》一卷及《大义略叙》。南宋之后，他绝交游，绝唱和，将宋亡前后所作用铁函沉于古井。至明崇祯十一年（1638）十一月初八日，吴中久旱，苏州承天寺僧人疏浚古井，无意中得一铁函，中藏宋郑思肖所著《铁函心史》手稿四卷。《铁函心史》沉于古井数百年后重见天日，流传于世。明亡后，闽人方润将谢翱《晞发集》和郑思肖《铁函心史》合刻，两位南宋遗民作家的作品和爱国精神成为鼓舞并激励明遗民反清复明的精神武器。张岱从郑思肖留存的《铁函心史》中萌生了借助撰述来抒发对故国的哀思和体现民族的悲愤，因此更加意识到为故国保存信史的紧迫性，“皇明无史乘，五凤属谁修？九九藏《心

① (明)张岱著，云告校点：《琅嬛文集·自为墓志铭》，岳麓书社1985年版。

史》，三三秘禹畴”[①]。“余与三外老，抱痛同在腹”[②]。《铁函心史》乃郑思肖抒写亡国悲愤、长期沉井之作；《久久书》即为“九九错综书之，又取九九之义”名之的抗元起义盟檄及跋文集；“三三禹畴”即《尚书·洪范》中禹所运筹的“洪范九畴”，为经世治民之大法。“三外老”即为郑思肖“三外野人”之别号。张岱史著原名为《明书》，后改为《石匮书》。《石匮书》之得名、寓意皆受《铁函心史》之启发。有人认为《陶庵梦忆》《西湖梦寻》之得名、寓意亦如此。[③]

张岱《自为墓志铭》撰写于康熙四年（1665），距明亡已逾二十年，各地为复明反清而拥立的藩王势力也相继烟消云散，“忠君爱国”的现实基础已不复存在。清王朝虽然确立，而张岱在情感上仍不承认自己是它的朝民，其于康熙四年（1665）预营的圹碑上题刻的仍是“有明著述鸿儒陶庵张长公之圹”。对张岱而言，儒家的伦理道德“修、治、齐、平”和“立德、立功、立言”大部分早已成为心仪的观念式的存在，原来确立的“纨绔子弟”式的生活方式和人格，他不仅不想改变，而且还要坚持。虽然他无法改变，而且只能无奈地承受当前的社会观念，但他决不屈服，不服穷，不服老，不服时乖命蹇，他要以自己

① (明)张岱著，夏咸淳校点：《张岱诗文集·谢周戬伯校雠石匮书二首》，上海古籍出版社1991年版。

② (明)张岱著，夏咸淳校点：《张岱诗文集·读郑所南心史》，上海古籍出版社1991年版。

③ 潘承玉：《别一时代与文体视野中的张岱小品文》，《文学遗产》2006年第1期。

的特异性格情志来表现对旧朝的怀念和对新朝的不合作。他除了一度参与鲁监国政权反清复明活动外，对新朝没有激烈的反抗，也没有像顾炎武、黄宗羲等人那样站在时代的高度，从政治、哲学的意义上去抨击清王朝，他只是坚持明遗民的气节，以执着的精神去编著明史——《石匮书》，通过全面总结明朝存亡的历史寄寓“存明”的衷曲，通过他的“二梦”——《陶庵梦忆》和《西湖梦寻》去追怀晚明江南繁华的城市生活和个人放纵闲适的追求，表达对现实的抨击和反抗，淡化心中的痛苦和失望。

痛陈明末五王庸碌糜烂，致使“复明”希望完全落空

《石匮书》初稿止于崇祯朝：“弟盖以先帝鼎升之时，遂为明亡之日，并不一字载及弘光，更无一言牵连昭代。”[①]康熙十七年，平定“三藩之乱”的战争已取得决定性胜利，清朝统治者为了显示文治武功，便于这年举办“博学鸿词科”。第二年重开史局纂修明史，命内阁学士徐元文任监修，翰林院学士叶方蔼及张玉书任总裁。博学鸿儒朱彝尊、毛奇龄等五十人，分授侍读、侍讲、编修、检讨等官，进入史馆修史。并同意将南明四王附载崇祯本纪之后，张岱因此得补南明史事于《石匮书后集》。张岱在《石匮书后集》卷五《明末五王世家》总论中明确提出：“甲申北变之后，诸王迁播，但得居民拥戴，有一成一

① (明)张岱著，云告校点：《琅嬛文集·与周戬伯》，岳麓书社1985年版。

旅，便意得志满，不知其身为旦夕之人，亦只图身享旦夕之乐，东奔西走，暮楚朝秦，见一二文官便奉为周召，见一二武弁便倚作郭李。唐王粗知文墨，鲁王薄晓琴书，楚王但知痛哭，永历惟事奔逃。黄道周、瞿式耜辈，欲效文文山之连立二王，谁知赵氏一块肉入手，即臭腐糜烂。如此庸碌，欲与图成，真万万不可得之数也。”更有甚者，“弘光，痴如刘禅，淫过隋炀，更有马士英为之颠覆典型，阮大铖为之掀翻铁案，一年之内，贪财好杀，殢酒宣淫，诸凡亡国之事，真能集其大成”。这里，张岱一针见血地指出明末藩王个个没有远大志向，缺乏“复明”的伟大目标，他们只是凭借自己藩王的身份，暂时得到一些人的拥戴，于是得过且过，追求暂时的享乐；他们缺乏主见，没有驾驭时局的能力，也无法广泛听取各方意见，往往偏听偏信，因而在错综复杂形势面前手足无措，导致惨败。

崇祯十七年（1644）三月，张岱二叔张联芳协助史可法，分署淮安，督理船政，练乡勇，守清江浦，积劳成疾而死，岱遂与堂弟燕客奔赴淮安处理丧事。四月，张岱与时任礼部尚书、后任弘光东阁大学士的王铎同舟回到杭州，对于南京文武大臣拥立新君之事了解甚详。北京失陷，崇祯自杀，崇祯的三个儿子都没有逃出北京，地方上的藩王自然就成为拥立的对象。福王、桂王都是神宗的直系子孙，但桂王远在西南，福王和潞王朱常淓近在淮安。从血缘上讲，潞王与崇祯帝的关系不及福王亲。从为人品质上讲，福王是在被东林党等官员交章奏请的情况下，神宗被逼于万历四十二年（1614）“始令就藩”洛阳的，因而顾虑福王立，将会追怨“妖书”“挺击”及“移宫”等案，且有七不可：贪、淫、酗酒、不孝、虐下、不读书、干预有司。潞王常汸贤明，也无后患。然而凤阳总督马士英却以“福王昏庸可利用”，便勾结朝廷中诚意伯刘孔昭和总兵刘泽清发兵拥立福王，并强迫时任兵部尚书的史可法拥立福王。五月初二日，百官谒福王于行宫，第二天称监国，五月十五日即皇帝位，年号弘光，以第二年为弘光元年。朱由崧在南京建立的弘光政权，是农民军攻克北京后出现的第一个南明政权，他拥有黄河以南的广大地区，被寄予了恢复明朝重新统治全国的殷切希望。但由于朱由崧本人在马士英、阮大铖及一批宦官包围下，不思进取、沉湎酒色，在前方战事吃紧、旦夕亡国的危难关头，仍然大选淑女，高喊大婚要紧，弘光元年端午节竟“以演剧，未暇视朝”为由，集梨园弟子杂坐畅饮演戏。马士英却以拥立之功，勾结阮大铖，把持朝政，排挤史可法，打击迫害东林党人及正直官员，公开卖官鬻爵，借口左良玉兴兵逼南京，竟命黄得功等从防御清兵的江北南撤，为清兵南下敞开了通道。结果，从崇祯十七年（1644）五月于南京监国，到第二年五月朱由崧从南京出逃，前后历时只短短一年。所以张岱痛心疾首地写道：“弘光，痴如刘禅，淫过隋炀，更有马士英为之颠覆典型，阮大铖为之掀翻铁案，一年之内，贪财好杀，殢酒宣淫，诸凡亡国之事，真能集其大成，故主之思，涂抹殆尽。”[①]又评曰：“自古

① (明)张岱著:《石匮书后集》卷五,中华书局1959年版。

亡国之君，无过吾弘光者，汉献之孱弱，刘禅之痴呆，杨广之荒淫，合并而成一人。”①

唐王朱聿键亦称隆武帝，崇祯五年（1632）于南阳袭封唐王爵位。崇祯九年（1636），清兵内犯，京师戒严，朱聿键率护卫军北上勤王，违反了朝廷不许藩王擅自出兵的规定，“从谋叛例”，废为庶人，囚于凤阳高墙内。福王朱由崧立于南京，朱聿键获赦，命徙于广西平乐府。福王政权覆灭，朱聿键抱愤南行，为户部郎中苏观生、靖虏伯郑鸿逵、礼部尚书黄道周拥戴，唐王朱聿键监国于福州，年号隆武。唐王生活节俭，不设宦官，体恤百姓，爱好古今典籍。隆武政权建立不久，鲁王朱以海在绍兴受到钱肃乐、张煌言等拥戴监国绍兴。唐王即位后，曾给鲁王朱以海写信：“朕无子，王为皇太侄，同心勠力，共拜孝陵。朕有天下，终致于王。”这种空言相许的诺言，使得唐鲁之间矛盾更加激烈，后来发展到互斩来使的程度。唐王派到浙东去犒师的陆清源，被鲁王方面的方国安部所杀；鲁王派到福建去的陈谦，也为唐王所杀。同室操戈，削弱了抗清的力量。唐王朱聿键原有兴复明朝出师北伐的愿望，因为“在闽之日，亦受制强藩，几同汉献”，由于受到掌握军队实权的郑芝龙的牵制而无法实施；黄道周素与郑芝龙矛盾，奋而率子弟千人北伐，兵败被杀。此后，唐王驻在延平，金堡曾根据形势提出进军湖南，与何腾蛟荆襄十三家军联合抗清的计划，张肯堂也提出两

① (明)张岱著:《石匮书后集》卷三二，中华书局1959年版。

路出征的计划，唐王由浙东亲征，张肯堂以舟师从海道至松江，相互配合、呼应。唐王虽表示同意，却没有付诸行动。隆武二年（1646）八月，郑芝龙与清军密约，当清军占领浙东以后，将闽浙通道仙霞关守军撤回，致使清兵顺利进军福建。唐王朱聿键听说仙霞关不守，即从延平逃向汀州被俘，立国仅一年多的隆武政权随即覆灭。《石匮书》评论唐王称："流离入闽，则径自称尊，敌未临城，则径自逃窜。登极三诏，徒自夸张，毫无实际，则所筹皆纸上空言，所行则蒙皮弱质，欲以羁縻天下，恢复皇图，盖断断不能者也……称制之后，欲并吞鲁地，妄效祖龙，中途受缚，国破家亡，则何所拯救哉！"[①]

鲁王朱以海，先世封地山东兖州，崇祯时兄朱以派袭封鲁王，崇祯十二年（1639）清兵攻下兖州，朱以派殉难，朱以海南逃至浙江台州，崇祯十七年（1644）二月袭封鲁王。弘光元年（1645）六月，清军攻下杭州后，召集明朝在浙的藩王，朱以海以患病推辞，在陈函辉的鼓动下，朱以海杀清使，起兵抗清，后被浙东各支义兵拥戴，由钱肃乐等迎至绍兴监国。鲁王政权控制的浙东与清朝控制的杭州地区，中间隔着一条钱塘江，钱塘江成为双方的战场。由于鲁王政权不能妥善处理协调军饷的问题，导致正规军与义军之间矛盾，加之与唐王之间的矛盾，削弱了抵抗清军的力量。鲁监国元年（1646）夏天，钱塘江地区久旱，江潮不至，这对所恃舟船的浙东武装十分不利，而为

① (明)张岱著:《石匮书后集》卷五,中华书局1959年版。

清朝的骑兵却提供了方便。五月，清军突破江防，浙东武装全线溃退，绍兴失守，鲁王在张名振保护下退守舟山，不久退守厦门，流亡金门、澎湖一带，最后于康熙元年（1662）十一月死于台湾。张岱在《石匮书后集》评曰：“从来求贤若渴、纳谏如流，是帝王美德。若我鲁王，则反受此二者之病。鲁王见一人，则倚为心膂，闻一言，则信若蓍龟。实意虚心，人人向用。乃其转盼，则又不然：见后人则前人弃若弁毛，闻后言则前言视为冰炭。及至后来，有多人卒不得一人之用，闻多言而卒不得一言之用。附疏满廷，终成孤寡。”①

桂王朱由榔，亦称永历帝，桂端王朱常瀛第四子。崇祯十六年（1643）朱常瀛因张献忠起义军之逼，自湖南衡州逃至广西，不久去世。朱由榔迁至肇庆，隆武二年（1646）唐王政权覆灭，十月，广西巡抚瞿式耜、两广总督丁魁楚等人拥戴，朱由榔监国于肇庆，十一月十八日即皇帝位，年号永历，以第二年为永历元年。永历政权在唐王隆武政权、鲁王绍兴监国相继覆灭失败后能够存在十六年，主要由于当时荆襄十三家，即李自成牺牲后部将刘体纯、郝摇旗等，主动与湖广总督何腾蛟联络共同抗清，做他的屏障，又有瞿式耜诚心辅助和大西军余部李定国有力支持。张岱对于永历政权有过希望，对于其“曾不移时而三藩皆灭，而自两粤流移，相持日久，无过永历。而总记永历所盘礴之处，席不暇暖，又即迁移，守不多时，又即旋

① (明)张岱著:《石匮书后集》卷五,中华书局1959年版。

失，困苦流离亦已极矣”的艰辛经历十分同情，但对于他的一味逃跑给予了批评。永历信用宦官王坤、庞天寿和锦衣卫马吉祥，懦弱寡断，胸无大志。对于政权内部的“楚党”和“吴党”及因地域、私人关系形成的小集团的互相攻击、争权夺利的行为，不能作出正确的判断，对瞿式耜屡次上疏，提出的“广开言路，招徕贤才”，消除矛盾倾轧，齐心协力，共同对敌的正确建议却听不进去，甚至“流配谏官”，如“犯颜直谏毫无二心如金堡者，亦遭斥逐”。张岱对于他的一味逃跑，“多蓄常侍”，懦弱无能却又固执的做法给予严肃批评；对于他的不幸结局“迨后走遍天涯，仍为浮鹹，欲如海外鲁王，考终正命，不可得已，为之三叹”，表示哀痛。

张岱对于明末诸王缺乏大志和主见，无力驾驭复杂时局的能力作了冷静而客观的分析：“我明自靖难之后，待宗室其制愈严愈刻。在诸王之中，乐善好书者，固百不得一，而即有好饮醇酒近妇人，便称贤王，遂加奖励矣。当其一出藩封，两长史，一承奉，如古之三监，王不得纵意自为。而一藩宗禄，出于本郡太守，故见太守如见严师畏友，得其和颜悦色，便属异数。而本郡乡绅，亦畏之如虎，受其凌辱，不敢与校。所属宗人，不许其擅离境外，有居住乡村者，虽百里之外，十日必三次到府画卯，一期不到，即拘墩锁下审理所定罪议罚，故宗室之人，大略皆幸灾乐祸。国家稍变故，无不怀‘时日盍丧，予及汝偕亡'之愿矣。"[①]由于长期生活在朝廷重压和地方官监管之下，藩王大多谨小慎微，只求安逸淫乐过其一生，不敢作大有为之想，因此养成了庸碌糜烂之习性，即使国事需要，亦很难有所作为。

张岱对于明末诸藩王辅佐臣僚也有客观之描述：弘光朝史可法、左懋第，隆武之黄道周、金声桓，鲁监国之张国维、朱大典，永历之瞿式耜、何腾蛟及乙酉殉难、江右死义、两广死义、辛卯殉义皆作了歌颂和肯定，如评瞿式耜曰："瞿式耜世纡金紫，其平时立朝，卿贰材耳。及入粤之后辅佐永历，拯溺救焚，大见材略，事虽无成，鞠躬尽瘁，死而后已，古之诸葛，又何加焉。"[②]评黄道周、金声桓曰："黄石斋正人也，而近于迂；金正希奇士也，而近与诞……二君子之病，诚在迂诞，然使其不迂不诞，而能若是乎哉！"[③]对于史可法，张岱赞扬他在逆境中竭尽全力，知其不可为而为之，为恢复明朝作出了巨大努力；同时又指出其："有救世之才，而无救世之量……若能开诚布公，广集群力，善调四镇，不令生嫌，以自撤其藩篱，亦何至以维扬为孤注，遂一败不可收拾哉！"[④]

张岱对于陶仰用、朱旻如、蒋武烈、廖应登、甘辉等五将军英勇善战，然"时数不偶，一败涂地"十分痛惜，特别是对

① (明)张岱著:《石匮书后集》卷五,中华书局1959年版。

② (明)张岱著:《石匮书后集》卷五二,中华书局1959年版。

③ (明)张岱著:《石匮书后集》卷三七,中华书局1959年版。

④ (明)张岱著:《石匮书后集》卷二四,中华书局1959年版。

甘辉参与的镇江之役，“十年之功，废于顷刻，人谋不臧，不得不委之天数，若甘将军之血化秋磷，其光焰自在天壤也。项羽曰：‘天亡我楚，非战之罪也，是岂将军本意哉！’吾为之掩卷三叹”。此外如《张煌言列传》虽付阙，但从《甘辉列传》中看，对他也是充满赞颂与惋惜之情的。对于马士英、阮大铖以拥立福王为名，借机报复东林，打击排挤史可法等正直官员，卖官鬻爵，争权夺利，致使弘光政权迅速灭亡的罪行，张岱予以严厉的谴责。

在寂寞中去世

张岱在年近八十岁以后，带着两个小儿子和老伴，从县城的快园搬出，迁居于项里村。那里是一个僻静幽美的山村，他在那里继续从事著述、考订，同时也参加了一些力所能及的劳动，绝少与人交往，有时偶尔到县城走走，看看几位老友如陆癯庵、周戬伯，或者携儿孙辈游吼山，时间皆很短促，即刻返回项里。因此很少有人知道他晚年的生活情况，对于张岱的卒年也没有一个确切的说法。根据各种著录，关于张岱卒年有如下几说：

其一，卒于六十九岁。《嘉庆山阴县志》（嘉庆八年刊本）卷十五《乡贤》谓岱“六十九岁卒”。

其二，七十余卒。清人邵廷采《思复堂文集》卷三《明遗民所知传·张岱》载：“山阴张岱，字宗子，左谕德元忭曾孙也，性承忠孝，长于史学……年七十余卒。”

其三，八十余岁或八十四岁卒。乾隆《绍兴府志》卷五十四载："张岱，字宗子……年六十九，营生圹于项里，曰'伯鸾高士，冢近要离，余故有取于项里也'。后又十余年卒。"近年何冠彪、胡益民两先生主八十四岁卒。

其四，八十八岁卒。温睿临《南疆逸史》："山阴张岱，字宗子，左谕德元忭曾孙也，长于史学……年八十八卒。"徐承礼《小腆纪传补遗》也承温说。

其五，九十三岁卒。清商盘《越风》载："张岱，字宗子，号陶庵，山阴人，诸生……年九十三卒。"又《嘉庆山阴县志》载："张岱，字宗子，一字陶庵，山阴诸生……年六十九，营生圹于项里，曰：'伯鸾高士，冢近要离，余故有取于项里也。'后又十余年卒，年九十三。"

一、二两说，明显是参照了张岱《自为墓志铭》之说："甲申以后，悠悠忽忽，既不能觅死，又不能聊生，白发婆娑，犹视息人世……曾营生圹于项里之鸡头山，友人李研斋题其圹曰：'呜呼！有明著述鸿儒陶庵张长公之圹。'伯鸾高士，冢近要离，余故有取于项里也。明年，年跻七十，死与葬，其日月尚不知也，故不书。"[①]《张岱诗文集》中有许多纪年的诗文，如《戊午年除夕》诗，戊午，指康熙十七年（1678），此年张岱八十二岁。《己未元旦》诗，己未，指康熙十八年（1679），此年张岱八十三岁。《于越三不朽图赞序》"岁在上章涒滩仲秋"，即指康

① (明)张岱著，云告校点：《琅嬛文集·自为墓志铭》，岳麓书社1985年版。

熙十九年（1680）中秋，《琯朗乞巧录序》“庚申菊月，八十四岁老人古剑张岱书于琅嬛福地”。说明张岱于康熙十九年八月还健在，那么，张岱卒于六十九岁、七十余岁之说皆不辩自明。

三说八十余岁或八十四岁卒。何冠彪《张岱别名、字号、籍贯及卒年考》、胡益民《张岱卒年及〈明史纪事本末〉作者问题再考辨》两文根据《于越三不朽图赞》书后有张岱的外甥陈仲谋跋云：“余外祖宗子张岱《三不朽》一书付梓，工未半而逝世。”乾隆六十年（1795）余烜重刻此书跋曰：“右古剑蝶庵先生所著《于越有明一代三不朽图赞》也，独恨其稿甫就，先生遽尔化去……后经其戚属陈仲谋氏为筹刻始得蒇工，然距其始经之时，已一周扰甲矣……而乾隆庚申（1740）至今，甲又将周……今年（1795）夏，始归于予，不胜叹惋。”推测认为：“陈仲谋刻岱书是在乾隆庚申（五年，1740），时距张岱将《明于越三不朽图赞》付梓已一周扰甲矣”，即整整六十年。也就是说，张岱是在一六八〇年秋将书付梓的，而“工未半而逝世”。《于越三不朽图赞》本身部头很小（一百图，文字不到一万），刻成“一半”最多费时一两个月，而张岱已于一六八〇年八月将书付刻，尚未刻成一半，作者即已“逝世”。由此推算，张岱之卒年，至迟不迟于一六八〇年年底。胡文还根据今存于国家图书馆善本室的张岱手稿《琯朗乞巧录》后半部字迹比较枯苍，与前半之酣饱饫流畅有不同，认为“从字迹上判断，其时（一六八〇年秋）张岱写字已显得比较困难，是勉强用力才钞录完此书的”，为此判定“张岱的卒年下限应为一六八〇年冬，时岁次康熙庚申，年八十有四”。然而张岱《琅嬛文集》卷三之《修大善塔碑》载“肇惟天监初成，正值梁武舍身之日；后经永乐再造，适当建文逊国之时。岁月迁延，已至千一百八十年于此”[①]，给我们提供了此碑记写于康熙二十三年（1684）的铁证。大善塔与大善寺位于现浙江绍兴市区解放北路城市广场，大善寺于1971年被拆除，寺中之大善塔仍保存于今。大善寺建于梁天监三年（504），《嘉泰会稽志》卷三载：“大善寺在府东一里二百一十步，梁天监三年，民黄元宝舍地，有钱氏女未嫁死，遗言以奁中资建寺。僧澄贯主其役，未期年而成，赐名大善。”唐开元二十六年（738）改名开元寺，后唐长兴元年（930）吴越武肃王钱镠在原董昌宅别建开元寺，大善寺仍复旧名。大善塔建于北宋淳化（990—994）年间，南宋庆元三年（1197）十一月，大善寺僧失火，一夕煨尽，寺与大善塔亦焚毁，仅存大殿及罗汉堂、天王堂、浴院、经院、库堂，明永乐（1403—1424）初重建，寺塔皆复旧观。清康熙八年（1669）僧万休与邑人重修，二十二年（1683）再次修缮。第二年张岱写了《修大善塔碑》文和《万休师修大善塔》诗。诗云：

> 金陵曾上报恩塔，没缝琉璃相凑合。
> 天王形状甚狰狞，甲杖兜鍪细如发。
> 草昧乾坤方鼎革，文皇威立风雷急。

---

①（明）张岱著，云告校点：《琅嬛文集·修大善塔碑》，岳麓书社1985年版。

海立沙奔山自移，万古精灵九州力。
若吾大善力既绵，相传天监千余年。
残缺倾檐难补救，空中楼阁旱地莲。
如此功德齐山岳，稽首长街崩厥角。
护法韦驮动地呼，不惜头颅同剥啄。
给孤长者多若黍，白玉黄金谁克取？
幸逢龙象万大师，七级浮屠今得主。
箭括通天云外起，合尖在顶直至底。
露台阿育佛图澄，狮子座上喷法水。
吾师道力信无边，布施恒河有宿缘。
一锥卓立阎浮地，呵护东南半壁天。①

由此可见，康熙二十三年（1684），张岱还健在，八十四岁卒之说也可以排除。至于卒于八十八岁，还是九十三岁，据清商盘（1701—1767，会稽人，雍正八年进士）《越风》载“九十三卒”。《越风》编辑于乾隆三十一年（1766），距离张岱去世不远，其说较为可靠。

再如张岱外甥陈仲谋跋所云“昔余外祖宗子张公集三不朽一书付梓，工未半而逝世”，余烜跋所云“然距其始经之时，已一周挠甲矣”。仅抓住这两句容易产生偏颇，应联系全文，陈跋

① (明)张岱著，夏咸淳校点：《张岱诗文集·万休师修大善塔》，上海古籍出版社1991年版。

后云："后舅氏式宣病中以表弟辈远出，将未刻五十图授余曰：'设尔有与其后裔交好者，可力完之。第前有二十余图付蔡尔达刻成，因乏资尚未取回。'又因循十余载，己未（乾隆四年，1739）春，蔡之次子仲明自明州回，道及其事，并付刻资。仲明曰：'此吾母汪素志，欲竣其事也。'即为检还。今又蒙好义诸君捐资慨助，始得告成。嗟嗟，外祖作此书时余年未二十，今已七十有三，不意流传至今，始竟其事。"①由此可见，陈仲谋将《三不朽》刻成是在乾隆四年（1739），张岱《三不朽》付梓，陈仲谋年未二十，如作十八岁论，那应是康熙二十三年（1684）。这就说明张岱《于越三不朽图赞》编辑完稿，由于筹措刻资，并没有及时地于康熙十九年（1680）付梓，而是经过三四年之后才交付的；所谓的"工未半"也不是一二年，而是有三四年之长。如果此说能成立的话，与商盘"九十三岁卒"可互为引证。

① 绍兴越文化研究所著：《三不朽图赞·原跋》，华龄出版社2002年版。

第十四章　后来斗杓

张岱的友人王雨谦在《琅嬛文集序》中曾经这样评价张岱："立中之乌获，而后来之斗杓也。"[①]"乌获"是古之大力士，"斗杓"是指北斗星，以此比喻是文章的巨匠、宗师。张岱不仅是一位绝代的散文家，也是一位卓越的历史学家，学识渊博、多才多艺的大学者。他与顾炎武、黄宗羲、王夫之一样，具有坚贞不屈的民族气节，在有清一代埋没长达三百年之久。"五四"以后，一些新文学家鼓吹晚明小品，张岱的名声随之打响，他的著作才日益得到关注和出版，二十世纪八十年代至今，随着晚明小品研究热的出现，张岱研究也出现了可喜的现象。

绝代的散文家

张岱留存至今的散文集有《琅嬛文集》《西湖梦寻》《陶庵

① (明)张岱著，夏咸淳校点：《张岱诗文集·琅嬛文集序》，上海古籍出版社1991年版。

梦忆》,《石匮书》中的总论和《石匮书评论》也可视为散文。从张岱散文的内容看,题材世俗化、生活化,自娱与忧时结合的情怀是其特点之一。张岱散文大多表现作家本人的生活情景,诸如读书、品茶、剧曲技艺、赏花、弹琴、游山玩水、鉴赏奇石古董,但同时也不轻视宏文大典,其历史著作中的论赞即是范例,笔端感情真实深厚,因而流传不衰。他主张散文写作要"真与近":

> 说何始乎?《论语》始也,说何止乎?《论语》止也。《论语》之后无《论语》,而象之者《法言》也。《论语》卒不可象,而止成其为《法言》者,亦《法言》也。何也?象者像也。方相氏虎目执戈以怖鬼,童子蒙虎皮以怖人,鬼与人卒不可怖。而方相氏、童子止自怖者,自怖然后谓可怖鬼、可怖人也。
>
> 余之为说也,则异于是。食龙肉,谓不若食猪肉之味为真也;貌鬼神,谓不若貌狗马之形为近也,余主何说哉?……尝片脔而定其为猪肉,则其味不能变也;见寸鞹而呼其为狗马,则其形不能遁也。何论大小哉?亦得其真,得其近而已矣。[①]

张岱批评扬雄仿效《论语》作《法言》,其所作终究不能与

① (明)张岱著,云告校点:《琅嬛文集·张子说铃序》,岳麓书社1985年版。

《论语》相比，这如方相氏和童子扮虎吓鬼吓人，不仅不能达到吓鬼吓人的目的，反而显示扮者自己害怕老虎。这就是说，有些人担心自己写出的作品不能为世人看重，于是打出名人的招牌，借重名人的名声抬高自己。张岱认为，吃龙肉不如吃猪肉入味，画鬼神不如画狗马真实。因为龙肉与鬼神虚无缥缈，吃不能得其味，画不能像其形。张岱以此比喻拟古的大块文章貌似气派很大，其实空洞乏味得很，不如写世俗生活的题材，为人们所熟悉，能捉摸，感情真实。张岱长期在江南各地名城栖游，以极大的兴趣和热情去追求去参与，对市井生活非常熟悉，并以生动活泼的文笔描绘了一幅幅市井习俗人情世象，尤其是杭州西湖。其友王雨谦云："盘礴西湖四十余年，水尾山头，无处不到。湖中典故，真有世居西湖之人所不能识者，而陶庵识之独详；湖中景物，真有日在西湖而不能道者，而陶庵道之独悉。"[①]如，被很多研究者提及的《西湖七月半》：

> 西湖七月半，一无可看，止可看看七月半之人。看七月半之人，以五类看之。其一，楼船箫鼓，峨冠盛筵，灯火优傒，声光相乱，名为看月而实不见月者，看之；其一，亦船亦楼，名娃闺秀，携及童娈，笑啼杂之，环坐露台，左右盼望，身在月下而实不看月者，看之；其一，亦船亦

① (明)张岱著，夏咸淳校点：《张岱诗文集·西湖梦寻序》，上海古籍出版社1991年版。

声歌，名妓闲僧，浅斟低唱，弱管轻丝，竹肉相发，亦在月下，亦看月，而欲人看其看月者，看之；其一，不舟不车，不衫不帻，酒醉饭饱，呼群三五，跻入人丛，昭庆、断桥，嚣呼嘈杂，装假醉，唱无腔曲，月亦看，看月者亦看，不看月者亦看，而实无一看者，看之；其一，小船轻幌，净几暖炉，茶铛旋煮，素瓷静递，好友佳人，邀月同坐，或匿影树下，或逃嚣里湖，看月而人不见其看月之态，亦不作意看月者，看之。

杭人游湖，巳出酉归，避月如仇，是夕好名，逐队争出，多犒门军酒钱，轿夫擎燎，列俟岸上。一入舟，速舟子急放断桥，赶入胜会。以故二鼓以前，人声鼓吹，如沸如撼，如魇如呓，如聋如哑，大船小船一齐凑岸，一无所见，止见篙击篙、舟触舟、肩摩肩、面看面而已。少刻兴尽，官府席散，皂隶喝道去，轿夫叫船上人，怖以关门，灯笼火把如列星，一一簇拥而去。岸上人亦逐队赶门，渐稀渐薄，顷刻散尽矣。

吾辈始舣舟近岸。断桥石磴始凉，席其上，呼客纵饮。此时月如镜新磨，山复整妆，湖复颒面，向之浅斟低唱者出，匿影树下者亦出，吾辈往通声气，拉与同坐。韵友来，名妓至，杯箸安，竹肉发。月色苍凉，东方将白，客方散去。吾辈纵舟，酣睡于十里荷花之中，香气拍人，清梦甚惬。[①]

此文着重写了杭州鬼节（七月半）时的热闹气氛，它不写西湖景色，偏写看七月半之人。人们可以从达官贵人、名门闺秀、名妓闲僧、市井闲汉和文人雅士等五种人的举动心态中看出，当时杭州城弥漫着的一股奢华、香艳、快活、懒散的气氛。又如《西湖香市》，展现了当时商业兴隆的状况："殿中边甬道上下、池左右、山门内外，有屋则摊，无屋则厂，厂外又栅，栅外又摊，节节寸寸"[②]，商铺鳞次栉比；"凡胭脂簪珥、牙尺剪刀，以至经典木鱼，伢儿嬉具之类，无不集"[③]，百货毕陈；"士女闲都，不胜其村妆野妇之乔画；芳兰芗泽，不胜其合香芫荽之薰蒸；丝竹管弦，不胜其摇鼓欱笙之聒帐；鼎彝光怪，不胜其泥人竹马之行情；宋元名画，不胜其湖景佛图之纸贵。如逃如逐，如奔如追，撩扑不开，牵挽不住。数百十万男男女女老老少少，日簇拥于寺之前后左右者，凡四阅月方罢，恐大江以东断无此二地矣"[④]。斑斓的服饰，喧嚣的场面，化妆油彩的香味，婉转的音乐，此起彼伏的叫卖声，来来往往的人群……《西湖香市》细致详尽描绘了百姓沉溺于城市生活的景象。

张岱的风俗散文十分注重反映民俗和民间文化生活，表现

① (明)张岱著，弥松颐注:《陶庵梦忆·西湖七月半》，上海书店印行1982年版。
② (明)张岱著，弥松颐注:《陶庵梦忆·西湖香市》，上海书店印行1982年版。
③ (明)张岱著，弥松颐注:《陶庵梦忆·西湖香市》，上海书店印行1982年版。
④ (明)张岱著，弥松颐注:《陶庵梦忆·西湖香市》，上海书店印行1982年版。

千姿百态的民众生活方式、信仰、价值、爱好以及民间文化那种质朴、单纯、自然乃至粗鄙的风尚。张岱的散文中，写习俗的则有扬州的清明节、虎丘的中秋夜、西湖的七月半、金山竞渡、定海的水操、兖州的阅武、泰安州的客店、淫冶的秦淮河房；写民间文化的则有“烟焰蔽天，月不得明，露不得下”的“鲁藩烟火”；达官贵人及普通百姓家家都有的“绍兴灯景”；装扮酷肖，刻意为之的“杨神庙台阁”。

张岱自幼生活在经济富裕的官宦之家，培养了多方面的生活情趣。他精于饮食，懂得“水辨渑淄，鹅分苍白，食鸡而知其栖恒半露，啖肉而识其炊有劳薪”[①]。他精于茶道，对各种茶品的特性和水质了如指掌。他善斗鸡，“余鸡屡胜之”，因为他了解斗鸡的品种及特性。他也能上山打猎，曾在牛首山与族人、侍妾“极驰骋纵送之乐”，并且获得“鹿一、麂三、兔四、雉三、猫狸七”的收获。另一方面，张岱绝不像纨绔子弟沉湎于奢华生活而醉生梦死，不能自拔，他对文学、艺术、史学都有执着的追求。他酷爱读书，张家“三世积书三万余卷”，“自四部七略，以至唐宋说家，荟萃琐屑之书，靡不赅悉”，且深得读书之法。他十几岁就立下补天之志，要“功名立急”“一鸣惊人”，十七岁左右搜罗整理《徐文长佚稿》，二十岁左右开始编纂《古今义烈传》。学琴，结丝社，成为出色的演奏家，具有较高的音乐修养，同时又是戏曲行家，不仅会编剧，而且善于导

① (明)张岱著，云告校点：《琅嬛文集·老饕集序》，岳麓书社1985年版。

演戏曲。此外，张岱对绘画、书法也有较高的造诣，他曾为精于制印的胡兰渚作序：“余酷好印章，亦曾深加考究，咄咄兰渚，幸勿以门外汉目之。”①张岱一度曾热衷于科举，但碰了几次壁后，从对八股科举危害的反思中，他毅然地抛弃了这块敲门砖，更加集中精力于文学艺术和史学著作的撰写。

张岱既是文学家、艺术家，又是史学家，一身多任，他的生活圈子十分广阔。他作品的主人公主要有三类：一是市井艺人，他们社会地位低下，但才智过人，技艺超群，而且性格奇崛，情感丰富，如柳敬亭、彭天锡、濮仲谦、夏汝开、秦一生、朱楚生、王月生等；二是布衣寒士，他们属于下层知识分子，未曾入仕，但才智、人品不凡，皆有一技之长，如同乡寒士周戬伯、周懋明、徐沁、王雨谦，医师吴竹庭、鲁云谷，画师姚简叔，书法家陆癯庵，茶道专家闵汶水、周又新，出身官宦之家却怀才不遇的张亦寓、张噩仍等；三是官僚志士，他们具有富贵不能淫、贫贱不能移、威武不能屈的高风亮节，如誓不降清的王思任、祁彪佳、余若水等，还有退隐的官僚，才艺品格皆有可取之处的范长白、黄汝亨、邹迪光、祁豸佳、祁熊佳等。张岱的人物散文，往往抓住一个或几个典型事件，传神地描画人物，而且在描画人物时，往往倾注作者本人的感情和评价。如表现戏曲表演家彭天锡演技：

① (明)张岱著，云告校点：《琅嬛文集·印汇书品序》，岳麓书社1985年版。

天锡多扮丑净，千古之奸雄佞幸，经天锡之心肝而愈狠，借天锡之面目而愈刁，出天锡之口角而愈险。设身处地，恐纣之恶不如是之甚也！皱眉视眼，实实腹中有剑，笑里有刀，鬼气杀机，阴森可畏。盖天锡一肚皮书史，一肚皮山川，一肚皮机械，一肚皮磥砢不平之气，无地发泄，特于是发泄之耳。①

张岱只是突出天锡表演时的“心肝”“面目”“口角”“皱眉视眼”的特征及其艺术修养四个“一肚皮”，就把彭天锡的高超技艺和成功秘诀凸现出来了。张岱对于他的创造性以及出神入化的演技禁不住要发出由衷的赞美：

余尝见一出好戏，恨不得法锦包裹，传之不朽。尝比之天上一夜好月，与得火候一杯好茶，只可供一刻受用，其实珍惜之不尽也。桓子野见山水佳处，辄呼：“奈何！奈何！”真有无可奈何者，口说不出。②

张岱的散文既主张表现世俗生活，也注重叙写历史关乎国计民生的重大内容。《石匮书》中的许多总论和论赞亦叙亦议，也十分生动，感情丰富。比如，《石匮书》卷一八五《门户列传

① (明)张岱著，弥松颐注：《陶庵梦忆·彭天锡串戏》，上海书店印行1982年版。
② (明)张岱著，弥松颐注：《陶庵梦忆·彭天锡串戏》，上海书店印行1982年版。

总论》：

语曰：去河北贼易，去朝中朋党难。朋党之人，至比之河北之贼，则其为祸也亦烈矣。我明二百八十二年金瓯无缺之天下，平心论之，实实葬送于朋党诸君子之手。如举觥而酹，一气饮干，不剩其滴，则诸君子之手，亦云辣矣。盖人君抚有天下，未尝无党。我明庆、历以前，党附其人，人败则党散；庆、历以后，人附其党，人败则党存。党存则不患无其人，人存则不患不兴其党。此党兴则彼党思以胜之，彼党胜则此党又思以胜之，胜复求胜，相寻不已，天下一日不亡，其亦何所抵止耶！秦桧，千古奸人也，然亦有一言可喜，谓："官职如读书，速则易终而少味。"朋党诸君子，推其私心，只要官做，则又百计千方装点其不要官做，故别其名曰"门户"，集其人曰"线索"，传其术曰"衣钵"，美其号曰"声气"，窃其名曰"道学"。非门户之人，廉者不廉，介者不介；是门户之人，贪者不贪，酷者不酷，奸者不奸，恶者不恶。以盗跖一入门户，即是伯夷；以卢杞一入门户，即为周召。入其门户者，同心推戴；未入其门户者，着意招徕。无论诈伪小人，尽入其绦笼，即正人君子，亦堕其云雾，如醉如痴，着魔着呓。万历以来八九十年，几成一聚讼之世界，一旦瓦解冰消，皮之不存，毛将安附？清夜思之，不亦[illegible]然大可笑哉！譬之钱塘之浒，长出沙洲数里，为腴田者亡算，越人争之力，

> 吴人争之益力，谓得此田可以长享富厚，乃顷刻潮平，沙洲尽失，腴壤肥田，总归乌有。则吴越之人，其胸中又作何观想哉！闯贼入都，京师将陷，诸臣请夺图南走，先帝大怒曰："尔等平时各立门户，不肯为朝廷出力，今日败坏至此，朕非亡国之君，尔等实亡国之臣也。国君死社稷已矣，又将焉往？"皇皇天语，一字一血，及后东林余孽，投诚闯贼，犹曰我东林人也，以图大用；更有反身事仇，如项煜、光时亨、周钟辈，终以门户线索，致杀其身。朋党为祸之烈，不愈出愈奇出哉！[①]

这不啻为一篇"朋党论"，与欧阳修的《朋党论》可相互媲美。张岱将朋党之祸归结为与明朝灭亡相终始，而且还祸及南明诸小朝廷。弘光朝阮大铖"巧思毒计"，"寻出一东林世仇之天子，为之报仇雪恨"，"鲁王监国，蕞尔小朝廷，科道任孔当辈犹曰：'非东林不可进用。'则是'东林'二字，直于蕞尔鲁国及汝偕亡者"。[②]为此，张岱非常动情，对于"中有大老，言此书（指《石匮书》）虽确，恨不拥戴东林，恐不合时宜"[③]之说极为愤慨："今乃当东林败国亡家之后，流毒昭然，犹欲使作史者，曲笔拗笔，仍欲拥戴东林，此某所痛哭流涕长太息者

---

①（明）张岱著：《石匮书·门户列传总论》，见《续修四库全书》第319册，上海古籍出版社2002年版。

②（明）张岱著，云告校点：《琅嬛文集·与李砚翁》，岳麓书社1985年版。

③（明）张岱著，云告校点：《琅嬛文集·与李砚翁》，岳麓书社1985年版。

也。”[①]此外，如《石匮书》卷二〇六《文苑列传总论》对于八股文的评论，也可当作绝妙的政论散文来读。张岱的史传散文对于明末统治者吏治腐败、道德沦丧痛加针砭，表现了他忧国忧民的情怀。

上述张岱的三部散文集，都成书于康熙年间。《陶庵梦忆》和《西湖梦寻》向来被看作张岱影响最大的两部散文集。《陶庵梦忆》，据原抄本和《砚云甲编》本的佚名序“今已矣，三十年来，杜门谢客”来看，此书当定稿于康熙十五年（1676）；《西湖梦寻》，据张岱自序“岁辛亥七月既望，古剑蝶庵老人张岱题”来看，最早也不能早于康熙十七年（1678）成书。《琅嬛文集》的成书时间则更迟，卷五《蝶庵题像》云“八十一年，穷愁卓荦”[②]，《白衣观音赞》序云“岱离母胎，八十一年矣”[③]。此外，卷三《修大善塔碑》云“肇惟天监初成，正值梁武舍身之日；后经永乐再造，适当建文逊国之时。岁月迁延，已至千一百八十年于此”[④]。张岱撰写的碑刻已不存。据《嘉泰会稽志》卷七：“大善寺在府东一里二百一十步，梁天监三年（504），民黄元宝舍地，有钱氏女未嫁死，遗言以奁中资建寺。僧澄贯主其役，未期年而成。”清寺僧万香撰的《大善寺志稿》载：明永乐元年（1403），寺僧募资重修，寺塔焕然一新。清康

① （明）张岱著，云告校点：《琅嬛文集·与李砚翁》，岳麓书社1985年版。

② （明）张岱著，云告校点：《琅嬛文集·蝶庵题像》，岳麓书社1985年版。

③ （明）张岱著，云告校点：《琅嬛文集·白衣观音赞》，岳麓书社1985年版。

④ （明）张岱著，云告校点：《琅嬛文集·修大善塔碑》，岳麓书社1985年版。

熙八年（1669）僧万休同修，二十二年再次修缮，张岱撰有《万休师修大善塔》诗和《修大善塔碑》文。文从梁天监三年（504）至写碑文“已至千一百八十年”，则碑文写于1684年，即为康熙二十三年。可见《琅嬛文集》成书当于康熙二十三年以后。

张岱在入清后的四十年，生活十分困苦，心情也十分寂寞苦闷：“有此七不可解，自且不解，安望人解？”[①]物质生活压力大，复明希望渺茫，散文写作既是他逃避现实生活种种不如意的避风港，也是他借以抒发内心种种苦闷的最好方式。他通过对往日舒适、惬意、自由生活和情怀的“梦忆”“梦寻”，得到慰藉，以此消融个性与社会、理想与现实、心境与环境的强烈冲突。但是这种消融决不是“忏悔”，他的“持向佛前，一一忏悔”之说只是一种遁词。他在写于康熙四年（1665）的《自为墓志铭》中曾经表示：“夺利争名，甘居人后；观场游戏，肯让人先。”[②]贫富、贵贱、尊卑的物质生活、社会地位，人们对于自己的看法都可以改变，但自己的思想性格、情趣和人生追求决不能改变。《自为墓志铭》鲜明、强烈地表现了他决不向社会现实屈服，一定要坚守自己作为“明人”的民族气节和个性爱好。同时，张岱写道：“前甲午、丁酉，两至西湖，如涌金门商氏之楼外楼，祁氏之偶居，钱氏、余氏之别墅，及余家之寄园，

① (明)张岱著，云告校点：《琅嬛文集·自为墓志铭》，岳麓书社1985年版。

② (明)张岱著，云告校点：《琅嬛文集·自为墓志铭》，岳麓书社1985年版。

一带湖庄，仅存瓦砾。则是余梦中所有者，反为西湖所无。及至断桥一望，凡昔日之弱柳夭桃、歌楼舞榭，如洪水淹没，百不存一矣。余乃急急走避，谓余为西湖而来，今所见若此，反不若保我梦中之西湖。”[①]一段无奈之言，隐藏着多少愤慨、敌视之意啊！是谁让西湖涌金门“一带湖庄，仅存瓦砾”？是谁让断桥变成了“昔日之弱柳夭桃、歌楼舞榭”，变成了“如洪水淹没，百不存一矣”？是清军南下的烧杀、劫掠！为不忍心看到被清人破坏的“西湖”惨状，“保我梦中之西湖”，这才是作者创作《西湖梦寻》的目的。愤慨悲痛之情，充斥在字里行间。

张岱要把没有经过清军烧杀蹂躏过的“一派西湖景色”，“犹端然未动”地保存下来，并传之后世；要把自己经历的晚明城市生活、各地风土民情和显赫的家世传承下去，让后人了解晚明社会，为此编集《陶庵梦忆》《西湖梦寻》《琅嬛文集》，与他发奋撰写《石匮书》的目的一样，国可灭而史不可灭，存国史，就是为了“复明”“存明”。张岱直到晚年仍孜孜不倦地编纂《于越三不朽图赞》《瑎朗乞巧录》，就是为了使后生能“激发意气，砥砺勉旃”，自己一生不能“复明”，他就寄希望于后代。无独有偶，二百多年以后的绍兴人，陶成章、徐锡麟、秋瑾、陈伯平等成立“光复会”，推翻清封建王朝，建立中华民国政权，张岱若地下有知，肯定会拍手称快。

张岱散文特点之二，不拘格套，行文随意自然，无固定

① (明)张岱著，云告校点：《琅嬛文集·西湖梦寻序》，岳麓书社1985年版。

格式。

张岱在《石匮书自序》中写道："能为史者，能不为史者也，东坡是也。不能为史者，能为史者也，弇州是也。弇州高抬眼，阔开口，饱蘸笔，眼前腕下，实实有'非我作史，更有谁作'之见，横据其胸中。史遂不能果作，而作不复能佳……太史公其得意诸传，皆以无意得之。"[①]这里说的是史书的写作态度，主张"每于正史，世纪之外，拾遗补阙。得一语焉，则全书为之生动；得一事焉，则全史为之活现。（《史阙序》）。张岱说"天下之有意为好者，未必好。而古来之妙书妙画，皆以无心落笔，骤然得之"[②]，又说司马迁与郦道元"纵笔直书，无意为好文章，而奇字奇句，磊落笔端，遂成千古绝唱"[③]，即主张"无意为之"。好的文章是作者感情的自然流露，而非强迫刻意所为，因而它没有拘束，有话则长，无话则短，更多的是信腕信口的随意性，强调的是雅趣，所以它具有一般宏文大制所不具备的灵活性和独特的审美意趣。

现代美学理论家朱光潜在他著的《随感录（上）——小品文略谈之二》中，更为明白、透彻地剖析了小品文创作的这种"随意性"。他说：

---

① (明)张岱著，云告校点：《琅嬛文集·石匮书自序》，岳麓书社1985年版。

② (明)张岱著，云告校点：《琅嬛文集·跋谑庵五帖》，岳麓书社1985年版。

③ (明)张岱著：《石匮书·天文志总论》，见《续编四库全书》第318册，上海古籍出版社2002年版。

> “言为心声”，文学作品中也可以见出同样的分别。有一类文章是“想”出来的，有一类文章是“悟”出来的；“想”由于人力，“悟”由于天机。本来得之于“想”的就可以“想”去了解，把文章的脉络线索理清楚了，意思也就自然清楚；本来得之于“悟”的就必以“悟”去了解，“悟”须凭经验涵养的印证，工夫没有到那步田地，丝毫也不能强求，所以“悟”的文章对于莫名其妙的人们往往带有神秘色彩——禅宗语录是最显著的例。
>
> 就大体说，随感录这一类文章是属于“悟”的。它没有系统，没有方法，没有拘束，偶有感触，随时记录，意到笔随，意完笔止，片言零语如群星罗布，各各自放光彩。由于中国人的思想长于综合而短于分析，长于直悟而短于推证，中国许多散文作品就体裁说，大半属于随感录。[①]

朱先生这段论述，不仅说明小品文是属于“悟”出来的文章，而且具有“没有系统，没有方法，没有拘束，偶有感触，随时记录，意到笔随，意完笔止，片言零语如群星罗布，各各自放光彩”的特点，正与张岱散文创作过程中“无意为之”的主张是一脉相承的，也是对张岱“无意为之”的形象化阐释。

如《越山五佚记·蛾眉山》：

① 朱光潜著：《朱光潜全集》第九卷，安徽教育出版社1993年版。

蛾眉为八山之一，然实不见山。越之人恒取蛾眉土谷祠几下一块顽石，以足八山之数。余初疑曰：“一块顽石，可以名山，则城中顽石多矣，何以山此而不山彼也？”

天启五年，姑苏周孔嘉僦居于轩亭之北，余每至其家，剧谈竟日。一日，至其屋后厨庖之下，有石壁丈余，苍蒨逼人。余曰：“此鼎彝青绿，真三代法物也，何以屈居于此？”问其邻老，邻老曰：“此蛾眉山麓也。山高丈余，阔三丈，长数十丈，南至轩亭，北至香橼衖。石皆劈斧皴法，望之如蛾眉一弯，横黛拖青，浑身空翠。”余以梯踞屋脊上，栉比观之，得其约略形似，又向左右邻缘墙摸索，皆从鸡栖、豚栅、灶突、溷厕之下，得其寸趾尺麓，便大叫称快。量其长短阔狭，与邻老所言不爽。余遂妄想，安得一日尽伐其墙垣，尽撤其庐舍，使此山巍然孤露，亦宇宙间一大快事。至二十年后，陵谷变迁，遭兵遭火，外屋燔尽，而缘墙一带，仍得无恙，则是天意欲终秘此山，勿使人见。奇峦怪石，翠藓苍苔，徒与马涬牛溲两相污秽，惜哉已矣！此柳河东之所以赋《囚山》也。

余因想世间珍异之物，为庸人所埋没者，不可胜记。而尤恨此山，生在城市，坐落人烟凑集之中，仅隔一垣，使世人不得一识其面目，反举几下顽石以相诡溷，何山之不幸一至此哉！虽然，干宝记山亡，桑钦志石走，山果有灵，焉能久困？东武怪山，有例可援。余为山计，欲脱樊篱，断须飞去。[1]

张岱从“土谷祠几下一块顽石”被越人冒名顶替，称为蛾眉山写起，接着记叙一个偶然的机会，于“姑苏周孔嘉僦居于轩亭之北”的“屋后厨庖之下”发现石壁丈余，然后访问邻舍老人，方知这个屋子位于“蛾眉山麓”，于是“向左右邻缘墙摸索”考察，证实原来美丽的蛾眉山就坐落在人烟稠密的轩亭一带，埋没在秽污之地，竟不为世人所知。作者由此想到许多珍异之物的命运也和蛾眉山一样，往往被埋没了，也由此生发同情之心，希望蛾眉山像灵山一样飞去，脱离久困埋没的命运。作者外写的是“珍异之物”，内藏所指的是“优秀人才”，通过叙事描写，使深藏的意蕴隐渗透出来，而不将其格外地点明。平平地叙事，平平地描写，平平地议论，读者只能隐隐地感悟到一种情绪的指向，一种由多重意义沉吟而成的模糊意蕴，但是这种模糊意蕴才是最深刻、最丰富的，也只有这种模糊意蕴才能表现复杂的感情，才能表达深刻的主题。张岱为文似不经意随手写来，无一定格式，无一定程式，无一定写法，如风行水上，无迹可求，在安闲随意之中，却不时迸发出思想火花，作者的见识、睿智、才情得到充分表现。

张岱散文大多篇幅短小，有的几百字，少的仅百余字，但

① (明)张岱著，云告校点：《琅嬛文集·越山五佚记·蛾眉山》，岳麓书社 1985 年版。

皆能以小见大。他的山水、风俗散文，既能于方寸之地各吐万象、呈现百态，又能包容纷繁复杂的大场面。如《西湖七月半》《扬州清明》《虎丘中秋夜》《金山竞渡》《绍兴灯景》等文章，所取场景阔大纷繁，人物众多，既有粗线条的勾勒，又有细腻的工笔描绘。如《白洋潮》：

> 立塘上，见潮头一线，从海宁而来，直奔塘上。稍近，则隐隐露白，如驱千百群小鹅，擘翼惊飞。渐近喷沫，冰花蹴起，如百万雪狮蔽江而下，怒雷鞭之，万首镞镞，无敢后先。再近，则飓风逼之，势欲拍岸而上。看者辟易，走避塘下。潮到塘，尽力一礴，水击射，溅起数丈，著面皆湿，旋卷而右，龟山一挡，轰怒非常，砲碎龙湫，半空雪舞。看之惊眩，坐半日，颜始定。[①]

张岱描写了著名景观钱塘江潮的壮观景象，由远而近描绘海潮奔涌变幻的种种奇观，运用形象的比喻“千百群小鹅”“百万雪狮”“炮碎龙湫，半空雪舞”，又通过观潮人的反应从侧面烘托出白洋潮的奇险壮观，铺叙极有次第。

张岱的人物散文，善于通过精当的材料展示人物性格，一桩小事，一个细节或情节，一种情景，往往信手拈来，稍加点染便境界全出，人物的性格特征跃然纸上。如《姚简叔画》：

---

①（明）张岱著，弥松颐注：《陶庵梦忆·白洋潮》，上海书店印行1982年版。

访友报恩寺，出册叶百方，宋元名笔。简叔眼光透入重纸，据梧精思，面无人色。及归，为余仿苏汉臣：一图，小儿方据澡盆浴，一脚入水，一脚退缩欲出；宫人蹲盆侧，一手掖儿，一手为儿擤鼻涕；旁坐宫娥，一儿浴起伏其膝，为结绣裾。一图，宫娥盛装端立，有所俟，双鬟尾之。一侍儿捧盘，盘列二瓯，意色向客。一宫娥持其盘，为整茶锹，详视端谨。复视原本，一笔不失。①

作者记叙姚简叔仿模苏汉臣两幅画，极其精细，历历如在目前，而且只是凭“眼光透入重纸，据梧精思，面无人色”就达到了与原本“一笔不失”的程度，充分表现了姚简叔过人的记忆力与超凡的表现技巧。

张岱散文的第三个特点，就是语言清新自然，既有文言的典雅明丽、凝练简洁，又有俗语的生动谐趣、通俗浅易。张岱散文善于吸收民间生动的俚俗的谚语、俗语、笑语、传说，或者是戏曲语言，将其充实编织到文言中，使其既雅且俗，雅俗相宜，亦庄亦谐，具有鲜明的十七世纪的时代气息。张岱建立了独特的语言风格。如《夜航船序》描写僧人与士子的对话：

昔有一僧人，与一士子同宿夜航船，士子高谈阔论，

① (明)张岱著，弥松颐注：《陶庵梦忆·姚简叔画》，上海书店印行1982年版。

僧畏慑，卷足而寝。僧听其语有破绽，乃曰："请问相公，澹台灭明，是一个人，是两个人?"士子曰："是两个人。"僧曰："这等尧舜是一个人，两个人?"士子曰："自然是一个人。"僧人乃笑曰："这等说起来，且待小僧伸伸脚。"[1]

叙述使用文言，问答全是大白话，将僧人的机智、士子的浅陋表现得活灵活现。这段话未见于他书，看起来是取自民间的笑话传说。

张岱叙述语言的雅与俗，是根据叙述对象和背景而定的，一般叙述文士的生活则用雅言，叙述市井、民俗的生活则选用俗语。如《金山竞渡》中的一段：

瓜州龙船一二十只，刻画龙头尾，取其怒；旁坐二十人，持大楫，取其悍；中用彩篷，前后旌幢绣伞，取其绚；撞钲挝鼓，取其节；艄后列军器一架，取其锷；龙头上一人足倒竖，占敠其上，取其危；龙尾挂一小儿，取其险。[2]

张岱全从自己审美情趣出发，全用雅言，语言经过锤炼，极其简洁，七句，每句后以一动词或形容词"怒""悍""绚""节""锷""危""险"概括，画龙点睛，生动形象，显示了瓜

---

① (明)张岱著，云告校点：《琅嬛文集·夜航船序》，岳麓书社1985年版。

② (明)张岱著，弥松颐注：《陶庵梦忆·金山竞渡》，上海书店印行1982年版。

州龙船与西湖、无锡、秦淮龙船的不同特色。

张岱在借鉴竟陵派巧妙配置语言的基础上，往往能青出于蓝而胜于蓝，具有很强的创造力，如创造性使用词性转类手法，使语句与语句之间产生一定张力，不仅使语言新奇，同时压缩了句型，形成了句子短隽、简洁的风格。如《菊海》：

> 兖州张氏期余看菊，去城五里。余至其园，尽其所为园者而折旋之，又尽其所不尽为园者而周旋之，绝不见一菊，异之。移时，主人导至一苍莽空地，有苇厂三间，肃余入，遍观之，不敢以菊言，真菊海也！厂三里，砌坛三层，以菊之高下高下之。花大如瓷瓯，无不球，无不甲，无不金银荷花瓣，色鲜艳异凡本，而翠叶层层，无叶一早脱者。此是天道，是土力，是人工，缺一不可焉。
>
> 兖州缙绅家风气袭王府，赏菊之日，其桌、其坑、其灯、其炉、其盘、其盒、其盆盎、其肴器、其杯盘大觥、其壶、其帏、其褥、其酒、其面食、其衣服花样，无不菊者。夜烧烛照之，蒸蒸烘染，较日色更浮出数层。席散，撤苇帘以受繁露。①

这里，将“高下高下之”后一“高下”的形容词和“不球”“不甲”“不金银荷花瓣”的“球”“甲”“金银荷花瓣”的名词

---

①（明）张岱著，弥松颐注：《陶庵梦忆·菊海》，上海书店印行1982年版。

转为动词，意思是，菊的根株有高有低，布置时，根株高的放在高处，根株低的放在低处。菊花形状颜色呈现为圆球形的、开裂的、黄白色荷花瓣状的。这样写，蕴意丰富，形成一种意境美、一种绘画美。“其”字多次重复，接连出现十五次，酣畅淋漓，穷尽意蕴，不如此便不足以显示出“菊海”的气象；读起来，节奏感鲜明，通过重复，造成临摹和再现实景的修辞效果。此外，还有巧用量词绘形绘态，如《湖心亭看雪》：

> 大雪三日，湖中人鸟声俱绝……天与云与山与水，上下一白，湖上影子，惟长堤一痕，湖心亭一点，与余舟一芥，舟中人两三粒而已。①

张岱对量词的精心选择，巧妙地描绘了某些景物在上下全白的辽阔雪野反衬下，显得模糊、微小的真切情景：“一痕”写长堤被雪所掩而消除了与周围景物的视野反差而变得似有似无；“一点”写湖心亭在辽阔雪野下显得小而圆；“一芥”写舟像细小又两头尖尖的芥菜叶；“一粒”则写人如米粒。上述量词，胜过了用很多比喻和描绘的语言，充分体现了张岱遣词用字以少胜多的艺术手段。

上述巧妙配置语言的技巧，在张岱散文中出现频率很高，如《砎园》：“曲而长，则水之”，“深而邃，则水之”，“静而远，

---

①（明）张岱著，弥松颐注：《陶庵梦忆·湖心亭看雪》，上海书店印行1982年版。

则水之”。[①]《鲁藩烟火》中写道：“鲁藩之灯，灯其殿，灯其壁，灯其楹柱，灯其屏，灯其座，灯其宫扇、伞盖”，“天下之看灯者，看灯灯外；看烟火者，看烟火烟火外”[②]。《朱文懿家桂》中写道：“不亭、不屋、不台、不栏、不砌，弃之篱落间。”[③]《于园》中写道：“瓜州诸园亭，俱以假山显，胎于石，娠于磥石之手，男女于琢磨搜剔之主人，至于园可无憾矣。”[④]这些篇目都显示了张岱驾驭语言的娴熟技巧。

张岱散文的语言充满了调侃诙谐的审美情趣。周作人《再谈俳文》曾经评论说：“他的目的是写正经文章，但是结果很有点俳谐；你当他作俳谐文去看，然而内容还是正经的，而且又夹着悲哀。”[⑤]吴承学在他的《晚明小品研究》中也说：“张岱的作品往往具有风流得意与惆怅痛苦两重不同的况味。这交织起来，就成了张岱散文那种空灵而不乏凝重、潇洒和诙谐又间有悲凉的风格。”张岱的父亲“喜诙谐，对子侄不废谑笑。一日，周氏病，先子忧其死。岱曰：‘不死’。先子曰：‘尔何以知其不死也？’岱曰：‘天生伯嚭，以亡吴国；吴国未亡，伯嚭不死。’先子口詈岱，徐思之，亦不觉失笑”[⑥]。张岱深受父亲和王思任以及时风的影响，其散文语言充满调侃谐趣和机锋。如《快园

① (明)张岱著，弥松颐注：《陶庵梦忆·砎园》，上海书店印行1982年版。

② (明)张岱著，弥松颐注：《陶庵梦忆·鲁藩烟火》，上海书店印行1982年版。

③ (明)张岱著，弥松颐注：《陶庵梦忆·朱文懿家桂》，上海书店印行1982年版。

④ (明)张岱著，弥松颐注：《陶庵梦忆·于园》，上海书店印行1982年版。

⑤ (明)张岱著，云告校点：《琅嬛文集·再谈俳文》，岳麓书社1985年版。

⑥ (明)张岱著，云告校点：《琅嬛文集·家传》，岳麓书社1985年版。

记》："余常谑友人陆德先曰：'昔人有言，孔子何阙，乃居阙里；兄极臭，而住香桥；弟极苦，而住快园。世间事，名不副实，大率类此。'"[1]吴承学认为："以文字游戏的形式来调侃孔子，调侃友人，调侃自己，这并不是无聊语，其实也是对于诸多矛盾生活现象的调侃。"[2]在《自为墓志铭》中，张岱采用了自嘲、自骂、自贬的嬉皮士手法，大骂自己"为败子，为废物，为顽民，为钝秀才，为瞌睡汉，为死老魅"[3]；否定自己的才学品德，说自己"学书不成，学剑不成，学节义不成，学文章不成，学仙、学佛、学农、学圃俱不成"[4]；对于自己不平凡的经历遭遇、复杂的思想性格归结为"七不可解"，即"称之以富贵人可，称之以贫贱人亦可；称之以智慧人可，称之以愚蠢人亦可；称之以强项人可，称之以柔弱人亦可；称之以卞急人可，称之以懒散人亦可"[5]。寓贬于褒，其实带有较多的自我欣赏成分，也是他充分理解自己的佐证，说明张岱是一位生活经历复杂、思想感情非常丰富的直率之人。张岱不仅喜欢调侃自己，也喜欢调侃别人，如《周宛委墓志铭》中对结发之友周宛委的不幸遭遇满怀同情："余尝谓先生位不偿德，命不酬才。王弇州著文人九命，先生乃占其四：一贫困、二嫌忌、三偃蹇、四恶

① (明)张岱著，云告校点:《琅嬛文集·快园记》，岳麓书社 1985 年版。

② 吴承学著:《晚明小品研究》，江苏古籍出版社 1998 年版。

③ (明)张岱著，云告校点:《琅嬛文集·自为墓志铭》，岳麓书社 1985 年版。

④ (明)张岱著，云告校点:《琅嬛文集·自为墓志铭》，岳麓书社 1985 年版。

⑤ (明)张岱著，云告校点:《琅嬛文集·自为墓志铭》，岳麓书社 1985 年版。

疾。特以先生寿登七十，视履考旋，夭折、玷缺、刑辱、流窜、无终，皆所获免。而先生一事胜人，独曰有后。先生丈夫子三，皆负轶才，自能名世。老泉偃蹇，轼、辙补之，则先生一生愤懑抑郁之气，亦可借此以稍杀矣。"[①]张岱以明人王世贞曾说文人有九种不幸的命运，而周宛委占有其四——贫困、嫌忌、偃蹇、恶疾，只有长寿、有后差可以安慰。句句调侃，而语语真诚，语语沉痛。

出色的史学家

关于张岱的史学成就，由于他的《石匮书》很少有人见到，中华书局上海编辑所虽然在1959年出版过《石匮书后集》，但年代已远，八十年代以后偶有研究文章，仅据《石匮书后集》立论，因而未能全面把握，显得深度不够，层次不高。后来，上海古籍出版社编辑出版了《续修四库全书·石匮书》，人们方能见到《石匮书》的全貌。

一、强烈的社会责任感和爱国思想。

《石匮书》与谈迁的《国榷》、查继佐的《罪惟录》一样，是一部纪传体的断代史。全书体例参照《史记》分本纪、表、志、世家、列传五部分。《续修四库全书》影印本《石匮书》标明二百二十卷，其中四十八卷至五十七卷系由《石匮书后集》窜入，与后重复。另在标卷上也有错误。经仔细排比，《石匮

① (明)张岱著，云告校点:《琅嬛文集·周宛委墓志铭》，岳麓书社1985年版。

书》应为本纪十七卷，表六卷，志十四卷，世家九卷，列传一百六十三卷，合计二百〇九卷。《石匮书后集》仅有本纪、世家、列传，标明六十三卷，缺第二十六卷（钱谦益、王铎列传）、第二十七卷（洪承畴、冯铨列传）、第三十卷（郑芝龙列传）、第三十一卷（吴三桂列传）、第四十三卷（张春列传）、第四十四卷（熊汝霖、孙嘉绩、钱肃乐、郑遵谦、陈万良、徐龙达、潘国绪、罗腾蛟、王祁、王翊、王兴列传）、第五十四卷（张煌言列传）、第五十五卷（甘辉列传窜入《石匮书》卷五十三与朱旻如、蒋武烈、廖应登等合为一卷），实为五十六卷。前后集总共为二百六十五卷。

张岱撰写《石匮书》经历了明亡前和明亡后两个不同的思想发展阶段。明亡前，根据《石匮书自序》："余自崇祯戊辰，遂泚笔此书，十有七年而遽遭国变，携其副本，屏迹深山，又研究十年，而甫能成帙。"[①]崇祯元年（1628），张岱时年三十一岁，修史动机有二。一是家庭修史背景和史料的积累："自幸吾先太史有志，思附谈迁；遂使余小子何知，欲追彪固。"[②]"余家自太仆公以下，留心三世，聚书极多。余小子苟不稍事纂述，则茂先家藏三十余乘，亦且荡为冷烟，鞠为茂草矣。"[③]二是为了纠正实录和私人记载的失实和阙误。"有明一代，国史失诬，家史失谀，野史失臆，故以二百八十二年总成一诬妄之世

① （明）张岱著，云告校点：《琅嬛文集·石匮书自序》，岳麓书社1985年版。
② （明）张岱著，云告校点：《琅嬛文集·征修明史檄》，岳麓书社1985年版。
③ （明）张岱著，云告校点：《琅嬛文集·石匮书自序》，岳麓书社1985年版。

界。”[①]此话虽然有些过激，但却一针见血地揭示了明代史学不振的原因。明朝实录严重失实，朝廷禁忌极多，“宋景濂撰《洪武实录》，事皆改窜，罪在重修；姚广孝著《永乐全书》，语欲隐微，恨多曲笔。后焦芳以佥壬秉轴，丘濬以奸险操觚。正德编年，操廷和以掩非饰过；《明伦大典》，张孚敬以矫枉持偏。后至党附多人，以清流而共操月旦；因使力翻三案，以阉竖而自擅纂修。黑白既淆，虎观、石渠尚难取信；玄黄方起，麟经、夏五不肯阙疑。博洽如王弇州，但夸门第；古鍊如郑端简，纯用墓铭。《续藏书》原非真本，《献征录》未是全书；《名山藏》有拔十得五之誉，《大政记》有挂一漏万之讥”[②]。“古来作史无完人，穷愁淹蹇与非刑。”[③]同时，谈迁在《国榷自序》也曾经说过同样的话：“泌阻之憸险也而史；江陵之严刻也而史；杨士贞、董太简之偏也而史；史之权不有所歆，则有所避。”此外，谈迁还痛切地批评统治者施行种种限制，封锁修史材料：“木天金匮之藏，每乘舆代兴，则词臣云集而从事。既奏竣，扃与之秘阁，即荐绅先生不得以一目睓。”朝廷禁绝外人接触实录等记载国家大事的资料，使著史者无所取材。任用皇帝亲近侍臣修史，编写出来的史书成为朝廷诏书的翻版。“明之史臣夥矣，大概备经筵侍从，既夺名山之咎，而前后有所编摩，俱奉尺一。

① (明)张岱著，云告校点:《琅嬛文集·石匮书自序》，岳麓书社1985年版。

② (明)张岱著，云告校点:《琅嬛文集·征修明史檄》，岳麓书社1985年版。

③ (明)张岱著，夏咸淳校点:《张岱诗文集·毅孺弟作石匮书歌答之》，上海古籍出版社1991年版。

其官如聚偶，其议如筑舍。”由于史臣丧失独立的思想，根本不能为后世留下信史。

明亡后，张岱则以强烈的民族情感投注于史著。国可灭，而史不可灭，要写一部真实反映明朝兴亡的历史，流传后世，这是一批具有民族气节的明代遗民的共同见识。明朝灭亡了，鲁王监国绍兴的政权垮台了，国破也使张岱失去了原有的土地、房屋和财产、奴仆，完全沦为城市贫民：“陶庵国破家亡，无所归止，披发入山，駴駴为野人。故旧见之，如毒药猛兽，愕窒不敢与接。作自挽诗，每欲引决，因《石匮书》未成，尚视息人世。”[①]清朝统治以后的三十余年，张岱开始过上了颠沛流离异常贫困的生活，“瓶粟屡罄，不能举火”，“布衣蔬食，常至断炊”；恶劣的生活环境、苍凉的意绪，曾经几次逼得他想自杀，然而终因“《石匮书》未成，尚视息人世”的信念，支持他苟活下来。他的这种隐衷，在《石匮书·义人列传》的总论中曾有吐露：“然余之不死，非不能死也；以死而为无益之死，故不死也。以死为无益而不死，则是不能死而窃欲自附于能死之中；能不死，而更欲出于不能死之上。千磨万难，备受熟尝。十五年后之程婴，更难于十五年前之公孙杵臼；至正（岱误，应为‘至元’）二十六年之谢枋得，更难于至正（至元）十五年前之文天祥也。”张岱为了完成未竟的事业——《石匮书》的修撰，宁可像晋灵公时的程婴，南宋末年的谢枋得，含污忍垢，承受

① (明)张岱著，云告校点：《琅嬛文集·陶庵梦忆序》，岳麓书社1985年版。

精神和肉体上的巨大痛苦。顺治十一年（1654），经过“五易其稿，九正其讹”，史稿“上际洪武，下讫天启，后皆阙之”[①]，“以崇祯朝既无《实录》，又失《起居》；六曹奏章，闯贼之乱，尽化灰烬；草野私书，又非信史。是以迟迟以待论定”[②]。是为前编，将原名《明书》易为《石匮书》。“石匮”者，原意石制之柜，并盖三层，方广五尺，又兼山名，绍兴有石匮山，一名玉笥，以此比喻深藏名山秘而不宣之意也。

《石匮书》前编成稿后，“史学知己”李砚斋给予很高评价：“当今史家，无逾陶庵”，“伯乐一顾，遂多索看之人”。[③]顺治十三年（1656）五月，谷应泰以户部郎中出任浙江提督学政，于西湖畔设“谷霖仓著书处”，邀集两浙名士，纂修《明史纪事本末》。张岱将《石匮书》提供给谷应泰编纂明史作为参考，而得以出入“谷霖仓著书处”，“广收十七年邸报，充栋汗牛。弟于其中簸扬淘汰，聊成本纪，并传崇祯朝名世诸臣，计有数十余卷”[④]，方能续写崇祯一朝史实，完成《石匮书后集》的初稿。张岱还请朋友周戬伯为之审阅校雠《石匮书》前后编：“弟盖以先帝鼎升之时，遂为明亡之日，并不一字载及弘光，更无一言牵连昭代。兄可任意校雠，无庸疑虑也”，“吾兄朴茂长厚人也，言事讷讷，不易出诸口。而为弟校正《石匮书》，则善善恶恶，

---

① (明)张岱著，云告校点：《琅嬛文集·石匮书自序》，岳麓书社1985年版。

② (明)张岱著，云告校点：《琅嬛文集·与周戬伯》，岳麓书社1985年版。

③ (明)张岱著，云告校点：《琅嬛文集·与李砚翁》，岳麓书社1985年版。

④ (明)张岱著，云告校点：《琅嬛文集·与周戬伯》，岳麓书社1985年版。

毫忽不爽，欲少曲一笔，断头不为，则兄又刚毅崛强人也。细观诸传，见吾兄笔削之妙，增一字，如点龙睛，删一字，如除棘刺”[①]。

就在《石匮书》校雠定稿“祈著丹铅，以终厥役”之时，血腥的镇压和文化高压政策接踵而至。康熙元年（1662），魏耕、钱缵曾、潘廷聪、祁班孙等因“通海”罪被捕，不久，魏耕、钱缵曾等被杀害于杭州，祁班孙遣戍宁古塔。康熙二年（1663），庄廷鑨《明史》案发，张岱的好友查继佐无端受牵连下狱，因此案而死者七十余人。康熙三年（1664）七月，抗清英雄张煌言被捕，同年九月被杀害于杭州。一连串白色恐怖的信号，迫使张岱感到因私修明史随时都有被告发、被捕杀头的危险，于是不得不于康熙四年（1665）为自己预营生圹于项里之鸡头山，并仿效陶渊明、王绩、徐渭预先写下了《自为墓志铭》。张岱已经作好了与《石匮书》共存亡的准备，一旦受牵连就以生命殉之，决不曲俯自己的民族气节，誓死保护《石匮书》的安全。其营生圹于项里之鸡头山，标举“伯鸾高士，冢近要离，余故有取于项里也”[②]，表明自己决不承认清朝，同时鼓励时人和后人不断奋起反抗，继绝世，砥砺忠义精神，为“存明”“复明”而努力。张岱基于明朝晚年君主怠政、昏庸，大权旁落，党争迭兴，导致士风败坏、人格泯灭的政治现实，早在万

① (明)张岱著，云告校点：《琅嬛文集·与周戬伯》，岳麓书社1985年版。

② (明)张岱著，云告校点：《琅嬛文集·自为墓志铭》，岳麓书社1985年版。

历四十六年（1618）至崇祯初年，编撰了《古今义烈传》，其后，在《石匮书》的《循吏》《独行》《义人》和《胜国遗臣》等列传中，专门为王保保、蔡子英、陈友定、杨继桢等立传，“揔见我明珍重节义，不避雠仇”[①]。崇祯末年，弘光朝四镇之一刘良佐，号称花马刘，与清勾结，投降清朝，说降黄得功，并与田雄获弘光献俘京师。张岱评曰：“我明受流贼之祸烈矣，吾谓受流（刘）将军之祸更烈于流贼……花马之间谍不行，则黄闯之咽喉不断。国家之大祸，无不以四镇酿成。而阙（厥）后四镇身死，数十万骄悍之兵，俱变为韃靼。今四方受韃兵之害者，犹是四镇之余孽也，其流毒可胜道哉！”[②]为此，《石匮书后集》的《死义诸臣列传》《乙酉殉难列传》《江南死义列传》《丙戌殉难列传》《江右死义列传》《两广死义列传》《辛卯殉义列传》《义人列传》等篇中，热情歌颂了敢谏善谏的忠臣和为抗清斗争献身的英雄。他赞赏品格端正廉洁而又讲究谏诤策略的李贽：“文达之初谏‘达官’，用急着；‘谏边防’，用先着，颇不相入。及大拜之后，但用应着，用松着，用不着意之闲着，刚果之主自倒入其怀中而不疑焉。”张岱认为臣子谏诤的目的是取得人主采纳，因此要讲究策略，使动机与效果相统一。对于那些“一往孤忠”的抗清英雄，张岱给予最热烈的歌颂。夏允彝、夏完淳父子，清修《明史》仅用二十余字写之，张岱在

① (明)张岱著:《石匮书·货殖列传》,见《续修四库全书》第320册,上海古籍出版社2002年版。

② (明)张岱著:《石匮书后集》卷三八,中华书局1959年版。

《石匮书后集》中则作了上千字有声有色的描写。其中写夏完淳："借圣兆衙署，得完淳初表。连完淳并逮南都就讯，讯者曰：'若年少，必为人所作。'完淳曰：'为臣死忠，为子死孝，吾事已毕，且此事岂容代作？吾父殉国已二年，完淳速死，尚无以见父地下。'清置之法，时同难者皆跪刑，完淳挺立不屈，犹索纸笔与家人决，作绝命词，字迹不乱。"①这就凸现了一个坚强不屈、视死如归、从容不迫的少年反清英雄形象。张岱主张"忠臣义士，多见于国破家亡之际，如敲石出火，一闪即灭，人主不急起收之，则火种绝矣"②，要求人主"急起收之"，自己则"急起记之"。他认为在民族危亡时刻，高扬正气，力斥势利，坚持气节，不屈不挠，抗争到底才是唯一正确的选择，因为"人畏虎，虎亦畏人；石压笋，笋能斜出，其亦奈何我哉"③，任何幻想与妥协都是不可取的。张岱在《石匮书》中审时度势，力倡"古今成败事，力到即为名"④，主张不以成败论英雄，鼓励人们为反抗清人，不必计较利害。

幸而康熙六年（1667）玄烨亲政以后，集中精力铲除鳌拜势力，接着镇压南明余部和吴三桂反清势力及收复台湾，白色恐怖活动有所收敛。康熙十八年（1679），参与博学鸿词科考试

---

①（明）张岱著：《石匮书后集》卷三四，中华书局1959年版。

②（明）张岱著，云告校点：《琅嬛文集·越绝诗小序》，岳麓书社1985年版。

③（明）张岱著：《石匮书后集》卷九，中华书局1959年版。

④（明）张岱著，夏咸淳校点：《张岱诗文集·项王祠二首》，上海古籍出版社2002年版。

而被录取、身为翰林入史馆编修《明史》的毛奇龄，以同乡后辈致书张岱，乞求张岱将《石匮书》前后集送到山阴姜宸英家，让人抄录一部，供清廷撰修《明史》参考，条件是要改易本朝称谓，“则此后正可示人，无庸再闷，尤为朗快”[①]。张岱是否照办和复信，未见资料可证，仅从康熙二十年（1681）五月礼部下达公文，要求地方官将《石匮书》等送到史馆的举措来看，张岱可能没有采取行动。而此次礼部的命令，地方官的严催，张岱可能不会拒绝将史稿提供清廷史馆参考：一者《石匮书》“并无一字载及弘光，更无一言牵连昭代”，张岱心里坦荡，无所畏惧；二者，撰修《明史》，保存国史，与张岱修明史的初衷并不相悖；再者，朝廷允许以南明四王事迹附载崇祯之后。张岱得以续补南明史事，成就今本《石匮书后集》。

二、实录直书的治史精神。

“秉笔直书”是中国史家所遵循的史学传统，“董狐精神”为中国史学开创了求实的记事原则，中国古代史学自司马迁《史记》被誉为“实录”后，存实录、写信史便成为后世史家追求的目标。正如刘知几所说：“史之为务，申以劝诫，树之风声，其有贼臣逆子，淫君乱主，苟直书其事，不掩其瑕，则秽迹彰于一朝，恶名被于千载。”[②]张岱作史秉承了史家求实、客

---

①（明）张岱著，夏咸淳校点：《张岱诗文集·寄张岱乞藏史书》，上海古籍出版社2002年版。

②（唐）刘知几著：《史通·直书》，见浦起龙《史通通释》，上海古籍出版社1978年版。

观公正的史学传统，他曾说：“幸余不入仕版，既鲜思仇，不顾世情，复无忌讳，事必求真，语必务确，五易其稿，九正其讹，稍有未核，宁阙勿书。”[①]他自称修《石匮书》“心如止水秦铜，并不自立意见。故下笔描绘，妍媸自见。敢言刻画，亦就物肖形而已”[②]。为了“事必求真，语必务确”，他于顺治十年（1653）上三衢，入广信，采访明朝遗老，核实事迹；他“五易其稿，九正其讹”，聘请好友周戬伯与之校正；“稍有未核，宁阙勿书”，自始至终贯彻坚定的自律意识，在选择和识别材料过程中采取了严谨的态度，一丝不苟，确保史书的质量。《石匮书后集》由于史料的缺失，有目无文之传共计三十卷之多。

《石匮书》竭力推崇开国之君朱元璋，赞扬他：“汉高帝之功胜汤武……我高皇帝之功胜舜禹，汉高帝之功一世功也，高皇帝之功，万世功也！”[③]开国之初，朱元璋减轻百姓负担，免除各地田租，及时赈灾，停止或缓建皇宫内土木工程，严惩贪官，改革卫所制度，实行屯田，寓兵于农，重视学校教育，诏令全国设立府、州、县学等。明成祖朱棣夺取政权后，进一步完善其父制定的各项制度。张岱赞扬其“自燕邸至建康大小凡百余战，未尝不身冒矢石，即位之后，五出漠北，三下安南，近数千余里，几无王庭焉。当时不无苦其劳费，然后此二百年

① (明)张岱著，云告校点：《琅嬛文集·石匮书自序》，岳麓书社1985年版。

② (明)张岱著，云告校点：《琅嬛文集·与李砚翁》，岳麓书社1985年版。

③ (明)张岱：《石匮书·高帝本纪》，见《续修四库全书》第318册，上海古籍出版社2002年版。

虏所以不敢大肆其凭陵者，岂非文皇之遗烈哉”[①]。张岱肯定朱棣开发、稳定北鄙之功。与此同时，张岱修史以实录为主要依据，他深知实录因隐瞒或改窜会失实，为此多方采摭资料，正实录之是非，郑重地写出事实的真相。张岱学习《史记》的“分叙法”，如在《蓝玉、胡惟庸列传》中评论曰：“蓝胡之逆，诛之可，族之亦无不可。独以其株连蔓引累及三万五千余人，而榜列勋臣至五十七人，功高望重尝总兵者八人，言之不可骇可愕哉！”又曰：“太祖生平稍有疑忌，辄以其党党之，后且澌灭殆尽。亦所谓功臣多，封之不足，故杀之也。厥后狗烹弓蹶，而靖难兵起，卒无一人为拦门之犬。”张岱在《傅友德列传》记载傅友德被迫自杀事，更使人触目惊心。“蓝玉诛，友德以功多内惧。定远侯王弼谓友德：‘上春秋高，行且旦夕尽我辈，我辈当合纵连横。’太祖闻之，会冬宴，从者彻馔，彻不尽一蔬，太祖责友德不敬。且曰：‘召尔二子来。’友德出，卫士有传，太祖语曰：‘携其首至。’顷之，友德提二子首以入。太祖惊曰：‘何遽！尔忍人也。’友德出匕首袖中曰：‘不过欲吾父子头耳。’遂自刎。太祖怒，分徙其家属于辽东、云南地。王弼亦自尽。”传后评曰：“古大将创主之功业，得以令终者，代有几人哉！”对朱元璋大杀功臣提出批评。同时又通过“石匮书曰”评述：“高皇诏人直言，而每多愎谏，其颔下逆鳞，撄之者立靡。而李

① (明)张岱:《石匮书·成祖本纪》,见《续修四库全书》第318册,上海古籍出版社2002年版。

仕鲁辈言不忌讳，必中其隐，何其闵不畏死也耶！虽然帝王防口甚于防川，石压笋斜出，诸臣亦直行其意耳！太祖亦奈之何哉！”这段话一箭双雕，既直写了朱元璋趁纳谏之名行愎谏之实，又赞扬了李仕鲁诸臣敢谏不畏死的精神。

《明太祖实录》对于“靖难”重大政治事件讳莫如深。明太祖朱元璋死后，嫡长孙建文帝朱允炆即位，推行削藩，燕王朱棣起兵，号称“靖难”，经过三年争夺皇位的战争，做了皇帝，是为成祖。朱棣遂对建文朝主张削藩和抵抗他的官员大肆报复，撰写实录的明代史官自然不敢据实直书。关于建文帝的记载，《明太祖实录》的第三次修改本，将建文年号代之以洪武纪年，并将这四年事情改入洪武三十二年至三十五年的实录中，根本不承认建文这一朝的存在。鉴于文字狱，王鸿绪《明史稿》、傅维麟《明书》及清朝修的《明史》对于“靖难”的记载，往往隐瞒真实情况。而《石匮书》恢复了建文年号，不但把建文列入本纪，而且记事符合历史实际，详尽地描述了建文削藩及燕王起兵的经过，称建文“性仁厚，孝友，异常人”，“参决机务多以宽大济严核”，称朱棣为“燕王”“燕藩”。本纪后附有史彬仲的《致身录》，对建文出亡也备一说，并在《逊国诸臣列传》《靖难死谏列传》通过赞颂“靖难”死节之臣凸显朱棣的残忍。又在《开国死事列传》“石匮书曰”中插进“文皇杀戮忠义，草菅瓜蔓，村社为墟”之语，予以谴责。

张岱是一位忠于明王朝的封建地主阶级的史学家，对于直接推翻明王朝的李自成、张献忠的农民起义军是仇视的，因而对他们不无偏见和污蔑；但张岱根据“事必求真，语必务确”的治史原则，有意识地把农民军与明军进行对比描写：“明季以来，师无纪律，所过州县，纵兵抢掠，号曰‘打粮’，井里为墟，而有司供给军需，督逋赋甚急，敲扑煎熬，民不堪命。至是陷贼，反得安舒，为之歌曰：‘杀牛羊，备酒浆，开了城门迎闯王，闯王来时不纳粮。’由此远近欣附，不复目以为贼。”[①]明军的“唐通、白广思、左良王辈，乳虎鹅鹰，弱肉强食，百姓遂有‘贼过如梳，兵过如篦’之语，故宁可见贼，不愿见兵也”。而李自成“众数十万号百万，驻匝南阳，分兵攻汝宁，陷之，所属州县，多望风纳款。城下，贼秋毫无犯。自成下令曰：‘杀一人者，如杀吾父；淫一女者，如淫吾母。’得良有司，礼而用之。贪污吏及豪强富室，籍其家以赏军。人心大悦，风气所至，民无固志……自成抚流亡，通商贾，募民垦田，收其籽粒以饷军。贼令严明，将吏无敢侵犯”[②]，由此，张岱得出了农民军因受人民欢迎而胜利，明军因被人民反对而失败的结论。这正显示了张岱求实直书的治史原则，也彰显了张岱正确深沉的观察力，较少因袭传统思想的束缚，没有为自己的成见所蒙蔽，表现了卓越的史识。

张岱在明亡后，曾以满腔希望和热情投入鲁王监国绍兴政权反清复明的活动，慷慨资助，可是鲁王政权目光短浅，热衷

---

① (明)张岱著:《石匮书后集》卷六三,中华书局1959年版。

② (明)张岱著:《石匮书后集》卷六三,中华书局1959年版。

于朋党之争，反而斥逐张岱，使得张岱心灰意冷。张岱怀着对南明诸王既同情又愤慨的态度，专门写了《明末五王世家》。他认为崇祯之亡，不仅是明中央政权的垮台，也标志着明朝统治的结束；同时，当时清政权已入主中原，成为全国的政权，在政治、经济、文化处于主导地位的情况下，南明诸王政权是偏隅一方的地方性政权，毕竟是明政权的延续和残余，仍然坚守一隅，抗击清军，故将五王事迹作为“世家”处理。不然，“成败之始末，迁播之方隅，羁縻之岁月，拥戴之臣工，则未之详也”。张岱在《明末五王世家》中一针见血地指出：“甲申北变之后，诸王迁播，但得居民拥戴，有一成一旅，便意得志满，不知其身为旦夕之人，亦只图身享旦夕之乐，东奔西走，暮楚朝秦，见一二文官便奉为周召，见一二武弁便倚作郭李。唐王粗知文墨，鲁王薄晓琴书，楚王但知痛哭，永历惟事奔逃。黄道周、瞿式耜辈，欲效文文山之连立二王，谁知赵氏一块肉入手，即臭腐糜烂。如此庸碌，欲与图成，真万万不可得之数也。”尤其是拥有四镇雄兵的弘光政权，不到一年时间便顷刻瓦解，作者深情地斥责道：“弘光，痴如刘禅，淫过隋炀，更有马士英为之颠覆典型，阮大铖为之掀翻铁案，一年之内，贪财好杀，殢酒宣淫，诸凡亡国之事，真能集其大成。”这既反映了张岱对南明诸王“哀其不幸，怒其不争”的爱憎复杂之情，又表现了他肯定南明五王政权的合法性，和清官修的《明史》立场完全不同，以明遗民自居的坚定民族气节，同时也表现了作者严肃、客观公正的治史原则。张岱还从卷二四至卷五七整三十卷（不含有目无文之卷）的篇幅详尽展现了南明“拥戴之臣工”不屈不挠的反清斗争场景和英雄事迹。张岱赞扬“凌駉乘高一呼，号召义旅，燕齐五十余城，仍复为明”[①]，“彝仲（夏允彝）、豫瞻（夏峒曾）父子死节，死当以良金写像，世世祀之矣”[②]。“余读三传（满之章、夏之旭、何光显），未尝不为之扼腕三叹也”[③]。张岱对“瞿式耜世纡金紫，其平时立朝，卿贰材耳。及入粤之后，辅佐永历，拯溺救焚，大见材略，事虽无成，鞠躬尽瘁，死而后已，古之诸葛，又何加焉”竭力赞扬，对瞿式耜遭遇“独恨少主轻狂，闻惊即走；出师之表方上，灵武之驾已驰。志欲补天而天如玑璇，鍊石在手，则亦奚益哉”表示惋惜。对于借举义之名以行吾机诈之实的马士英、阮大铖、方国安、郑遵谦之流的卑劣行径，作者则愤慨谴责：“马士英弄巧成拙，欲用大铖，而反为大铖所用。亡我宗社，肉其足食乎？大铖在先帝时，每思辨雪逆党，蓄毒未发，至北变后，遂若出押之虎，咆哮无忌，及用间既成，超擢内院，国门一示，扫地尽矣！呜呼，操莽温懿，犹如修饰边幅，大铖一败至此，与彼偷牛剧贼，抑又何异哉！”[④]

张岱的《石匮书》在“求实”“直书”的同时，比谈迁的《国榷》、查继佐的《罪惟录》高出一筹的地方，还在于他从历

①（明）张岱著:《石匮书后集》卷三三，中华书局1959年版。

②（明）张岱著:《石匮书后集》卷三四，中华书局1959年版。

③（明）张岱著:《石匮书后集》卷三五，中华书局1959年版。

④（明）张岱著:《石匮书后集》卷四八，中华书局1959年版。

史事实出发，认真总结并揭示了明代灭亡的过程及原因。张岱认为明朝灭亡的迹象在万历后期已经显露：“神宗（万历皇帝）冲年嗣位，英明果断，有江陵辅之，其治绩不减嘉隆，迨二十年后，深居不出，百事丛挫，养成一骫骳之疾，且又贪呓无厌，矿税内使四出虐民。譬如养痈，特未溃耳。故戊午前后地裂山崩，人妖天变，史不胜书，盖我明之亡征，已见之万历末季矣！”[①]至光宗接位：“撤矿税，发内帑，起直言，勤召对，幡然蹴大寐之天下而使之觉，人且谓之一月之唐虞焉。臣工海甸，方思改头换面，以共济太平，乃竟以一月殂，而我明气数薄矣！”[②]至熹宗朝，明朝已衰亡到极点：“天启则病死在命门，精力既竭，疽发背，旋痈溃毒流，命与俱尽矣。烈宗虽扁鹊哉，其能起必死之症乎？”[③]“我明天下不亡之崇祯，而实亡之天启；不失之流贼，而实失之忠贤。”[④]张岱认为明朝统治到了天启年间，已经病入膏肓，不可救药了，即便是神医国手，也难措手。崇祯与历代亡国之君不同，“焦心求治，旰食宵衣，恭俭辛勤，万几无旷，即比古之中兴令主，无以过之”，竭力想挽救危局；但他急躁蛮干，刻如理财，骤如行法，用人太骤，杀人太骤，

① (明)张岱著:《石匮书·神宗本纪》,见《续修四库全书》第318册,上海古籍出版社2002年版。

② (明)张岱著:《石匮书·光宗本纪》,见《续修四库全书》第318册,上海古籍出版社2002年版。

③ (明)张岱著:《石匮书·熹宗本纪》,见《续修四库全书》第318册,上海古籍出版社2002年版。

④ (明)张岱著:《石匮书后集》卷六一,中华书局1959年版。

一言合则欲加诸膝；一言不合，则欲堕诸渊”，“如用人一节，黑白屡变，捷如弈棋，求之老成而不得，则用新进；求之科目而不得，则用荐举；求之词林而不得，则用外任；求之朝廷而不得，则用山林；求之荐绅而不得，则用妇寺；求之民俊而不得，则用宗室；求之资格而不得，则用特简；求之文科而不得，则用武举。愈出愈奇，愈趋愈下”，以致“十七年之天下，三翻四覆，夕改朝更。耳目之前，觉有一番变革，向后思之，讫无一用”[①]。由此可见崇祯朝十七年的统治状况。

张岱认为明朝灭亡除了有崇祯本人的原因，还有更深层次的原因，即党争误国。有明一代，朋党之祸与国家衰亡相终始。远的不说，近的从万历后期产生的魏党（宦官势力）与东林党之间的党争，一直延续到明亡，崇祯皇帝吊死在煤山还未休止，南明小朝廷连半壁江山也保不住了，还要闹党争，直到统统完蛋。张岱痛心疾首地指出：“我明二百八十二年金瓯无阙之天下，平心论之，实实葬送于朋党诸君子之手。”[②]“烈矣哉，门户之祸国家也。我明之门户，日久日甚。万历之岁有门户科道，天启之岁有门户宦官，崇祯之岁有门户宰相，弘光之岁有门户天子。”[③]真是剀切之言。张岱冷眼旁观数十年，对朋党的研究尤为深刻，感情也尤为激烈。他认为：“朋党诸君子，推其私

---

①（明）张岱著：《石匮书后集》卷一，中华书局1959年版。

②（明）张岱著：《石匮书·门户列传总论》，见《续修四库全书》第319册，上海古籍出版社2002年版。

③（明）张岱著：《石匮书后集》卷三二，中华书局1959年版。

心，只要官做，则又千方百计装点不要官做，故别其名曰‘门户’，集其人曰‘线索’，传其书曰‘衣钵’，美其号曰‘声气’，窃其名曰‘道学’。非门户之人，廉者不廉，介者不介；是门户之人，贪者不贪，酷者不酷，奸者不奸，恶者不恶。”[①]张岱愤怒地斥骂魏忠贤迫害忠良，“贱之如囚徒”“轻之如狗彘”“扑灭如蚊虻”的残酷罪行，切齿谴责魏党余孽马士英、阮大铖祸国殃民，“徒事贪淫，不思恢复，有韩侂胄之嗜欲，而无其志气；有意偷安，不能留恋，有贾似道之荒淫，而无其福德；自立城府，斥逐言官，有李林甫之蒙蔽，而无其智谋”[②]。恨不得立斩奸佞，生祭弘光。张岱认为作为朋党之一的东林党，尽管以“声气”“道学”相标榜，其实质仍是结党营私，以我划线，排斥异己，与魏党没有两样，为此，张岱也予以痛斥。当时有些大佬，对于《石匮书》“不拥戴东林”颇有异议，张岱“心殊不服”，表示决不改变自己的观点：“吾臂可断，决不敢徇情也。”[③]其态度之坚决凛然不可侵犯。张岱认为作为一个史学家，如果对这种原则问题“一味模糊，不为分别”，则“其书可烧也”[④]。尤其是“今仍当东林败国亡家之后，流毒昭然，犹欲使作史者曲笔拗笔，仍欲拥戴东林”[⑤]，更使张岱痛心和寒心。张

---

① (明)张岱著:《石匮书·门户列传总论》,见《续修四库全书》第319册,上海古籍出版社2002年版。

② (明)张岱著:《石匮书后集》卷四八,中华书局1959年版。

③ (明)张岱著,云告校点:《琅嬛文集·与李砚翁》,岳麓书社1985年版。

④ (明)张岱著,云告校点:《琅嬛文集·与李砚翁》,岳麓书社1985年版。

⑤ (明)张岱著,云告校点:《琅嬛文集·与李砚翁》,岳麓书社1985年版。

岱痛斥否定东林党，并不是站在某一党某一派的立场，也不是凭个人的感情，而是着眼于总结明王朝灭亡教训的基点上，在当时士流“拥戴东林”流毒很深的情势之下。由于对朋党深恶痛绝，攻之不遗余力，张岱对东林党的评价不免带有偏激情绪，但他并没有把东林党人一概骂倒，而是采取具体分析，对东林党“首事”诸君子深表敬佩，称其“光明磊落，出处昭然”，“砥砺廉隅，维系风教”[①]，痛惜杨琏、左光斗等“除恶未尽，反受其害”的历史教训。这正显示了张岱远见卓识的史识，远比同时代和后来的一些史家高明。

明代自万历以后，党争激烈，延续了七八十年，流播所及，文化艺术也深受其影响。明末文坛纷呈，或宗秦汉，推崇本朝王（世贞）李（攀龙）；或宗唐宋，推尊王（慎中）唐（顺之）归（有光）茅（坤）；或宗公安三袁，或宗竟陵钟谭。互相评论，气氛热烈，这既是一种正常的竞争，促进了思想学术和文学艺术的繁荣，但又夹杂着很深的门户之见和宗派情绪。张岱主张对各种流派采取分析态度，客观地权衡其成败得失。“王李自成为王李，钟谭自其为钟谭，今之作者亦自其为今之作者。何必骂？亦何必不骂？蚊吺蝇喧，竟成何益哉！”[②]骂一派，捧一派，不利于各派之间取长补短，推动整个学术和艺术的发展。

---

①（明）张岱著：《石匮书·刘綎杜松列传》，见《续修四库全书》第319册，上海古籍出版社2002年版。

②（明）张岱著：《石匮书·文苑列传下》，见《续修四库全书》第320册，上海古籍出版社2002年版。

其次是八股误国。张岱是八股科举的受害者，对八股科举制度的危害感受特别深刻，深感八股制度腐朽、摧残扼杀人才，“有人于此，一习八股，则心不得不细，气不得不卑，眼界不得不小，意味不得不酸，形状不得不寒，肚肠不得不腐”[①]。在张岱看来，八股取士严重贻误国家人才的选拔：“举子应试，原无大抱负，止以呫哔之学迎合主司。即有大经济、大学问之人，每科之中不无一二，而其余入彀之辈，非日暮穷途、奄奄待尽之辈，则书生文弱、少不更事之人。以之济世利民，安邦定国，则亦奚赖焉？”[②]他一针见血地指出明代统治者以八股取士的目的是“以镂刻学究之肝肠，亦用以消磨豪杰之志气者也”。统治者以坑害无数读书人开始，到头来却危害了国家，“高皇帝之误人犹小，其所以自误则大矣”，为此，他破天荒地喊出：“八股一日不废，则天下一日犹不得太平也！”[③]可惜，张岱的这个建议，没人采纳，中国废除八股科举整整晚了两百多年。

张岱虽不是军事家，但他从总结明亡经验教训出发，十分关注明末军事斗争形势和胜败的原因。《石匮书》中的评论多处提到，如：“我明论功，稍有不胜，则酷罚随之……成功难，而获罪易，此介胄之士所以枕戈而叹也。我明之武功不振，卒致

---

① (明)张岱著:《石匮书·科目志总论》,见《续修四库全书》第318册,上海古籍出版社2002年版。

② (明)张岱著:《石匮书·科目志总论》,见《续修四库全书》第318册,上海古籍出版社2002年版。

③ (明)张岱著:《石匮书·科目志总论》,见《续修四库全书》第318册,上海古籍出版社2002年版。

灭亡，岂不职是故哉！”[①]张岱认为“胜败乃兵家常事”，关键是要分析胜败的原因：“边塞之臣至我明屈抑极矣，将士身莅戎马，兵饷步伐，无一事不受人掣肘，幸而胜，则归功帷幄，不幸而败，则斧锧随之。”[②]万历十八年（1590），明神宗朱翊钧接到陕西巡抚赵可怀奏报军情的奏疏，与申时行讨论时说：“近时督抚等官，平时把将官轻贱凌虐，牵制掣肘，不得展开，有事却才用他。且如今各边有些功劳，督抚官有升赏，都认作自己的功。及至失事，便推与将官及小武官，虚文搪塞。”这就说明当时边防的积弊，文臣出身的总督、巡抚不但凌虐武官，而且将功劳据为己有，过错推给下级官吏。如此，岂有不败之理！张岱认为，这种情况往往导致两种后果。其一，武官在朝廷寻找靠山：“我朝勋业之臣，非有所主，即有所附……如使上无所主，下无所附，虽功如于少保，勇如戚继光，皆不得上沾五等之爵，而他可知矣！……世未有权臣在内，而大将能立功于外者！”[③]其二，武官临时败逃或投降：“今之大将，身在战场，先将此头安顿在家，是以非败即逃。”[④]由此，深刻说明了明末军

---

① (明)张岱著:《石匮书·魏学鲁叶梦雄列传》,见《续修四库全书》第319册,上海古籍出版社2002年版。

② (明)张岱著:《石匮书·马昊刘天和陈九畴列传》,见《续修四库全书》第319册,上海古籍出版社2002年版。

③ (明)张岱著:《石匮书·翟鹏毛伯温汪文盛列传》,见《续修四库全书》第319册,上海古籍出版社2002年版。

④ (明)张岱著:《石匮书·潘宗颜罗一贵张神武列传》,见《续修四库全书》第319册,上海古籍出版社2002年版。

事失败的原因。

三、严谨的编撰体例与娴熟的语言技巧。

《石匮书》在编写体例上继承了《史记》《汉书》等正史纪传体的记叙体例，但又有所发展。《石匮书》共二百〇九卷，包括本纪、表、志、世家、列传五大部分。其中志的设置，有《天文志》《地理志》《祀乐志》《科目志》《百官志》《河渠志》《刑名志》《兵革志》《钱刀志》《马政志》《历法志》《盐荚志》《漕运志》《艺文志》等，名目齐备，记载广泛，有俾实用，而且能够突出明代政治、经济制度上的特点。如《河渠志》中，张岱认为潘季驯的治黄理论——“治黄在循故道，治漕河在沿旧制”值得称道：“循河故道，束而湍之，使水疾沙刷无留行，而又近为缕堤，缕堤之外复为遥堤，使水益浅远，以不至旁决，盖嘉靖、隆（庆）万（历）之间，季驯四治河，河皆治。”明代南方经济发达，“陆之运费，海之运险，淮河为宜”，漕运便成为国家政治、经济生活中十分突出的问题，故又单独列《漕运志》。张岱肯定“国家漕政易民运为转搬，易转搬为直达，今而备矣”[①]。他又在《兵革志》中认为，嘉靖年间裁革驿递，崇祯年间裁革墩军，导致“我明流寇之横起于裁驿递，我明边陲之坏起于革墩军”，因为“墩军之逻逈边墙，探听风鹤，侦候烽火，以慎边兵，关系尚小；惟有墩军之住家于各墩也，与口虏

① （明）张岱著：《石匮书·漕运志》，见《续修四库全书》第318册，上海古籍出版社2002年版。

最近，墩军畜牧，其鸡豚、酿酒、烙饼，以与口虏贸易，口虏多来饮食之”。“墩军有妇女，间与口虏私通”，为此消息十分灵通；有时也让口虏暗传假情报，让对方中计。有些大臣轻议节省，乃坏万里长城，导致明末军事失利。所有这些志的创立，都能抓住明代不同于其他各朝的特点，为后人的研究提供了大量资料。在这点上，只有查继佐的《罪惟录》可与之相比，王鸿绪的《明史稿》、傅维麟的《明书》和清官修《明史》则远逊于他。在列传部分，既有本传，又充分利用了类传的形式，把许多人物，按其不同特点，分门别类地组织到各个类传中，如《循吏》《独行》《义人》《儒林》《文苑》《妙艺》《方技》《隐逸》《名医》《宦者》《开国死事》《死国诸臣》《靖难勋臣》《郊阯死事》《南巡死谏诸臣》《门户》等，分类很细，便于寻检，人们翻阅目录，便可一目了然。

《石匮书后集》实为五十五卷，是为续《石匮书》而作，以纪传体形式记叙崇祯朝和南明史事。人物列传既有本传，也有类传。在类传的组合方式上，因传主同时或同事或合或附，如《流寇死者列传》《甲申死难列传》《勋戚殉难列传》《乡绅死义列传》《乙酉殉难列传》《江南死义列传》《丙戌殉难列传》《中原群盗列传》等，既简易省笔墨，又不致漏载，可谓深得史法剪裁之妙，既反映了明末社会动荡，又表现了强烈的爱国精神。前后集成书虽相隔多年，其编写体例仍前后贯通，且后集在前集基础上又有发展。张岱还在本传和类传的前面或后面，往往写有总论或附论，通过这些评论，发表个人对有关历史人物或事件的见识。而这些史论既反映了他的史学思想，同时又表达了他的政治观点，表现了他在史著编纂上不仅具有卓越的史识，而且还有相当高超的史才。

张岱的《石匮书》和同时代的其他明史比较，最显著的特点是文人修史。作为晚明的一位绝代散文家，张岱的文笔优美自然。张岱的人物传记力求真实地再现人物的生平事迹、精神面貌、性格特征，坚持以真人真事的描写原则，反对不顾事实、为尊者讳、为亲者讳、隐恶扬善、谀词虚美。“只求不失其本面、真面，笑啼之半面”，刻画人物时，既讲究笔墨简练，又要细致入微，抓住人物本质传神的细节，生动地描写人物性格的特征与精神面貌。他十分推崇《史记》笔法，“太史公其得意诸传，皆以无意得之。不苟袭一字，不轻下一笔，银钩铁勒，简练之手，出以生涩。至其论赞，则淡淡数语，非颊上三毫，则睛中一画，墨汁斗许，亦将安所用之也”[①]。张岱的人物列传中，《文苑列传》《妙艺列传》写得最为成功。如王世贞，张岱曾批评他“弇州高抬眼，阔开口，饱蘸笔，眼前腕下，实实有‘非我作史，更有谁作’之见，横据其胸中。史遂不能果作，而作不复能佳，是皆其能为史之一念有以误之也”[②]。但在列传中，张岱又通过三五件小事，真实再现了王世贞的生平事迹、道德文才：“兵部郎杨继盛论劾嵩下狱，世贞纳橐饘；继盛妻讼

① (明)张岱著，云告校点:《琅嬛文集·石匮书自序》，岳麓书社1985年版。

② (明)张岱著，云告校点:《琅嬛文集·石匮书自序》，岳麓书社1985年版。

夫冤，世贞为草疏；继盛弃西市，世贞往哭收敛之。”王世贞在青州任上擒盗，“山东诸公见其精严练事，发奸擿伏如神明，大加叹服，声闻京师”。父下狱论死，世贞与弟叩阙请代，日囚服跪道旁遮诸柄人；父死，隆庆元年赴阙讼冤，得复父官。后出任浙江参政，使吴兴三郡，得减漕粮十五万。张居正与王世贞为同年友，欲引世贞，王世贞婉言拒绝。以上表现了王世贞傲岸刚正不屈的品质和性格。又称扬其“异才博学，横绝一时，所蒐猎子、史、百氏，皆以意镕炼，翕然为一家，古今著述之富，亡逾也。其诗使事构体……要归文元气，块北大海渟泓，中无饾饤蹇促，镵刻深险之态”。称颂其“后生初学，得世贞一言品题，一面倾吐，则或希声传影，转相引重”[①]，肯定了他的才学和在当时的影响。又如楚王护国将军华堞，字用章，乙酉南都失守后，间道奔杭谒见潞王，呈说守城之计，针对潞王顾虑，以利害多方面劝谏。当潞王始终不觉悟时，张岱通过华堞的言行，“出，叹曰：‘环观古事，有诸王以国奉人，而得长世者哉？有可为之势，顾自弃此国仇，何足以论事？’拂袖起裂冠带，掷地下，易缞麻，誓曰：‘不复中原，以此见先帝。’旁观者皆为涕泣，王果然降清”[②]，既凸现了华堞刚勇、机智和尽忠于朱明王朝的精神品格，也表现了潞王的软弱怕死，取得了一箭双雕的效果。作者未置一词褒贬，其倾向则已显于言外。如

① (明)张岱著:《石匮书·文苑列传上》,见《续修四库全书》第320册,上海古籍出版社2002年版。

② (明)张岱著:《石匮书后集》卷五,中华书局1959年版。

描写卢象昇为国捐躯，战死沙场，敌退后，军民在乱尸中找到他的遗体，“左颅后胸，刀痕深寸许，身中四箭，凝血犹渍麻衣上。设祭哭，军民雨泣”[①]。仅用二十七字，英雄浴血奋战之形象及军民爱戴之情状跃然纸上。张岱非常重视广泛阅读古今图书，“每于正史、世纪之外，拾遗补阙。得一语焉，则全传为之生动；得一事焉，则全史为之活现”[②]。如在《曹文昭、贺人龙列传》中描写曹文昭之勇：“一日，贼据平凉山谷，数万余人，人莫敢近。文昭提兵从城外过，如翰于城谯设酒款文昭曰：‘贼遍山谷，意在平凉，将军可坐视不救乎?’文昭掀髯畅饮，尽酒一斗许，酌一卮于席末曰：‘我杀贼归，饮此酒当未寒。’乃马上呼麾下士，直冲而上。但闻妇女儿稚号泣，声震山谷，血光射天，烈日惨淡。贼奔溃，追逐三十里而返。到城谯下马，浴血而立，乃解甲取水盥涤，坐席复饮，卮中酒果未寒也。”[③]这里明显借鉴了《三国志通俗演义》“温酒斩华雄”的笔法，烘托了曹文昭之勇武。又如写陶仰用骁勇善战，当大敌坚不为动，张岱引用了军中呼为“铁篱笆”[④]的绰号称之，确实起到了“得一语焉，则全传为之生动”的艺术效果。

撰写史传，评论人物的语言向来讲究古奥庄重。张岱推崇朱元璋的“明达”理论：“昔我太祖以马上读书，遂以文章雄视

① (明)张岱著:《石匮书后集》卷一五，中华书局1959年版。

② (明)张岱著，云告校点:《琅嬛文集·史阙序》，岳麓书社1985年版。

③ (明)张岱著:《石匮书后集》卷一八，中华书局1959年版。

④ (明)张岱著:《石匮书后集》卷五三，中华书局1959年版。

千古，其授旨词臣，但取明达，勿事棘艰……间有文人才士，或亦艰棘其词，而浮华艳语，稍用咬咀，味同嚼蜡矣。”[①]如《石匮书》卷一九六《逆党列传总论》对于“逆党”的议论，从时令季节变幻说起，再说到孟尝君去相位、复相位的不同经历，说明“富贵多士，贫贱寡交”的道理。又譬如超市：“旦侧肩，争门而入，日暮之后……掉臂而不顾……所期物忘其中也。”[②]以人情物理，娓娓而谈，说明魏忠贤得势时的气焰嚣张，依附者众多，连朱由检“在信邸时亦称颂上公，疏凡三上”。对于依附于魏忠贤的分析妥帖入理。又如称为“五虎”“五彪”“动摇中宫”“倾心赞导”“颂侯”“建祠”“反复”和“另传”的取名也很形象富有艺术。又如《科目志》的评论，张岱从具体事实出发，提出“我明制科自洪武辛亥至崇祯癸未，凡八十八科，为年二百八十（系七十）有二，其间以举业起家著名当世者，每科不过数人，而强半又以帖括见心，终日学究，及问其为大节义、大经济、大学问之人，指又不能多屈矣”[③]，从而得出“盖天地生才之难，朝廷得才不易，其相厄如此”的结论，希望有关官员“凡职司选举者，不当失公失慎，暗中摸索，以求不

① (明)张岱著:《石匮书·文苑列传总论》,见《续修四库全书》第320册,上海古籍出版社2002年版。

② (明)张岱著:《石匮书·逆党列传总论》,见《续修四库全书》第320册,上海古籍出版社2002年版。

③ (明)张岱著:《石匮书·科目志》,见《续修四库全书》第318册,上海古籍出版社2002年版。

负朝廷，不负天地乎”[①]。然后指出科场流弊频仍，“为钱神所夺者什之三，为豪贵所夺者什之五，以剩下寥寥额数为惠贫穷力学之人。主司又未必具眼，取未必得人，乃盲收瞎录，间或私通关节，借重一二知名人士点缀榜中，以涂世人耳目”，为此，造成“凡宿学高才负囊担簦陪伴新人，一番劳碌，三年辛苦，又撇之东洋大海矣！世间公道人心止仗此一丝以系汉九鼎，乃复紊乱若此，又安望场屋得人以救兹祸乱哉”[②]这些不可估量的影响。摆事实，讲道理，理从事中引出，合情合理，无丝毫大道理，凭空发议论之感，具有充分的说服力。似乎是写随笔小品，却以通俗的文言为基础，大胆引进口语、俗语，有时方言、俚语也不忌讳，把通俗化推向史著这一庄严的领域。官修的“二十四史”很难找到这样浅易明快的文字，这是史学语言的一次大革新。

类传中的总论和列传中的附论大多如此，简洁、明达，词语贴切生动。如评论崇祯皇帝：“先帝用人太骤，杀人太骤。一言合，则欲加诸膝；一言不合，则欲堕诸渊。以故侍从之臣，止有唯唯诺诺，如鹦鹉学语，随声附和已耳。则是先帝立贤无方，天下之人无所不用，乃至危急存亡之秋，并无一人为之分忧宣力。从来孤立无助之主，又莫我先帝若矣。‘诸臣误朕’一语，伤心

① (明)张岱著:《石匮书·科目志》,见《续修四库全书》第318册,上海古籍出版社2002年版。

② (明)张岱著:《石匮书·科目志》,见《续修四库全书》第318册,上海古籍出版社2002年版。

之言。后人闻之，真如望帝化鹃，鲜血在口，千秋万世，决不能干也。”[①]浅显畅达，加之多用短句，简明活泼，读之朗朗上口。

诚然，作为史学家的张岱是无法跨越时代和阶级立场限制的，如他的封建正统的思想，对待农民起义军的观点。取材也囿于闻见，失于考证，如袁崇焕被冤杀一案的记载，认为“尽发其通敌奸状，并言其接济寇粮，凿凿有据”[②]，误记为有罪该杀。《石匮书后集》中有目无文的列传竟达八卷之多。此外，书中也有些荒诞迷信的记载，《石匮书》卷一一五《刘大夏列传》评论说：“鬼神之事，诚也有之。”但从明末清初诸多的野史、众多的史学家的背景而言，从张岱的史著及其显示的史德、史识、史才来看，他确实是一位杰出的史学家，随着《石匮书》影印出版，肯定会引起更多人的重视。

杰出的鉴赏家

张岱不仅是著名的散文家、历史学家，也是戏曲理论家。称他为散文家、历史学家，是因为他有《陶庵梦忆》《西湖梦寻》《琅嬛文集》等散文集和《石匮书》《石匮书后集》《史阙》等历史著作。尽管他未有传世的戏剧理论专著和戏曲作品，他的戏曲理论和有关戏曲史料也散见于《陶庵梦忆》和《琅嬛文集》等著作中，分散、零碎，不够系统，但他对戏曲的观察、

① (明)张岱著:《石匮书后集》卷一，中华书局1959年版。

② (明)张岱著:《石匮书后集》卷一一，中华书局1959年版。

评论却很细致，见解十分深刻，因此给他戴上戏曲理论家这顶桂冠，对他来说是受之无愧的。

张岱出生于世家大族，从祖父辈起家里就蓄养戏班子，先后有“可餐班”“武陵班”“苏小小班”等六个之多，这样就使他从小受到了戏曲艺术的熏陶。他自小喜欢看戏，“好梨园，好鼓吹”①。他经常与演员在一起，或则登高唱曲，或则卧舟听戏，或则率领戏班子外出演戏。他鄙弃仕进，长期寄情山水，遍游大江南北、三吴、齐楚等地，长期的漫游生活，使他广泛接触并考察了各地戏曲演出活动。鉴于此，他深通戏曲艺术的各个方面，不仅具有戏曲行家的身份，还在演员中拥有很高的威望。《过剑门》记载张家戏班子因为张岱在座，他们就格外紧张，提心吊胆，也格外卖力，因为“主人精赏鉴，延师课戏，童手指千，傒童到其家，谓‘过剑门’，焉敢草草”②。同时张岱也擅长写曲。魏忠贤倒台后，他删改重排了一时涌现的“十数本”反映同一题材名为《冰山记》的剧本，并取得了成功，此外还创作了杂剧《乔坐衙》。张岱的戏曲理论涉及编剧、导演、演员表演等各个方面，并在声腔、剧目、排场、表演等各个方面撰写了许多极为珍贵的资料。

一、推崇“布帛菽粟”的戏曲作品。

戏曲作为舞台艺术，是一种集体性的创作活动，任何成功

① (明)张岱著，云告校点:《琅嬛文集·自为墓志铭》，岳麓书社1985年版。

② (明)张岱著，弥松颐注:《陶庵梦忆·过剑门》，上海书店印行1982年版。

的演出都离不开编剧、导演、演员的创作活动。而戏曲剧本是导演和演员进行创作的基础，没有剧作家为舞台演出提供有质量的剧作，那么任何高明的导演和演员都会失去二度创作的依据。

张岱主张戏曲创作要从社会生活实际出发，推崇“布帛菽粟”的戏曲，反对追求怪诞。他针对袁于伶《合浦珠》戏曲创作，从当时剧坛创作总倾向出发，中肯而又尖锐地指出：“传奇至今日怪幻极矣！生甫登场，即思易姓；旦方出色，偏要改妆。兼以非想非因，无头无绪，只求闹热，不论根由，但要出奇，不顾文理……吾兄近作《合浦珠》亦犯此病。”[①]张岱矛头所指，是明朝一些戏曲家，特别是吴江派的戏曲创作。他们为了迎合、讨好当时市民阶层的审美情趣，编织市民阶层乐意接受的世俗生活梦幻，或者“以奇事旧闻，不论数种，扭合一家，更名易姓，改头换面”，或者“无端巧合”，“愈造愈幻……即真实的事翻弄作乌有子虚”；为了满足小市民低级趣味或性爱生活的精神要求，不是写“以男伪女”的俗套剧，就是写男女邂逅，表赠信物、月下幽会（香罗之合，香罗之分，香罗分而再合），把“村妇恶声，俗夫亵谑，无一不备”搬上舞台，使戏剧演出“悠谬粗浅……秽溢广座”。张岱从艺术内容的内在必然性出发，反对一味追求奇幻不经的世俗戏曲。他认为怪幻不能“非想非因，无头无绪”，脱离现实，违背生活逻辑；“热闹”“出奇”必须源

① (明)张岱著，云告校点：《琅嬛文集·答袁箨庵》，岳麓书社1985年版。

于丰富多彩、摇曳生姿的社会现实。《合浦珠》中“郑生关目，亦甚寻常，而狠求奇怪。故使文昌、武曲，雷公、电母奔走趋跄”，如“今人于开场一出，便欲异人；乃装神扮鬼，作怪兴妖”一样，貌似“热闹之极”，实则“反见凄凉”，因为其中的人物活动不符合生活的逻辑，失去了他们性格支配的必然性，是“节外生枝，屋上起屋”。戏曲创作要遵循一定的创作原则，张岱认为这个创作原则就是“情理”：“兄作《西楼》，只一‘情’字，《讲技》《错梦》《抢姬》《泣试》，皆是情理所有，何尝不闹热？何尝不出奇？”虚构人物和情节，既要合乎生活的逻辑，也要符合剧情和人物性格本身发展的需要。值得注意的是，张岱在反对离奇古怪之作的同时，提出了“布帛菽粟”的主张。《西厢》词采如着色牡丹，情节曲折为传奇典范；《琵琶》词采声色俱备，关目未必都是事实，但它“并无怪异”，张岱因此大加赞赏：“布帛菽粟之中，自有许多滋味，咀嚼不尽。传之永远，愈久愈新，愈淡愈远。”所谓“布帛菽粟”，就是源于历史生活内容，但是表现方式有所改造，而这种改造是符合生活实际的，是人们生活中本来就存在的。《西厢》《琵琶》的情节和语言是从社会生活的情理中引发出来的，是典型环境中人物性格、行动逻辑发展的必然结果。可见，张岱并不是一味地反对传奇要热闹和出奇，他理解剧作家“余溢为奇怪，盖出于不得已耳”的隐衷，所以他赞扬汤显祖的《还魂记》“灵奇高妙，已到极处”，却又不喜欢《南柯记》《邯郸记》，因为“二梦则太过”，越过了情理，离开了生活的真实，“过此则便思游戏三味”，他反对的是“不论根由”“不顾文理”的热闹和出奇。

张岱认为戏曲创作无论是如《西厢》《琵琶》以现实主义创作方法为主，还是如《还魂记》以浪漫主义创造方法为主，都必须符合生活现实、情理逻辑，这无疑是正确的，在当时有很强的针对性，在今天也值得借鉴。在张岱之前，吕天成曾对那些违背生活现实的剧作深感不满，他批评顾怀琳的《佩印记》说：“朱买臣史传本是极好传奇，此作近俚，且插入霍山，时代亦舛谬。”[①]朱买臣和霍山是两个时代的人，汉武帝时朱买臣任会稽太守，《汉书》有传。而霍山则是霍光的侄孙，汉宣帝时封乐平侯，后因谋反事败而自杀（事见《汉书·霍光传》）。他和朱买臣相差两代，而作者硬把他们拉拢捏合在一起，显然是不符合史实的。吕天成稍后的冯梦龙在《灌园记叙》中批评说：“传奇如世所传之《灌园》，则愚谓无可传……君王后，千古女侠，再见而遂失身……谈何容易……何奇乎而何传乎？”冯氏认为《灌园》剧所以不奇不可传，就因为其中人物的活动不符合情理逻辑，失去了人物性格支配的必然性。吕、冯虽已论及传奇创作，但仅从细节着眼，比较言之，都不如张岱高瞻远瞩，立论明确、深刻、全面。

张岱不仅要求关目、人物安排合乎情理，对舞台上的时空环境设置也要求奇幻与真实相统一。他非常赞赏刘晖吉为《唐

① 吕天成著：《曲品》，见《中国古典戏曲论著集成》第六册，中国戏曲出版社 1959 年版。

明皇游月宫》的布景设置，通过象征性的景物——“其圆如规”的月亮，四下以五色染羊角的“云气”，“光焰青黎”“色如初曙”的数株点燃着的“赛月明”，还有“中坐常仪，桂树吴刚，白兔捣药”，用轻纱遮幔，通过客观环境具体的情景在角色内心引起的感触，使角色对环境作出响应的动作或行动——叶法善“撒布成梁”，和唐明皇一起“追蹑月窟”，从而显现出角色面临的具体真实的时空环境。这种虚拟环境的显现，确实“奇情幻想”，同时也符合当时人们对于月宫认识的情理，因而达到了“忘其为戏也”的强烈效果。

二、重视导演的主导作用。

戏曲本质是一种舞台艺术，其最终形式是演出。从剧本过渡到演出，把文字转化为舞台形象的桥梁则是导演。中国古代没有“导演”之称呼，古时称之为“优师”、“伶正之师”或“教博士”。从张岱有关记载中可以看出，导演的职能往往是通过剧作家、戏班主人或教师来实现的，张岱本人就是一位戏曲导演。

张岱对戏曲导演有精辟的论述。他在《阮圆海戏》中十分推崇阮大铖的场上导演功夫：“讲关目，讲情理，讲筋节”，“其串架斗笋插科打诨意色眼目，主人细细与之讲明，知其义味，知其指归，故咬嚼吞吐，寻味不尽”。[①]这里张岱认为导演的职责，首先就是“知其义味，知其指归”。明确剧本的主题和情

① (明)张岱著，弥松颐注：《陶庵梦忆·阮圆海戏》，上海书店印行1982年版。

调，掌握剧作者的思想感情，引导演员正确深刻地理解剧作，这是演员进入角色创造舞台形象的基础。二要“讲关目，讲情理，讲筋节”。传统戏曲结构是将长篇巨帙的题材，化成一系列连续发展的“连场”冲突形式，一般来说，一个场子就是一个冲突，这种戏剧冲突主要是通过人物的自我表白，揭示内心感情的变化来表现的。因此，导演要形象、明确地将剧本解剖，出里分场、场里分段、段里分节，看每节、每段、每场、每出与全剧主题的关系，看节与节、段与段、场与场、出与出的连接，并依据冲突的要求，设计、规划抒情的舞台动作和场面（唱、念、做、打），把角色的身份、面目，以及他们要做什么事，潜在的意图一一交代清楚。三是组织舞台调度和指导演员表演。所谓“串架”，是指戏曲舞台的调度，即角色在舞台上的行动路线、站立方位和全剧的衔接等。舞台上不论是一个角色还是几十个角色，都要讲究对称、均衡、和谐、整齐、有层次。人物在舞台上的行动路线必须是聚散得宜：聚犹众星捧月，散如满天撒星。行路、对阵，甚至上下场的路线都要讲究美观，有图案的意味。所谓“斗笋”，即舞台行动前后必须协调、衔接，像“斗榫”那样紧凑。正如李渔所说：“一出接一出，一人顶一人，务使承上接下，血脉相连。”[①]四是导演要根据自己对角色的性格特点的认识，指导演员认识、理解角色，细细讲明“插科打诨、意色眼目”和“咬嚼吞吐”。帮助演员组织舞台动

---

① (清)李渔著，江巨荣、卢寿荣校注：《闲情偶寄》，浙江古籍出版社1985年版。

作，如身段、台步、手势、面部表情等形体表现方面的款式；训练曲调唱腔的款式和出口分明，咬字清楚，念白的高低抑扬、缓急顿挫的功夫，并为演员做示范动作。正是通过这一系列有计划、有步骤的工作，为演员进行完美的艺术表演作深入细致的指导，最终引导演员进入舞台艺术的创造。五是要精心设置布景、道具，“至于《十错认》之龙灯，之紫姑，《摩尼珠》之走解，之猴戏，《燕子笺》之飞燕，之舞象，之波斯进宝，纸札装束，无不尽情刻画，故其出色也愈甚”[①]。张岱推崇布景新奇的目的，并非只是为了炫奇夸富，追求声色之娱，更主要是在艺术上的追求，使演员更好地进入艺术境界，创造逼真的生活幻觉，引观众入戏。

为了使演员更好适应演剧的需要，张岱十分赞赏朱云崃教女戏的做法：“未教戏，先教琴，先教琵琶，先教提琴、弦子、箫、管、鼓吹、歌舞。”[②]因为弹奏乐器是歌舞的基础，歌和舞又是戏曲表演的基础，这正如李渔说的：“昔人教女子以歌舞，非教歌舞，习声容也——欲其声音婉转，则必使之学歌；学歌既成，则随口发音，皆有燕语莺啼之致，不必歌，而歌在其中矣。欲其体态轻盈，则必使之学舞，学舞既熟，则回身举步，悉带柳翻花笑之容，不必舞，而舞在其中矣。”[③]张岱年轻时就曾向王侣鹅、王本吾学过琴，而且很有造诣，对于他从事戏曲

① (明)张岱著，弥松颐注：《陶庵梦忆·阮圆海戏》，上海书店印行1982年版。

② (明)张岱著，弥松颐注：《陶庵梦忆·朱云崃女戏》，上海书店印行1982年版。

③ (清)李渔著，江巨荣、卢寿荣校注：《闲情偶寄》，浙江古籍出版社1985年版。

导演不无益处。

张岱不仅对导演职责有较明确的论述，同时还提出了导演要注意演员表演时的思想情绪。“《西楼》不及完，串《教子》……杨元胆怯肤栗，不能出声，眼眼相觑，渠欲讨好不能，余欲献媚不得，持久之，伺便喝采一二，杨元始放胆，戏亦遂竣。”[①]无疑这是经验之谈。说明张岱不仅重视对演员演技的传导，同时还重视做演员的思想工作。

三、充分发挥演员的表演才能。

戏曲艺术的创造，离不开编剧、导演、演员共同协调的努力，然而对于戏曲演出来说，编剧和导演毕竟是居于幕后的，他们的创造意图只能通过演员的粉墨登场进行表演才能体现出来，才能最终完成由文字到舞台形象的转化，从而为广大观众所感知。张岱十分重视演员的舞台表演技巧，他曾指出：“古人弹琴，唫揉掉注，得心应手。其间勾留之巧，穿度之奇，呼应之灵，顿挫之妙，真有非指非弦，非勾非剔，一种生新之气，人不及知，己不及觉者……自弹琴拨阮、蹴鞠吹箫、唱曲演戏、描画写字……皆借此一口生气。”[②]所谓生气，对演员来说，就是要精确把握剧中人物的性格特点，通过剧中人物的语言动作，活灵活现把这个角色表现出来，“演龙像龙，演虎像虎”，使他（她）们在观众中留下活生生的印象。要做到有“生新之气”。

---

① (明)张岱著，弥松颐注：《陶庵梦忆·过剑门》，上海书店印行1982年版。

② (明)张岱著，云告校点：《琅嬛文集·与何紫翔》，岳麓书社1985年版。

张岱认为演员表演必须“勾留之巧，穿度之奇，呼应之灵，顿挫之妙”要“十分纯熟”，演员在舞台上的一举一动、一招一式，应当灵活、准确、漂亮，力求做到心动形随，进退回旋，快慢缓急，无不如意；长歌高唱，出口分明，寻宫按商，悲欢合节；说白吟咏，高低抑扬，缓急顿挫，优美动听。正如阿甲所说：“戏曲演员，他们将感情的表现形式当作一种技术锻炼，要把眼珠练得很灵活，眼神光彩练得很丰富，面部的全部感觉器官和全身的筋肉，都要练得很灵活、很听话；如耍胡子，耍甩发，耍水袖，耍翎子……以及声音表情中的悲啼、狂笑、长呼短叹、打‘哇呀呀’等，都是将感情技巧化了的一种特殊的表现形式。”①所有这些要求既合规矩，又合节奏；既合乎剧情的需要，又符合戏曲程式的规范。真实地表现出人物的思想和性格，使舞台演出产生巨大的艺术魅力。这里既包含了体验，又包含了表现；既有形似的要求，也有神似的要求。中国古典戏曲表演既是一种体验的艺术，又是一种表现的艺术。演员扮演角色，如果排斥内心体验，单凭外表程式动作，那只有剩下角色的躯壳和演员技巧的卖弄；如果只有内心的体验，而没有相应的外部表现，即根据角色的内心生活的要求创造完美的外部表现形式，也感动不了观众。因此，对戏曲来说，体验和表现是互为补充、互相结合的。演员要表演出角色的“生新之

---

①《舞台上出现了大戏剧家关汉卿的动人形象——略论话剧向戏曲学习问题》，见阿甲著:《阿甲论戏曲表导演艺术》，文化艺术出版社2014年版。

气”，对角色内心生活、思想感情经过设身处地、绘声绘色的想象和体验功夫，使形之于外的一语一动，把蕴藏于内心深处的微妙细节表现得无比鲜明，刻画得淋漓尽致，最大限度地创造角色，达到张岱称赞的“科诨曲白，妙入筋髓，又复叫绝”那样的效果。

张岱认为演员不仅要演出角色的“生新之气”，而且还要演出演员自己的“生新之气”，并以此作为衡量演员演技高下的主要标准。演员在“十分纯熟，十分淘洗”的表演基础上，还要求“十分脱化”，像古人弹琴那样，达到“勾留之巧，穿度之奇，呼应之灵，顿挫之妙，真有非指非弦，非勾非剔”的地步。演员的演唱既不能离谱过远，又要有深入角色后的即兴之作；既要保持“练熟还生”之法的创造新鲜感，又须“胸有成竹”“心中有人”，饱含成熟完整的艺术构思；既要求“定腔、定谱、定乐”，又须“定而不死，变动有据”，使演员在演出实践中随着对角色理解的不断深化，不断创造与更新唱腔和形体动作。张岱非常推崇民间艺人彭天锡的演技，“天锡多扮丑净，千古之奸雄佞倖，经天锡之心肝而愈狠，借天锡之面目而愈刁，出天锡之口角而愈险。设身处地，恐纣之恶，不如是之甚也！皱眉眯眼，实实腹中有剑，笑里有刀，鬼气杀机，阴森可畏”[①]。十分欣赏调腔演员朱楚生“其孤意在眉，其深情在睫，其解意在

① (明)张岱著，弥松颐注：《陶庵梦忆·彭天锡串戏》，上海书店印行1982年版。

烟视媚行"[①]的独特表演。因为彭天锡、朱楚生的"一举一动，拍拍中节"，"一言一语，丝丝入扣"，语言动作、思想感情无不与角色融合为一，而且形神一致。更主要的是，彭天锡的"心肝""口角""面目""皱眉眯眼"，朱楚生的"眉""睫"，体现了演员自己的表演个性。

演员的演技要达到"十分纯熟""十分淘洗""十分脱化"的程度，并不是易事。张岱认为一要像朱楚生那样，"楚生多遐想，一往深情，摇飏无主"，"性命于戏，下全力为之"[②]，一要热爱本职工作，苦心钻研，细细体验；二要有彭天锡那样的见识、阅历，"一肚皮书史，一肚皮山川，一肚皮机械，一肚皮磥砢不平之气，无地发泄，特于是发泄之耳"[③]，要有"通书史""解音律"较高的文化修养，对角色的"山川""机械"的思想性格的体验，表演艺术独特自觉追求的"不平之气"，如此一来，才能深刻理解剧作，格外自觉精湛地揣摩演技。

明代中后期产生了不少有关戏曲的论著，如徐渭的《南词叙录》，吕天成的《曲品》，王骥德的《曲律》，祁彪佳的《远山堂曲品》《远山堂剧品》等。但一般来说，这些著作都探讨的是戏曲艺术构思、剧本结构和戏曲语言等问题，而对戏曲的导演、演员表演方面很少涉猎。潘之恒的《鸾啸小品》《亘史》对戏曲表演理论作了较多探索。张岱广泛吸收了前人和同时代人在戏

---

① (明)张岱著，弥松颐注:《陶庵梦忆·朱楚生》，上海书店印行1982年版。

② (明)张岱著，弥松颐注:《陶庵梦忆·朱楚生》，上海书店印行1982年版。

③ (明)张岱著，弥松颐注:《陶庵梦忆·彭天锡串戏》，上海书店印行1982年版。

曲上的成果，在戏曲创作、导演、演员表演诸方面皆有涉及，并在他们的基础上有所发展、创新，这是不容忽视的。

不仅如此，张岱还在声腔、剧目、排场、表演艺术等方面留下了极其珍贵的资料。如余姚腔，自徐渭在《南词叙录》中提道："称余姚腔者，出于会稽、常、润、池、太、扬、徐用之。"此后，有关戏曲的文献，包括汤显祖的《宜黄县戏神清源师庙记》，顾起云的《客坐赘知》，王骥德的《曲律》，沈宠绥的《度曲须知》等，一直未见任何有关余姚腔的记载，而张岱关于腔调的记述，"朱楚生，女戏耳，调腔戏耳。其科白之妙，有本腔不能得十分之一者，盖四明姚益城先生精音律，尝与楚生辈讲究关节，妙入情理，如《江天暮雪》《霄光剑》《画中人》等戏，虽昆山老教师，细细摹拟，断不能加其毫末也"[①]，"甲戌十月……是夜，彭天锡与罗三民与串本腔戏，妙绝；与楚生、素芝串调腔戏，又复妙绝"[②]。据此，戏曲研究家蒋星煜等考证认为，这里的"调腔"就是余姚腔，或者是余姚腔的遗音。若联系该段文字"盖四明姚益城先生精音律，尝与楚生辈讲究关节，妙入情理"考察，"四明"即余姚也，姚益城先生精通的"调腔"自然是余姚腔，蒋星煜先生的考定应该是可信的。可见"调腔"即余姚腔在晚明还是有影响的一种剧种。由于张岱的记录，使得一度失落的余姚腔得以复归，为后人研究余姚腔提供

---

① (明)张岱著，弥松颐注:《陶庵梦忆·朱楚生》，上海书店印行1982年版。

② (明)张岱著，弥松颐注:《陶庵梦忆·不系园》，上海书店印行1982年版。

了可靠的资料。张岱在《刘晖吉女戏》中还记录了明末已经出现的舞台布景砌末，这是非常珍贵的早期舞台装置的精确记录，对于恰如其分运用布景，创造气氛，充分发挥戏曲艺术的效果，是有历史借鉴意义的。

张岱结识了许多演员，和他们亲切交谈，成了他们的朋友。无论是彭天锡、徐孟雄这类颇有影响的业余演员，或者是张大来、夏汝开这类有一定艺术成就的民间职业演员，还是朱楚生、王月生这类秦淮歌妓，以及他家蓄养的马小卿、陆子云、干畹、潘小妃等演员，他都能以一种平等尊重的态度和他们相处，充分肯定他们的艺术创造。他不仅为一大批著名的演员留下了姓名，为他们精彩的舞台艺术作了独到的评论，而且还为我们研究明末清初的演剧史留下了许多有价值的资料。

全面观照张岱一生的学术活动，似以散文第一、历史著作第二，戏曲鉴赏理论是其非经意之作，零碎分散，篇幅不多，然而却如散落的珍珠，璀璨夺目，足以显示其戏曲理论的成就。

丰富复杂、崇尚实学的思想家

张岱的思想极其复杂，他相信道教的青乌堪舆之术，认为其张家发迹始于“五世祖葬地”。《快园道古·夙慧部》载曰：“先高祖太仆，葬天衣祖垅，开圹，有黑气弥漫，匠石恐泄气，欲遽掩之。先文恭甫六齿，言：‘此杀气，政须放尽乃佳。’太仆从之。黑气尽，清气冉冉，乃遂掩圹。十三年后，而文恭遂荐贤书。”[1]有时还相信灾异祥瑞之说，如《草妖》《苏州白兔》。也受到家庭浓厚的佛教思想影响。他的祖父曾建造表胜庵，迎炉峰石屋的一金和尚为住持。他的外祖父在城东吼山设曹山宕放生池，“积三十余年，放生几百千万”。少年时常跟随母亲至曹山庵做佛事，青年时期长期闭户求读于炉峰脚下的天瓦庵，晚年在项里居时，乃架一草庵，礼佛不辍。张岱一生结交过不少高僧、道士，“凡黄冠、剑客、缁衣、伶工、毕聚其庐”，杭州灵隐寺住持具德和尚是他的族弟，往来尤为密切。崇祯十年（1637），张岱与好友秦一生专访宁波天童寺金粟和尚，又至阿育寺瞻礼舍利。他平生研读了不少佛教经书，虽无专门的佛学著作，却十分热心佛教知识的传播，所著《夜航船》一书中，对于“三宝”“三清”“老君”“八仙”“天师”“陈抟”“周颠仙”“张三丰”等道家经典及道教人物，“禅门五宗”“三乘、五教”“沙门”“不二法门”“传衣钵”“杨枝水”等佛家经典及佛教人物作了引经据典的详尽解释。在所著《西湖梦寻》中，记述西湖一带的道观、佛寺胜迹就达三十六篇之多，约占全书内容的三分之一。并为绍兴、杭州的丛林古刹的修复写过《表胜庵启》《兴复大能寺因果记》《修大善塔碑》《募修岳鄂王祠墓疏》等文章，为研究地方佛教、道教史留下了宝贵资料。

张岱曾说：“村中夫妇说朝海，便菩萨与俱，偶失足一蹶，

---

① (明)张岱著，高学安、佘德余校点：《快园道古·夙慧部》，浙江古籍出版社1986年版。

谓是菩萨推之；蹶而仆，又谓是菩萨掖之也。至舟中，失篙失楫，纤芥失错，必举以为菩萨祸福之验，故菩萨之应也如响。虽然，世人顽钝，护恶如痛，非斯佛法，孰与提撕？世人莫靳者囊橐，佛能出之；莫溺者贪淫，佛能除之；王法所不能至者妇女，佛能化之；圣贤所不能及者后世，佛能主之，故佛法大也。”[①]虽然张岱看到了佛教和道教在民间的巨大影响力，但他本人并不愚昧地一味相信。

张岱的思想儒释道兼具，以儒家思想为主。他秉承了曾祖父张元忭笃信王阳明“良知之说”的影响，接受了陆王心学和王门异端思想的洗礼。明末清初，王学式微，不少主张经世致用的学者因为不满王门后学的空疏，纷纷对王学采取全盘否定态度，张岱不以为然。他以历史的眼光给予王学创始人“阳明先生创良知之说出，如暗室一炬”[②]这一极高的评价，充分肯定了王学在明代思想史上的重要地位。作为王门异端李贽的学说更是被一些人视为毒蛇猛兽，遭到了更为猛烈的攻击。张岱以满腔同情和深沉的愤慨之情指出：“李温陵发言似箭，下笔如刀，人畏之甚，不胜其服之甚，亦惟其服之甚，故不得不畏之甚也。‘异端’一疏，瘐死诏狱。温陵不死于人，死于口；不死

---

① (明)张岱著，云告校点：《琅嬛文集·海志》，岳麓书社1985年版。

② (明)张岱著：《石匮书·王守仁列传》，见《续修四库全书》第319册，上海古籍出版社2002年版。

于法，死于笔。温陵自死耳，人岂能死之哉！”[①]张岱认为李贽之死是由于他的言论和文章异常深刻、锋芒毕露，击中了封建礼教和道学的痼疾，褫剥了他们道貌岸然的外衣，而使他们丑形无法藏遁、无法还击，因而遭到封建统治者和道学者的嫉恨、陷害是不足为怪的。在王学末流遭到批判的同时，朱熹理学又有抬头之势。张岱在辩证分析朱熹理学的基础上，着重对朱熹的“道统论”作了深刻的批判，认为儒家学说是在斗争中发展的，“根性各别，道体无方”，根本不存在一个固定不变的学说流派。他在反对孟子道统“自任”说，反对孟子在“既以私淑，而又恐其不得与斯文道统几绝也。作自任看者，吾不谓然”[②]的同时，也反对朱熹提出的“传道之说，宋儒仿禅家衣钵而为之，孔门无此也”[③]这一观点，直接揭露了朱熹拉大旗作虎皮、企图封为道统嫡传的卑劣伎俩。

张岱有感于明朝积贫积弱的现实，对程朱以来，包括王学末流空谈心性的俗儒非常反感，多次指出“儒者全无实用”，“吾儒大而无用，只为倚门傍户，体既不真，用亦不实”[④]，十

---

① (明)张岱著:《石匮书·文苑列传下》,见《续修四库全书》第320册,上海古籍出版社2002年版。

② (明)张岱著,朱宏达校点:《四书遇·孟子·尽心下·道统章》,浙江古籍出版社1985年版。

③ (明)张岱著,朱宏达校点:《四书遇·论语·里仁·一贯章》,浙江古籍出版社1985年版。

④ (明)张岱著,朱宏达校点:《四书遇·孟子·离娄下·自得章》,浙江古籍出版社1985年版。

分鄙视那些只会抠书本，不通经济世务的章句之儒“两脚书橱”；鄙薄那些将相大臣，“事权在握，安危倚之，乃临事一无所恃，而徒以鼠首为殉者，君子弗为也”[①]，如倪元璐者。张岱主张积极入世，怀抱高度社会责任感、历史使命感的“仔肩宇宙”精神，推崇弘毅负重、以天下为己任的志士仁人。他说：“君子以天下为心，至是邦欲有为。危可以安，乱可使治，不如居者，势不可为，故见机而作也。”[②]他赞扬“舜忧勤，禹胼胝，上为君父，下为苍生”的君主，反对把“轻视天下”的巢由之辈吹捧为什么高士；赞赏范仲淹“先天下之忧而忧，后天下之乐而乐”的志士，崇尚讲究民族气节的仁人，推崇脚踏实地的有为精神。他青年时代就编纂了《古今义烈传》，写下了歌咏荆轲、高渐离、伍孚、段秀实、唐琦、景清、江天一等“慷慨负气，肉视虎狼”的英雄行为的乐府诗篇；晚年又编撰了《于越三不朽图赞》，“望于后之读是书者”继承先贤遗志。张岱从坚持民族气节的精神出发，歌颂了忠臣义士义无反顾、万死不辞的精神，同时又认为，“古今死忠义与立功业之臣，大略务名者什之七，务实者什之三。务名者出于意气，其发扬尚浅；务实者本之性情，其酝酿甚深”[③]，尤其是推崇“务实”的忠义之士。张岱虽为布衣，却关心现实，忧愤时事，慨然以整顿天下

---

①（明）张岱著：《石匮书后集》卷二〇，中华书局1959年版。

②（明）张岱著，朱宏达校点：《四书遇·论语·泰伯·笃信章》，浙江古籍出版社1985年版。

③（明）张岱著，云告校点：《琅嬛文集·孙忠烈公世乘序》，岳麓书社1985年版。

为己任，他破家举义兵抵抗清兵进驻绍兴，上书鲁监国要求立斩奸佞马士英，与祁彪佳一起赈济灾民，上呈子疏通市河，等等。

张岱崇尚义无反顾、置生死于度外的决绝斗争精神，赞扬“握拳攘臂”，“遽欲与之同日死者”的义勇之士，主张“直性”。他说：“‘直’是何物？《乾》卦刚中一画，竖将起来，顶天立地，此人之所以为生。人而‘直’，浩然充塞，死犹生也。人不‘直’，无信不立，生犹死也。”[①]后来他又认为，“石压笋斜出，屈曲委蛇，总不碍其直性”[②]，反对无畏牺牲，主张死必须有一定代价，应有益于“国家社稷”，“事之不成，以臣头为殉，直一鼠首耳，何益于国家社稷”[③]，提倡忍耐，“‘忍’之一字，原是英雄大作用处”[④]，“做事第一要耐烦心肠，一切跌磕蹭蹬，欢喜爱慕景象，都忍耐过去，才是经纶好手，若激得动，引得上，到底结果有限”[⑤]。张岱为族兄张公琬《博浪锥》传奇作序，称扬“子房用气而卒能不为气用，取其深情远识，以提醒

---

①（明）张岱著，朱宏达校点：《四书遇·论语·雍也·生直章》，浙江古籍出版社1985年版。

②（明）张岱著，朱宏达校点：《四书遇·论语·雍也·生直章》，浙江古籍出版社1985年版。

③（明）张岱著，朱宏达校点：《四书遇·论语·泰伯·君子章》，浙江古籍出版社1985年版。

④（明）张岱著，朱宏达校点：《四书遇·论语·八佾·八佾彻雍章》，浙江古籍出版社1985年版。

⑤（明）张岱著，朱宏达校点：《四书遇·论语·八佾·八佾彻雍章》，浙江古籍出版社1985年版。

英雄豪杰，为功大矣”[①]，并联系剧作解剖自己，认为过去“纯用气性用事”，如一只“怒蛙”，表示要把《博浪锥》传奇置于床头，时时提醒自己。张岱随着经历的丰富和逆境的磨炼，处世更为老练，不仅重视原则的坚定性，又讲究政策的灵活性。灵活性是为实现原则、目的服务的，在权衡是否“有益于国家社稷”的前提下，讲究行动的效果，显示了他求实的思想。

张岱读书“幼遵大父教，不读朱注。凡看经书，未尝敢以各家注疏横据胸中，正襟危坐，朗诵白文数十余过，其意义忽然有省。间有不能强解者，无意无义，贮之胸中，或一年，或二年，或读他书，或听人议论，或见山川、云物、鸟兽、虫鱼，触目惊心，忽于此书有悟，取而出之”[②]。反对受名家解说羁缚，囿于成见，人云亦云，而是要通过自己熟读深思，接触生活实际，从中得到启发，提出自己见解。张岱认为：“凡学问最怕拘板，必有活动自得处，方能上达。”[③]“活动自得”，就是要独立思考，以“深心明眼”审读经书和诸家学说，提出自己独到的见解，破除各种思想束缚、精神禁锢，破除对先儒“传注”和朱熹“集注”的迷信。张岱非常重视研究者的钻研功夫和独立思考，因此，他的《石匮书》无论在史识上还是在体例上都具有自己的特点。他对明中后期的朋党深恶痛绝，不仅反对阉

---

① (明)张岱著，云告校点：《琅嬛文集·博浪锥传奇序》，岳麓书社1985年版。

② (明)张岱著，云告校点：《琅嬛文集·四书遇序》，岳麓书社1985年版。

③ (明)张岱著，朱宏达校点：《四书遇·论语·学而·时习章》，浙江古籍出版社1985年版。

党，而且对当时“不拥戴东林，恐不合时宜”一边倒的倾向，敢于顶风反潮流，毫不犹豫地揭露了“依附东林，借名窃禄”那班人的行径。他对王阳明心学推崇备至，又鄙视空谈心学的王学末流。他继承了公安、竟陵两派反对复古主义，主张独抒性灵的革新传统，但又毫不留情地指出两派的流弊。这都反映了张岱在读书治学过程中不愿蹈袭旧说，敢于提出自己见解的独立思考精神。

在文学理论上，张岱深受徐渭、袁宏道等人的影响，坚决反对复古派以模拟为能事的治学态度，坚持自己的个性，主张抒发性灵。张岱嘲笑嘉靖七子领袖王世贞：“弇州学《史》而《史》，学《左》而《左》，学《骚》而《骚》，学子而子，直书麓中一大盗侠耳！其手眼不自出焉，故勿贵也。”①模拟古人的作品，尽管模拟得毫发不爽，但终究是古人的东西。不能自出于手眼，没有自己的特色，也就没有传世的价值。张岱主张“自出手眼，撇却钟谭，推开王李”②，“我与我周旋久，则宁学我”③，坚持自己个性特色。他说自己“生平倔强，巾不高低，袖不大小，野服竹冠，人且望而知为陶庵”④。他主张诗文抒发真情，表现现实生活，反对矫揉造作。他在诗文中，对祖国山

① (明)张岱著:《石匮书·文苑列传上》,见《续修四库全书》第320册,上海古籍出版社2002年版。

② (明)张岱著,云告校点:《琅嬛文集·又与毅孺八弟》,岳麓书社1985年版。

③ (明)张岱著,云告校点:《琅嬛文集·琅嬛诗集序》,岳麓书社1985年版。

④ (明)张岱著,云告校点:《琅嬛文集·又与毅孺八弟》,岳麓书社1985年版。

水风光，人们在节日里如醉如狂的尽情欢乐，充满了欣赏肯定的激情。明亡后，昔日的繁华如过眼云烟，追忆往事时，便有一种幻灭感、失落感，“梦忆”“梦寻”，正说明他不能忘怀过去，表现了对故国乡土的人事无限眷恋的痴情。

张岱崇尚真实自然的审美情趣。他认为“食龙肉谓不若食猪肉之味为真也，貌鬼神谓不若貌狗马之形为近也”，文章“何论大小哉！亦得其真、得其近而已矣”[①]。拟古的诗文犹如龙肉和鬼神一样，虚无缥缈，食不得其味，画不得其形，只有那些表现猪肉和狗马——人们日常所熟悉的世俗生活的题材，抒发了真情实感的好作品，才会受到人们的钟爱。在戏曲创作上，反对“狠求奇怪”，“只求闹热，不问根由，但要出奇，不顾文理”，主张“布帛菽粟之中自有许多滋味”[②]，认为“米颠石，具丘壑；有云烟，无斧凿”[③]，“拙则厚，朴则寿”[④]，这些经过高手加工、不留人工痕迹、依然保持着原始朴素风貌的艺术品，是艺术中的珍品。另一方面，他又非常重视文学艺术创作精心结撰、惨淡经营的功夫。他说“画米家山者，止取烟云灭没，故笔意纵横，几同泼墨。然不知其先定轮廓，后用点染，费几番解衣盘礴之力也”[⑤]，称扬戏曲演员朱楚生“性命于戏，下全

---

①（明）张岱著，云告校点：《琅嬛文集·张子说铃序》，岳麓书社1985年版。

②（明）张岱著，云告校点：《琅嬛文集·答袁箨庵》，岳麓书社1985年版。

③（明）张岱著，云告校点：《琅嬛文集·谢纬止砚山铭》，岳麓书社1985年版。

④（明）张岱著，云告校点：《琅嬛文集·宋砚铭》，岳麓书社1985年版。

⑤（明）张岱著，云告校点：《琅嬛文集·再跋蓝田叔米山》，岳麓书社1985年版。

力为之”的精益求精精神。

明代中后期，城市经济空前繁荣。市井平民阶层亦空前活跃，工商活动在社会经济生活中的比重日益增长，坊主商人的社会地位逐渐上升，中古社会严格的等级秩序，单一的自然经济开始松动。顺应这一时代的王阳明心学，尤其是王学左派的李贽，冲破了传统的“士农工商”的“本末”之见，大胆地肯定商人、坊主日益提高的社会伦理地位，揄扬平民意识，在伦理关系上否定圣凡之分，在政治关系上否定贵贱之别，对封建社会森严的等级秩序展开了全面批判。张岱深受这一思潮影响，他透过“竹，与漆、与铜、与窑，贱工也。嘉兴之腊竹，王二之漆竹、苏州姜华雨之篃箓竹、嘉兴洪漆之漆、张铜之铜、徽州吴明官之窑，皆以竹与漆与铜与窑名家起家，而其人且与缙绅先生列坐抗礼焉”[①]这一变化的社会现象，提出了人的社会价值及地位，完全取决于他们生产的产品，产品质量的高低、工艺精粗与生产者的社会价值是成正相关关系的说法。社会上的各行各业，行行都能使人出名，问题在于生产者能否具有神功妙手，娴熟高超的技巧，生产出“厚薄深浅，浓淡疏密，适与后世赏鉴家之心力目力，针芥相对”，“盖技也而进乎道矣”[②]的产品。这也正是一些能工巧匠比一般工匠的高明之处。张岱认为，人的价值取决于自身的智慧、才能以及他生产的实绩——

① (明)张岱著，弥松颐注:《陶庵梦忆·诸工》，上海书店印行1982年版。

② (明)张岱著，弥松颐注:《陶庵梦忆·吴中绝技》，上海书店印行1982年版。

产品。这种对人的自我价值的发现体认，极大地丰富了启蒙思想。张岱特别爱才、怜才。他不仅热情赞扬那些成绩突出的能工巧匠，“余友濮仲谦，雕刻妙天下”①，钦佩优伶名妓的演技，“眼前活立太史公，口内龙门如水泻”②，把说书艺人柳敬亭与《史记》作者司马迁相提并论；对于市井百姓的一技一艺，诸如园艺、盆景、烹调、蹋球、划船、走索、彩灯、瀹茶、种橘等，同样关注揄扬；即便是小智慧，“虽知星星爝火，不足与日月争光，而若当阴翳晦冥，腐草流萤，掩映其际，亦自灼灼可人，断难泯灭矣”③，也纤毫必珍。

张岱还受到王学左派李贽的“穿衣吃饭即是人伦物理”学说和当时社会风气的影响，充分肯定人对物欲的追求，反对“不欲以口腹累性命”的假道学，提出“凡为仁者，只在布帛、菽粟、饮食、日用之间，原不必好高骛远”④，封建统治者实行仁政，最基本的就应该在吃、穿、用等方面满足人们的需求。除了满足物质需求，还应满足人们精神文化和审美方面的需要，“不得尽说坏声色”。张岱在继承李贽“各从所好，各骋其长”，“各遂其生，各获其所愿”，“各遂其千万人之欲”的人学思想基

---

①（明）张岱著，云告校点：《琅嬛文集·鸠柴奇觚记序》，岳麓书社1985年版。

②（明）张岱著，夏咸淳校点：《张岱诗文集·柳麻子说书》，上海古籍出版社1991年版。

③（明）张岱著，高学安、佘德余校点：《快园道古·小慧部》，浙江古籍出版社1986年版。

④（明）张岱著，朱宏达校点：《四书遇·论语·子张·吾友章》，浙江古籍出版社1985年版。

础上，提出了“物性自遂”的主张，反对“鱼牢幽闭，涨腻不流”，“何苦锁禁，待以胥縻”，要从“纵壑开樊，听其游泳”，“放之山林”，恢复他们的天性和自由。这里不仅是指鱼兔鹿猢狲等动物，还涉及人本论的思想，即尊重人的个性、欲望、爱好，发展人的个性、欲望、爱好，这与启蒙思潮高扬人的主体意识是一脉相承的。他赞赏好友秦一生“真目厌绮丽而耳厌笙歌，一生之奉其耳目者，亦不减王侯矣”[①]。他自己的追求则更加广泛：“极爱繁华，好精舍，好美婢，好娈童，好鲜衣，好美食，好骏马，好华灯，好烟火，好梨园，好鼓吹，好古董，好花鸟，兼以茶淫橘虐，书蠹诗魔。”[②]张岱行为放荡不羁，举凡斗鸡打猎，弹琴唱戏，看雪赏月，品茗吃蟹，观灯阅武，他都喜欢，但绝不是一个浑浑噩噩、沉溺于声色犬马中的纨绔子弟。他原先非常喜欢斗鸡，后来看到野史说唐玄宗因为斗鸡亡国，就坚决抛弃了这一嗜好。尽管他的举止无拘无束，内心深处却是以国家命运为重的。张岱认为“自为是卑暗门，爱人是高明门”[③]，人们为了生存发展，仅仅追求物质享受是不够的，还应以天下为己任，“仔肩宇宙”，关心国家民生。所以他鄙视那些“欲海无边，尘心难扫；汗颜顷刻，顽钝终身。填七尺于膻淫，耗须眉于营算。宅畔有宅，田外有田。好利亦复竞名，身荣又

① (明)张岱著，云告校点：《琅嬛文集·祭秦一生文》，岳麓书社1985年版。

② (明)张岱著，云告校点：《琅嬛文集·自为墓志铭》，岳麓书社1985年版。

③ (明)张岱著，朱宏达校点：《四书遇·孟子·尽心·归儒章》，浙江古籍出版社1985年版。

祈子富”[1]的利欲熏心之徒，一味贪求物质享受，除了田产住房、金钱美女、身荣子富，却别无更高的追求，白白浪费了自己的一生。张岱这一思想反映了明代后期资本主义生产关系萌芽以后，市民阶层要求满足人的正常情感欲求的心理愿望，又与晚期“狂禅派”为满足个人的粗鄙情欲，置社会道德于不顾，轻佻放荡，腐化堕落的纵欲主义划清了界限。

张岱出生于几代通显的官宦家庭，幼年聪明灵隽，深得父祖辈的瞩望和宠爱，个性得到了充分发展，养成了广泛的兴趣。张家藏书丰富，从小就深受家庭文化濡沫熏陶，博览群书。对《左传》《战国策》《史记》《汉书》《文选》，庄列、韩、管诸书和野史、小说、戏曲爱不释手，且深得读书之法，知识渊博。长大以后，曾漫游浙、苏、皖、赣、鲁、辽等省，交结甚广，“大江以南，凡黄冠剑客、缁衣伶工，皆聚其庐”，“园林诗酒之社颉颃其间”，博采众长。中年以后曲折艰苦的经历，又磨炼了他的意志，使他更加贴近现实生活，视野开阔，务求实际。

封建的取士制度禁锢着士子的思想，像磁铁那样吸引着他们不得不走科举的道路，深得家族厚望和“志在补天”的张岱自然不能避免。好举业、“少工帖括”的张岱自十六岁成了秀才以后，在科举上就一直蹭蹬不顺。崇祯八年（1635），张岱再次参加乡试，因试牍不合规格而罢黜。当时他曾愤然失意了一阵

① (明)张岱著，朱宏达校点：《四书遇·孟子·告子·本心章》，浙江古籍出版社1985年版。

子，但通过一年多时间的冷静思考，逐渐从痛苦抑郁中解脱出来，认识到“区区帖括家，为地甚窄”[①]，“一习八股，则心不得不细，气不得不卑，眼界不得不小，意味不得不酸，形状不得不寒，肚肠不得不腐”[②]，真切感受到科举制度对人才的摧残和扼杀，对国家的危害。可贵的是，张岱比他的父亲觉醒得早，碰了几回壁，马上回头，毅然抛弃了这块“敲门砖”。幸而张岱少年时也并不专攻“帖括”，唯此是问，而是旁骛杂学，较早就博览群书，这为后来从事著述工作打下了坚实基础，也培养了顺应以后坎坷生活遭遇的能力。他除了涉猎经史子集，还善于从交友、从生活实践中汲取知识。张岱交友，三教九流，各种人都有，其中有当时第一流的学者文人，也有名不见经传的奇人逸士、工匠、艺人、妓女、童仆，还有和尚道士。张岱感到很幸运，能从他们那里学到各种知识。

张岱好精舍，因而对园林极有研究，写下了许多游记和园亭之作。好美食，使其对各地的“方物”很有研究，成为一个名副其实的“美食家”，晚年考订祖父编撰的《饔史》为《老饕集》。好华灯，好烟火，使其欣然于节日的活动，情注于“绍兴灯景”和“鲁藩烟火”。好梨园，好鼓吹，其于年轻时学习弹琴，缔结丝社，熟习音律，组织并指导家班，培养和造就了从事戏曲批评和导演的才能。好古董，使其善于鉴赏和收藏，成了古董收藏和

---

① (明)张岱著，云告校点：《琅嬛文集·跋张子省试牍》，岳麓书社1985年版。

② (明)张岱著：《石匮书·科目志总论》，见《续修四库全书》第318册，上海古籍出版社2002年版。

鉴赏家。茶淫，其对水和煮茶极有研究，精于品茗，编写了《茶史》。书蠹诗魔，其知识渊博，编撰了《石匮书》《石匮书后集》《史阙》等历史著作，创作了《陶庵梦忆》《西湖梦寻》《琅嬛文集》和《张子诗粃》等诗文作品，成为一个有成就的史学家、文学家、艺术家。不仅如此，张岱还编写了字典《奇字问》《韵书确》，医书《陶庵肘后方》，历书《桃源历》，还精通篆刻。如果再进一步看看《夜航船》和《石匮书》的目录，就会使人更加佩服他的渊博知识了。《夜航船》可谓是一部百科全书，其中“物理”“日用”“植物”“动物”等大部分知识都是来自生活。《石匮书》共二百〇九卷，分本纪、志、表、世家、列传五大部分。仅《志》部分就涉及天文、地理、礼乐、科目、百官、河渠、刑名、兵革、马政、历法、盐法、漕运、艺文等。这些知识使得张岱在中年沦为贫民以后，很快就能从事治病、养鱼、种菜、种植水果等营生活动。

晚明，西学东渐，不少传教士来华游历，他们在传教的同时，也传播了西方诸如天文、历算、机械、水利等科学文化知识。对此，明朝的官僚绅士大多持反对态度。利玛窦在华近三十年，最后死于北京，是年张岱仅十三岁。以后，作为一介布衣的张岱，对于利玛窦的天文历法很感兴趣，他在全面鉴别考证利玛窦传入的西方文化的基础上，否定了他的天主教义，“愈诞愈浅”，无一可取，《超言》一书“平平无奇”，《山海舆地全图》“荒唐之言，多不可闻”[①]，而对西洋历法“洞筋彻髓，不爽分毫”，“推测占候，颇亦有验”予以充分肯定。对于钦天监灵台保章诸官“以为外夷而轻视之”，“故终利玛窦之身，而不得究其用”[②]的排外做法提出了尖锐批评，充分表现了张岱求实、开放的思想。

明末资本主义萌芽和市民阶层兴盛，以及反映这一时代愿望的启蒙思想和明清易代的巨大变革，给予张岱以深刻的影响。一方面他继承并发展启蒙思潮中的人本主义，另一方面，针对明亡的社会现实，锐意反思总结，主张经世济民。张岱的实学思想既有李贽的深刻，又有辩证不偏激的特色，但由于信守“忠孝”，囿于对君权的认识，与同期的王夫之、黄宗羲等相比，仍有一定距离，也影响了他的实学、史学的成就。

---

① (明)张岱著:《石匮书·历法志》,见《续修四库全书》第318册,上海古籍出版社2002年版。

② (明)张岱著:《石匮书·历法志》,见《续修四库全书》第318册,上海古籍出版社2002年版。

第十五章　遗响绵长

张岱生活于明末清初，在文学史、艺术史、史学史上都取得了辉煌成就，被称为绝代的散文家、卓越的史学家、杰出的戏曲鉴赏家、出色的诗人。他学识渊博，著作等身，根据他自己的记述和有关资料的记载，著作就达三十一种。其中尚有稿本、珍本珍藏至今的有十多种，如今广为流传的仅有《陶庵梦忆》《西湖梦寻》《琅嬛文集》和《石匮书后集》数种。前些年又有出版社陆续整理出版了他的《四书遇》《夜航船》《快园道古》，影印出版了史学巨著《石匮书》和《于越三不朽图赞》等。随着研究的深入，反映其入清后艰辛生活的《张子诗粃》和史著《古今义烈传》《史阙》《瑄朗乞巧录》等近十种著作也会得到整理刊行。

同时代人的誉扬

张岱在文学、史学、艺术诸方面的卓越成就，在其生前就得到了一些知重他的前辈和交游甚深朋友的肯定和赞扬，如前辈陈继儒、刘半舫、刘光斗为其《古今义烈传》作序。陈继儒评曰，“余取读之，见其凡例、名籍，竖义侃侃，便已心异其人。读未终卷，其条序人物，深得龙门精魄，典赡之中，佐以临川，孤韵苍翠。笔底赞语奇峭，风电云霆，龙蛇虎豹，腕下变现，而隽冷悠然，飘渺孤鸿，天外寥呖，是以《汉书》《三国》诸赞中所绝不经见者也”，“远逮商周，近讫熹庙，卑至奴隶，琐及犬马，洋洋大章，洵是持世之作”。[①]陈继儒与张岱之祖父有密切的交往，他在万历三十三年（1605）于寓居西湖的张家做客，就对老友张汝霖之长孙张岱文思敏捷、善于属对深感惊奇，称赞他：“那得灵隽如此！余小友也。”张汝霖去世后，陈继儒仍与张家后辈来往。他热情赞扬张岱《古今义烈传》继承了《史记》精华，敢为小人物立传，对人物事迹的叙述很有条理，语言典雅精炼，赞语立意新奇。

前后有挚友王雨谦、祁豸佳、查继佐、金堡、李研斋为《西湖梦寻》作序。其中祁豸佳评云：“余友张陶庵，笔具化工。其所记游，有郦道元之博奥，有刘侗人之生辣，有袁中郎之倩丽，有王季重之诙谐，无所不有其一种空灵晶映之气，寻其笔墨，又一无所有。为西湖传神写照，政在阿堵矣。”[②]王雨谦又为他的《琅嬛文集》作序说：“甲申以后，屏弃浮云，益肆力于

①（明）陈继儒著：《古今义烈传序》，见（明）张岱著，夏咸淳校点：《张岱诗文集·附录》，上海古籍出版社1991年版。

②（明）祁豸佳著：《西湖梦寻序》，见（明）张岱著，夏咸淳校点：《张岱诗文集·附录》，上海古籍出版社1991年版。

文章，自其策论、辞赋、传记、笺赞之类，旁及题额、柱铭，出其大力，为能登之重渊，而明诸日月，题曰《琅嬛文集》。盖其为文，不主一家，而别以成其家，故能醇乎其醇，亦复出奇尽变，所谓文中之乌获，而后来之斗杓也。”[①]其弟张弘为其《琅嬛诗集》作序，称其诗篇“咄咄惊奇，连章累牍，便可高踞汉唐之上”。黄道周、李研斋、王雨谦也曾为张岱《石匮书》作序。李研斋曾高度评价《石匮书》的成就，谓“当今史学，无逾陶庵”[②]，并为之题写“有明著述鸿儒陶庵张之公之圹”的圹碑。王雨谦评其“《石匮书》一书，上与《左》《史》等鼎”[③]。

上述评论大多以作品的序、跋形式展开，仍未摆脱传统评点即兴式、随感式的特点，严格而言，还算不上真正的学术评论。但由于他们和张岱生活在相同的文化背景之下，具有相似的经历与性情，与张岱交情深厚，最能了解、懂得张岱，因而对张岱作品的创作缘由、创作心态、艺术特色、审美情趣和地位价值的评价，往往能“一语中的”。

有清一代，研究受到限制，散文集仍得到刊刻

张岱著作等身，明亡后长期隐迹不出，生活潦倒，沦为无

---

① (明)王雨谦著:《琅嬛文集序》,见(明)张岱著,夏咸淳校点:《张岱诗文集·附录》,上海古籍出版社1991年版。

② (明)张岱著,云告校点:《琅嬛文集·与李砚翁》,岳麓书社1985年版。

③ (明)王雨谦著:《琅嬛文集序》,见(明)张岱著,夏咸淳校点:《张岱诗文集·附录》,上海古籍出版社1991年版。

籍之民，他的大量著作虽幸免于水火，除《古今义烈传》《琅嬛文集》《西湖梦寻》《于越三不朽图赞》《陶庵梦忆》曾于张岱去世后陆续刊刻，其他大部分皆以钞本、稿本形式秘封藏于深阁，极少有人接触。有清一代，特别是清朝的统治稳定后，由于王纲解纽时代而带来的思想和创作的自由空间已经不复存在，受个性思潮浸润、充满性灵的散文小品受到了毫不留情的否定和扼制。《四库全书》卷七六《地理类存目》五仅收录了《西湖梦寻》的条目，且作了“其体例全仿刘侗《帝京景物略》，其诗文亦全沿公安竟陵之派”的贬抑性评价。对其诗歌，陈子龙的《皇明诗选》，钱谦益的《列朝诗集》，朱彝尊的《明诗综》，沈德潜的《明诗别裁》皆不录，只有商盘的《越风》选其七律一首。其纪传体明史巨著《石匮书》虽未能付梓，却为顺治十三年至十五年（1656—1658）谷应泰主编《明史纪事本末》提供了参考。其后又为康熙二十年（1681）清修《明史》提供了参考，这本身就是对《石匮书》价值的一种肯定。乾隆中期秀水金忠淳辑刊《砚云甲编》本《梦忆》（一卷），乾隆五十九年（1794），仁和王文诰从王竹坡、姚春漪处得传钞足本（八卷）梓刻，道光四年（1824）吴兴郑佶根据钞本刻印《史阙》。此外，温睿临撰的《南疆逸史》，徐承礼的《小腆纪传补遗》，邵廷采的《思复堂文集》，商盘的《越风》，《乾隆绍兴府志》和《嘉庆山阴县志》对其生平著作皆作了如实介绍，为后人的进一步研究提供了史料。

晚清由于战争不断，学术研究受到了严重影响，对于张岱的研究基本处于空白，但张岱的两部散文著作却得到了刊刻。一是《陶庵梦忆》，咸丰二年（1852），南海伍崇曜根据仁和王文诰的八卷本重刻，辑为《粤雅堂丛书》本，民国初年北京《雁来红丛书》铅印本五卷，与《浮生六记》合订。二是《琅嬛文集》六卷本，由张岱精选，友人王雨谦、祁豸佳作序。其中卷二《琅嬛福地记》云："嬴氏焚书史，咸阳火正炽。此中有全书，并不遗只字。"[①]文多触清人忌讳，久未印行。清初稿本藏诸暨余缙（1617—1689）家大观楼，缙字仲绅，号浣公，顺治九年（1652）进士，官河南、山西道御史。会稽王惠于大观楼失火前借出，携至贵州，传其子王介臣，经黔乱二十年得无恙。介臣得时任贵州巡抚的湘潭人黎培敬资助，于光绪三年（1877）刊行。光绪十四年（1888），山阴陈锦重刻《于越三不朽图赞》。

研究的滥觞

由于二十世纪三十年代前半期，中国文坛盛行过一个与左翼、京派等文学思潮并列的言志派文学思潮。"其代表人物是周作人和林语堂，他们一南一北，桴鼓相应，搅动了整个文坛……言志们借重评晚明小品来倡导言志文学，引发了一个声势浩大的晚明小品热，对于现代文学、现代文学学术特别是现代散文有着重要而深刻的影响"[②]，这场关于晚明小品的争论，

---

① (明)张岱著，云告校点:《琅嬛文集·琅嬛福地记》，岳麓书社1985年版。

② 黄开发:《一个晚明小品选本与一次文学思潮》，《文学评论》2006年第2期。

使张岱的散文集《陶庵梦忆》《西湖梦寻》《琅嬛文集》得到了校点出版。张岱在文学、史学、艺术诸方面的成就开始为人们关注，张岱的散文创作风格、语言技巧为一批现代作家所继承。1932年，北平人文书店出版沈启无（1902—1969）在大学讲课时用的晚明小品选本《近代散文抄》上下两册，该书收录以公安、竟陵两派为中心的十七人一百七十二篇作品，其中张岱有二十八篇，编者认为张岱是最能兼公安、竟陵两派之长的集大成者。书前有周作人作于两个不同阶段的两篇序，即《冰雪小品选》和《近代散文抄》。早在1926年，俞平伯的北京朴社排印的《陶庵梦忆》，就有周作人所作《陶庵梦忆·序》，周作人在序中说："张宗子的著作似乎很多，但《梦忆》以外，我只见过《于越三不朽图赞》《琅嬛文集》《西湖梦寻》三种，他所选的《一卷冰雪》曾在大路的旧书店中见过，因索价太昂贵未曾买得。我觉得《梦忆》最好，虽然文集里也有些好文章，如《梦忆》的记泰山几乎就是《岱志》的节本。其写人物的几篇也与《五异人传》有许多相像。""《梦忆》是这一流文字之佳者，而所追怀者是明朝的事，更令我觉得有意思。"其后又有上海世界书局1935年排印本，书前有朱剑芒的《陶庵梦忆考》，对张岱家世、个性、文学技巧作了论述，同时认为《陶庵梦忆》是一部忏悔作品。《陶庵梦忆》以后又有文明书局《说库》本、商务印书馆《丛书集成》本、艺文印书馆《百部丛书》本等。书前也有周作人写的序《再谈俳文》，赞扬张岱的小品"别有新气象，更是可喜"。在散文的写作上，周作人的散文就有些"张岱味"，他曾说过："《梦忆》可以说是他文集的选本，除了那些故意用的怪文句，我觉得有几篇真写得不坏，倘若我自己能够写得出一两篇，那就十分满足了，但这是歆羡不来、学不来的。"[①]周作人曾多次推崇张岱的散文："王季重文殊有趣，唯尚有徐文长所说的以古字替代俗字的地方，不及张宗子自然。张宗子的《琅嬛文集》中记泰山及普陀之游的两篇文章似比《文饭小品》各篇为佳。"[②]我们读周作人的《初恋》《娱园》《故乡的野菜》《乌篷船》等篇，包括他为自己和他人写的序言，意境淡远飘逸，雍容和蔼，絮絮道来，了无挂碍，放逸任性而节度宛在，冲淡平和之中自有一种空灵澄澈的情韵。曹聚仁曾对周作人的散文作过这样的描述："他的作风，可以用龙井茶来打比，看去全无颜色，喝到口里，一股清香，令人回味无穷。"[③]曹聚仁讲的，正是周作人散文的机警出于自然、深刻寓于平淡的特征。周作人散文的这种风格特征正是源于公安三袁和张岱散文的风格特征。周作人认为俞平伯的《杂拌儿》《燕知草》"是现今散文一派的代表，可以与张宗子的《文粃》（刻本改名为《琅嬛文集》）相比，各占一个时代的地位"[④]。在文学风格上亦有明显的继承关系。朱自清在《〈燕知草〉序》中也曾说过俞平伯的

① 周作人著，钟书河编：《知堂序跋·陶庵梦忆序》，岳麓书社1987年版。

② 周作人著，张明高、范桥编：《周作人散文》第二集，中国广播电视出版社1992年版。

③ 曹聚仁著，绍衡编：《曹聚仁文选》上集，中国广播电视出版社1995年版。

④ 周作人著，张明高、范桥编：《周作人散文》第二集，中国广播电视出版社1992年版。

性情行径及散文，很像张岱、王思任一派名士。俞平伯在《重刊〈陶庵梦忆〉跋》中说："重印此书，使梦中人多一机遇扩其心眼。痴人说梦，将有另一痴人倾耳听之，两毋相笑。于平居暇日，偶拈一则，如游旧径，似见故人。"这段话，其实提示了他与张岱散文之间精神的感应与认同。

鲁迅对周作人、林语堂提倡晚明小品曾提出过严厉的批评，他在《小品文的危机》一文中指出："明末的小品虽然比较的颓放，却并非全是吟风弄月，其中有不平，有讽刺，有攻击，有破坏。"[①]他又在致郑振铎信中表明自己的态度："小品文本身本无功过，今之被人诟病，实因过事张扬，本不能诗者争作打油诗；凡袁宏道李日华文，则誉为字字佳妙，于是而反感随起。"[②]其实，对于张岱及其作品，在鲁迅的文集和日记中，《陶庵梦忆》和《于越三不朽图赞》是引用次数较多的两部书。鲁迅在散文集《朝花夕拾》的《五猖会》篇中，引用了张岱《陶庵梦忆·及时雨》的全文，把张岱所描写的明末祈雨赛会的热闹情景与清末绍兴迎神赛会的情景作了比较。鲁迅说："现在看看《陶庵梦忆》，觉得那时的赛会，真是豪奢极了……因为祷雨而迎龙王，现在也还有的，但办法却已经很简单，不过是十多人盘旋着一条龙，以及村童们扮些海鬼。那时却还要扮故事，而且实在奇拔得可观。"张岱的《及时雨》所记述的是明崇祯五

---

① 鲁迅著:《鲁迅全集》第4卷,人民文学出版社1981年版。

② 鲁迅著:《鲁迅全集》第12卷,人民文学出版社1981年版。

年（1632）七月，绍兴城里祈雨赛会的盛况，他把当时的情景写得绘声绘色，一派热闹景象跃然纸上，因此鲁迅感慨地说：“这样的白描的活古人，谁能不动一看的雅兴呢？可惜这种盛举，早已和明社一同消灭了。”[①]

鲁迅在1913年2月8日的日记中有这样一段记载：这一天购得“《陶庵梦忆》一部四册，一元，此为王文诰所编，刻于桂林，虽单行本，然疑与《粤雅堂丛书》本同也”[②]。这说明鲁迅对《粤雅堂丛书》本相当熟悉。

张岱《陶庵梦忆》卷六有《噱社》一文，叙写仲叔张联芳在京师与沈虎臣等人结噱社，沈虎臣作诗嘲笑其仲叔曰：“座主已收帽套去，此地空余帽套头。帽套一去不复返，此头千载冷悠悠。”[③]诗句诙谐，借鉴唐人崔颢《黄鹤楼》诗律之前半。鲁迅在《伪自由书·崇实》中也活剥崔颢这首诗讽刺国民党政府。1933年1月，日军侵占山海关，国民党政府以“减少日军攻击目标”为理由，慌忙将历史语言研究所、故宫博物院内的值钱文物分批从北平运往南京、上海等地。鲁迅对国民党消极抗日的行径十分愤慨，于是写下：“废话不如少说，只剥崔颢《黄鹤楼》诗以吊之，曰：‘阔人已骑文化去，此地空余文化城。文化一去不复返，古城千载冷清清。专车队队前门站，晦气重重大

---

① 鲁迅著:《鲁迅全集》第2卷,人民文学出版社1981年版。

② 鲁迅著:《鲁迅全集》第14卷,人民文学出版社1981年版。

③ (明)张岱著,弥松颐注:《陶庵梦忆·噱社》,上海书店印行1982年版。

学生。日薄榆关何处抗，烟花场上没人惊。’”[①]此诗诙谐犀利，憎爱分明，具有很强的战斗力。无疑，鲁迅是受到了张岱《噱社》一文启发。

1935年2月4日，鲁迅在给杨霁云的信中提到阮大铖：“阮大铖虽奸佞，还能作《燕子笺》之类，而今之叭儿及其主人，则连小才也没有，‘一代不如一代’，盖不独人类为然也。”[②]阮大铖的为人为鲁迅所不齿，但鲁迅并不完全抹煞他在戏剧方面的才能。张岱与阮大铖是同时代人，曾有过交往，他在《陶庵梦忆》中写过《阮圆海戏》，描写阮大铖在戏剧创作和导演方面的才能：“阮圆海家优，讲关目，讲情理，讲筋节……故所搬演，本本出色，脚脚出色，出出出色，句句出色，字字出色。余在其家看《十错认》《摩尼珠》《燕子笺》三剧，其串架斗笋、插科打诨、意色眼目，主人细细与之讲明……阮圆海大有才华，恨居心勿静，其所编诸剧，骂世十七，解嘲十三，多诋毁东林，辩宥魏党，为士君子所唾弃，故其传奇不之著焉。如就戏论，则亦镞镞能新，不落窠臼者也。”[③]张岱对魏忠贤余孽是有明朗态度的，对阮大铖也是有全面认识的。鲁迅虽然对张岱过分责备东林党有批评，但对其辩证评价阮大铖其人是认同的。

鲁迅十分珍惜张岱的《于越三不朽图赞》，1912年到北京后不久，便在同年6月6日的日记中写下：“夜补绘《于越三不朽

---

① 鲁迅著：《鲁迅全集》第5卷，人民文学出版社1981年版。

② 鲁迅著：《鲁迅全集》第13卷，人民文学出版社1981年版。

③（明）张岱著，弥松颐注：《陶庵梦忆·阮圆海戏》，上海书店印行1982年版。

图》阙叶三枚。”[①]1913年夏，鲁迅回绍兴探亲，又在此年7月10日的日记中记载：“补绘《于越三不朽图赞》三叶，属三弟录赞并跋一叶。”[②]1914年2月1日的日记又载：“览十余书店，得……陈氏重刻《于越三不朽图赞》一册，五角，又别买一册，拟作副本，或以遗人。”[③]张岱的《于越三不朽图赞》为什么会得到鲁迅的青睐呢？因为其中收集了有明一代绍兴有节气、有武功、学术上有建树的一批爱国志士，如鲁迅曾多次引述痛斥马士英、拒绝其参与鲁王监国政权“夫越乃报仇雪耻之乡、非藏污纳垢之地”的王思任，还有智诱倭寇拯救乡民、最后惨遭倭寇杀害的普通百姓姚长子，其中蕴藏着丰富的爱国主义内容，能激起人们的爱国之情、报国之志、效国之行。鲁迅对于张岱著作的倾向，也正是体现了“明末的小品……其中有不平，有讽刺，有攻击，有破坏”的审美价值和思想倾向。

但是，从二十世纪四十年代开始，晚明文学在中国大陆的学术界受到了冷遇乃至批判。新中国成立以后至二十世纪六十年代，由于晚明小品提倡的“性灵”和“闲适”，与时代的主流不相适应，关于张岱研究的论文少而又少，仅见《陶庵张岱——读书笔记》[④]《布帛菽粟之文——张岱〈答袁箨庵书

---

① 鲁迅著:《鲁迅全集》第14卷,人民文学出版社1981年版。

② 鲁迅著:《鲁迅全集》第14卷,人民文学出版社1981年版。

③ 鲁迅著:《鲁迅全集》第14卷,人民文学出版社1981年版。

④ 方汝兰:《陶庵张岱——读书笔记》,《文汇报》1957年6月8日。

后〉》[1]等文章，但在几部《中国文学史》中却有较好的评价。如写于二十世纪三十年代，五六十年代再版的郑振铎所著《插图本中国文学史》第六十二章中："天启、崇祯间的散文作家，以刘侗、徐宏祖及张岱为最著。张岱……其所著《陶庵梦忆》《西湖梦寻》诸作，殆为明末散文文坛最高的成就。像《金山夜戏》《柳敬亭说书》，以及虎丘的夜月，西湖的莲灯，皆为空前的精绝的散文；我们若闻其声，若见其形，其笔力的尖健，几透出于纸背。"其中较早地对张岱散文作了整体的评价。初版于二十世纪四十年代，五六十年代再作修订的刘大杰著《中国文学发展史》更是作了详细的评价："兼有各派之长，可称为晚明散文代表的，是以《陶庵梦忆》《西湖梦寻》和《琅嬛文集》著称的张岱……他的诗文……不为公安、竟陵所囿，能汲取两家之所长，弃其所短，而形成他自己的特色。其文学理论，并不与公安背，他同样主张反拟古，抒性灵，他的散文，题材范围非常广阔，于描画山水外，社会生活方面无所不写。并且各种体裁，到他手中都解放了，如传记、序、跋、像赞、碑铭等，在他的笔下，都写得诙谐百出，情趣跃然，这是他散文上的特点。""他用活泼新颖的文字，对当代的社会生活和美丽的湖光月色，作了真实生动的描写。有公安的清新，有竟陵的冷峭，又有王谑庵的诙谐，在晚明的新散文中，张岱是一个成就较高的名家。"二十世纪六十年代由游国恩、王起等主编出版的《中

① 戴不凡：《布帛菽粟之文——张岱〈答袁箨庵书后〉》，《戏剧报》1961年第3期。

国文学史》，中国科学院文学研究所编写的《中国文学史》，都对张岱散文成就作了较高的评价。

研究的热潮

真正形成张岱研究高潮是在二十世纪九十年代，由于晚明小品热的第二次出现而惠及张岱研究热潮的再掀起。在这股热潮中，作为晚明小品殿军的张岱受到了前所未有的关注，而且持续的时间更久，对其研究也走向广泛深入，呈现了如下几个特点：

一、散文专集不断重版，其他著作得到整理出版。

二十世纪三十年代校点出版的《陶庵梦忆》《西湖梦寻》《琅嬛文集》三部散文集分别得到了再版。如《陶庵梦忆》，就有弥松颐校注、西湖书社1982年版，屠友祥校注、上海远东出版社1996年版。孙家遂校注《西湖梦寻》，浙江文艺出版社1984年出版。还有将上述两书合在一起出版的，如马兴荣校点的《陶庵梦忆·西湖梦寻》，上海古籍出版社1982年出版；夏咸淳、程维荣校注《陶庵梦忆·西湖梦寻》，上海古籍出版社2001年出版；云告校点《琅嬛文集》，岳麓出版社1985年出版；夏咸淳校点《张岱诗文集》（含《张子诗粃》《琅嬛文集》两部分），上海古籍出版社1991年出版。此外，还有选集，如夏咸淳选注《张岱散文选集》，百花文艺出版社1996年出版；魏崇武选注《张宗子小品》，文化艺术出版社1996年出版。浙江古籍出版社于1985年新版了由朱宏达校点的《四书遇》，1986年新版了由高学安、佘德余校点的《快园道古》，1987年新版了由刘耀林校注的《夜航船》，这些为研究张岱提供了新的资料。2002年上海古籍出版社在中华书局上海编辑所1959年出版的《石匮书后集》基础上，又影印出版了《续修四库全书·石匮书》。

二、出现了一大批质量较高、角度新颖的论文。

（一）对张岱生平创作进行考证和研究的有：尹恭弘《张岱》，梁容若《张岱》，陈美林《晚明爱国学者张岱》，蒋金德《张岱的祖籍及其字号考略》，佘德余《张岱年谱简编》，胡益民《张岱年谱简编》，陈平原《“都市诗人”张岱的为人与为文》等。

（二）有关散文专集评论的有：陈娟芬《〈陶庵梦忆〉的艺术成就》，王建《张岱和他的〈陶庵梦忆〉》，王海燕《〈陶庵梦忆〉主旨新说》，夏咸淳《论张岱及其〈陶庵梦忆〉〈西湖梦寻〉》，张则桐《张岱和〈夜航船〉》等。

（三）有关文艺理论研究方面的有：彭飞《张岱诗文与晚明的戏剧》，蒋星煜《张岱对戏曲史论之贡献》，鲍恒《一片冰雪铸诗魂——试论张岱诗歌的总体特征》，胡益民《张岱诗画界限论》《张岱艺术家论的特质与历史意义》等。

（四）有关史学成就研究的有：李新达《张岱与〈石匮书〉》，陈仰光《张岱及其史学》，佘德余《张岱的史学》，钱茂伟《敢于龙门争胜场的〈石匮书〉》，胡益民《张岱史学著述考》，李灿朝《论“三不朽”说对张岱史学及其史著的影响》等。

（五）比较研究方面的有：章明寿《归有光和张岱散文风格简说》，侯会《〈红楼梦〉与张岱》，胡冠莹《从李贽、三袁到张岱》，周荷初《张岱与汪曾祺文学创作的文化意识和艺术品格比较论》《张岱、王思任与俞平伯的散文创作》，叶晔《张岱曹雪芹文人心志比较论》等。

（六）对遗民心态及其他方面进行研究的有：李圣华《论张岱的遗民心态和他的"冰雪"之诗》，杨泽君《明遗民心态·张岱个案分析》，周月亮、李新梅《略论明清之际文化悼亡情绪的文化内涵》，佘德余《张岱的"水浒观"》《甘洒热血存春秋——张岱〈自为墓志铭〉现象窥探》，梅晓萍《张岱的音乐思想研究》等。

三、出现了一批晚明小品研究和张岱研究的专著。

二十世纪末和二十一世纪初，出现了一批关于明清小品研究的专著，如吴承学《晚明小品研究》，赵伯陶《明清小品——个性天趣的显现》，尹恭弘《小品高潮与晚明文化——晚明小品七十三家评述》，罗筠筠《灵与趣的意境——晚明小品文美学研究》，陈平原《从文人之文到学者之文——明清散文研究》等，其中皆对张岱的散文作专章（或专节）论述，角度新，也很有深度。

关于张岱研究的专著，二十世纪九十年代出现了夏咸淳《明末奇才——张岱论》，对张岱的生平思想、散文的美学艺术特征及诗词戏曲作了比较全面的论述，具有创新和启发的作用。其后，胡益民的《张岱研究》和《张岱评传》对张岱家世、生平、著述、交游和散文、诗歌、史学、文艺、美学等作了全面而又深入的梳理和研究，取材广博，行文流畅。佘德余的《张岱家世》则是详尽系统地叙述并考证了张氏高祖、曾祖、祖父、父亲及外曾祖父、外祖父及其关系密切的友人和张岱兄弟、妻妾、子侄辈，书中披露了不少在其他著作中罕见的资料。

四、散文创作风格得到继承发扬。

黄裳既是著名的版本收藏家，又是著名的散文家，一直关注研读张岱作品，收藏了遗存的张岱著作的一些手稿本等，如《史阙》稿本，康熙凤嬉堂原刊本《西湖梦寻》，王见大刊巾箱本《梦忆》，八千卷楼收藏的《琅嬛文集》手稿本，《张子诗粃》等，写有《绝代的散文家——张宗子》《张岱的〈琅嬛文集〉跋》《关于张宗子》《张岱的史阙》等文，对张岱的诗歌、散文、史学、戏曲鉴赏皆有精到的评论。[①]更主要的是，他的散文创作是自由潇洒、挥洒自如且富有个性的文体，除了明澈睿智、识见通达，在清明的理性之外，更有一种生动的情趣和简洁、雅淡、具有个性的风格，这应当是受到张岱散文的影响。他自己曾说过："生于明末的山阴张岱（宗子），是一位历史学家、市井诗人，又是一位绝代的散文家，是我平素佩服的作者。"[②]

当代文学家汪曾祺一向追慕晚明小品，自谓："我的散文大

---

① 黄裳著:《银鱼集》,生活·读书·新知三联书店1985年版。

② 黄裳著:《银鱼集·绝代的散文家——张宗子》,生活·读书·新知三联书店1985年版。

概继承一点明清散文与‘五四’散文的传统，有些篇可看出张岱与龚定庵的痕迹。”[①]周荷初也认为“汪曾祺那随笔式的小说，也得益于张岱的小品文”[②]。

五、新出的文学批评史、中国文学史加大了对张岱研究的力度。

袁震宇、刘明今著《明代文学批评史》专门设了《张岱论小品文的真与近》，论述其散文题材的世俗化、生活化特征，针对张岱有关戏曲创作、导演、演员表演的理论作了详尽的论述。马积高、黄钧主编的《中国文学史》指出，张岱小品“能吸收公安和竟陵派的长处，把公安的清新与竟陵派的陡峭熔于一炉，又能避免两派流弊，以深厚救浅薄，以严谨救率易，以明快救僻涩，兼诸家之美，集小品之大成”。章培恒、骆玉明主编的《中国文学史》重申，张岱“是晚明散文的最后一位大家和集大成者……其风格大抵以公安派的清新流畅为主调，在描写刻画中杂以竟陵派的冷峭，时有诙谐之趣”。郭预衡主编的《中国古代文学史》则专门在《末代诗文》节设“张岱”一目，提出“张岱最自负的是史学，但他为世所称道的则是散文小品。张岱的散文，各体兼备，尤长于人物传记”。袁行霈主编的《中国文学史》在《晚明小品文》中，再次申述了“在表现生活化、个人化情调的游赏之作中，张岱的作品尤显出色”，“率直直露，

---

① 汪曾祺著:《汪曾祺作品自选集自序》,漓江出版社1996年版。

② 周荷初:《张岱与汪曾祺文学创作的文化意识和艺术品格比较论》,《求索》2001年第4期。

注重真情实感”。

尽管如此，张岱研究还有未尽人意之处，目前张岱诗文集尚未全部重印，上海古籍出版社影印出版的《续修四库全书·石匮书》还不是精校本，张岱的《古今义烈传》《琯朗乞巧录》等遗著尚未整理出版，要对张岱作出较具体、全面的论述和较确切的评价自然也非易事。但是我们坚信，随着对张岱研究的深入，肯定会有一部整理较好、校印认真的《张岱全集》出版，从而使张岱研究登上一个新的台阶。

张岱大事年表

1597　明万历二十五年（丁酉）　出生

八月二十五日卯时，生于浙江省山阴县县城之状元坊。

1598　明万历二十六年（戊戌）　1岁

幼多痰疾，养于外祖母马太夫人家近十年。

1600　明万历二十八年（庚子）　3岁

父张耀芳教他读诗认字，属对。

1602　明万历三十年（壬寅）　5岁

随父读书于悬杪亭。于外祖父陶允嘉家，舅氏陶虎溪指壁上画，出上联“画里仙桃摘不下”，岱对曰“笔中花朵梦将来”。虎溪称他为今之江淹。

1603　明万历三十一年（癸卯）　6岁

六七岁时，善属对，得叔祖父张汝懋称赏。朱家门客于外曾祖父朱赓家指着天井两旁的荷花缸出对曰“荷叶出盘难贮水”，张岱对曰“榴花似火不生烟”。

1604　明万历三十二年（甲辰）　7岁

跟从祖父张汝霖造访祖父之友黄汝亨。

1605　明万历三十三年（乙巳）　8岁

是年，从外祖母家回山阴城家中读书。

随祖父寓居杭州家寄园，得遇著名文人陈继儒，以文思敏捷、善属对，大得陈氏称赏。

1607　明万历三十五年（丁未）　10岁

祖父因在山东提学副使任上，于落卷中录取“古文崛”的名士李延赏而被时任礼部右给事中汪若霖弹劾，落职归家，蓄养声伎，建“可餐班”等，以丝竹陶写心情。

1608　明万历三十六年（戊申）　11岁

居家读书，尝来往于绍兴、杭州。

阅读《忠义水浒传》小说。为宋江之“忠义”行为所感，与官兵截杀，唯恐《水浒》之人不获全胜。至从征大辽，手足零落，惨然悲悼，不忍终卷。

1611　明万历三十九年（辛亥）　14岁

祖母朱恭人卒。祖父尽遣侍姬，独居天镜园，拥书万卷，日事紬绎。暇则开九里山，策杖于猿崖鸟道间，诗文日进。张岱时而跟随祖父读书。

1612　明万历四十年（壬子）　15岁

祈梦于会稽山下南镇庙，作骈文《南镇祈梦疏》，人目之为神童。

1613　明万历四十一年（癸丑）　16岁

搜集徐文长佚稿。游兰亭，参与王右军祠修禊活动，与陆癯庵、周戬伯订交。

1614　明万历四十二年（甲寅）　17岁

至斑竹庵发现古井水，名之为“禊泉”。

祖父至南京起复刑部主事，与黄汝亨、罗玄父、张梦泽、王弱生等十余人读史于白门，结读史社。

1616　明万历四十四年（丙辰）　19岁

学琴于绍兴著名琴师王侣鹅。与同学者范与兰、尹尔韬等结丝社，月必三会之。

与刘世谷次女结婚。

父屡困科举，抑郁牢骚遂致病。母陶宜人忧之，使其适意园亭，移情丝竹，遂兴土木，造楼船，置办“武陵班”，教习小童，鼓吹剧戏。

1618　明万历四十六年（戊午）　21岁

学琴于王本吾。

广搜资料，撰写《古今义烈传》。

1620　明万历四十八年、泰昌元年（庚申）　23岁

四月二十五日，母卒。父患伤寒，经名医吴竹庭多方疗之，始愈。

1621　天启元年（辛酉）　24岁

祖父以病从云南辞官归里，筑砎园于龙山之趾，啸咏其中。张岱读书于砎园。

1622　天启二年（壬戌）　25岁

与仲叔张联芳、好友秦一生于龙山下结斗鸡社，仿王勃《斗鸡檄》作《斗鸡檄》文。祖父复官于湖西道。

六月廿四日至苏州葑门外之荷花荡游览。

1623　天启三年（癸亥）　26岁

正月十三日，与兄弟携南院王岑、杨四等去陶堰司徒庙看戏，并演传奇《白兔记》。

辑成《徐文长佚稿》。

三月，祖父病瘰疬（疬子颈）不起，旋卒。

1624　天启四年（甲子）　27岁

与赵介臣、陈章侯、卓珂月等于西湖岣嵝山房读书。首次参加乡试失利。

1625　天启五年（乙丑）　28岁

至武林，张家三世藏书为父叔等门客、奴仆乱取之，扼腕叹息。

1626　天启六年（丙寅）　29岁

十二月，龙山观雪，与优伶饮酒唱曲。

1627　天启七年（丁卯）　30岁

读书于天瓦庵，常登香炉峰观月。

父听从叔父劝说，以副榜贡谒选，授鲁肃王右长史。

1628　崇祯元年（戊辰）　31岁

听到魏忠贤垮台消息，旋即改编传奇《冰山记》，并在绍兴城隍庙演出，观者万人，群情激动。

1629　崇祯二年（己巳）　32岁

五月，于秦淮观灯船竞渡。

八月，率家班自杭州沿京杭大运河赴山东兖州为父亲祝寿。十六日，途经镇江金山寺，命优童张灯演出《韩蕲王大战金山》。

至兖州，上演新编导的《冰山记》，兖州道守刘半舫赞赏并提出修改意见。张岱连夜修改，增加内容，第二天再次演出。刘半舫大为惊奇，与之订交。

出示《古今义烈传》手稿，请刘半舫、刘光斗为序。

至曲阜谒孔庙，进香泰山、游泰山。

1630　明崇祯三年（庚午）　33岁

义伶夏汝开之父死，张岱典衣一袭，为之埋葬。

1631　明崇祯四年（辛未）　34岁

三月至兖州，观直指阅武。五月观竞渡于无锡。

义伶夏汝开卒，葬之于越敬亭山，并解除夏汝开因借贷将妹妹作为人质抵押的合约，买舟航，送其母、弟、妹归故乡。父从山东兖州罢职于九月抵家。

1632　明崇祯五年（壬申）　35岁

寒食节，与家伶王畹生等祭奠夏汝开去世一周年，作《祭义伶文》。

七月，绍兴大旱，记述绍兴城里祈雨赛会盛况。

《古今义烈传》完稿，开始编纂《石匮书》。

十二月中旬于西湖湖心亭观雪。

十二月二十七日，父无疾而逝。

1633　明崇祯六年（癸酉）　36岁

服父丧于家。于此年前后作《征修明史檄》，希各方同仁，赐寄材料，以修明史。

至兖州，载归父生前进献给鲁肃王朱寿镛的“木犹龙”。

1634　明崇祯七年（甲戌）　37岁

闰中秋，仿虎丘故事，集枫社诸友于蕺山亭观剧。

十月，与伶人朱楚生于不系园看红叶，并同彭天锡等串演本腔戏。

十二月，上《疏通市河呈子》于府太守，倡议富民乐助钱粮，兴工疏浚，恢复旧观。

1635　明崇祯八年（乙亥）　38岁

《泰山志》完稿，示祁彪佳。

七月二十五日，参加乡试，因试牍不合规格被黜，内心抑郁气愤。祁彪佳写信劝慰。

袁于令至绍兴访问祁彪佳，张岱亦与之相见。

1636　明崇祯九年（丙子）　39岁

二月二十八日，邀祁彪佳及堂弟张介子在砎园观看许自昌《水浒记》剧。

夏，越中瘟疫流行，祁彪佳施药救之，张岱作《丙子岁大疫祁世培施药救济记之》七言古诗。

1637　明崇祯十年（丁丑）　40岁

正月十四日，邀请祁彪佳观看世美堂灯。

剡县告饥，参与赈济。

枫社社集，众社友为“木犹龙”题诗。

七月，仲叔张联芳升扬州同知，分署淮安。张岱至瓜州仲叔处，游瓜州园，登金山寺，走访范长白。为祁彪佳寓山园诸建筑题咏并品评、笔削祁彪佳的《寓山注》稿。

1638　明崇祯十一年（戊寅）　41岁

二月初，与好友秦一生至宁波天童寺访金粟和尚，游阿育王寺，瞻礼舍利，至定海演武场观水操。十六日至普陀。作《观海诗》《海志》。

九月，寓居南京，访茶道名家闵汶水，以自著《茶史》示之。与吕吉士游燕子矶。

十月，访阮大铖于祖堂山，留宿，观剧，并作《阮圆海祖堂留宿》诗二首。

冬，与友人及同族隆平侯及姬侍打猎于南京牛首山。

1639　明崇祯十二年（己卯）　42岁

张氏三代故交陈继儒卒。

1640　明崇祯十三年（庚辰）　43岁

闰正月，以乡绅资格与越中父老相约于越城张灯五夜，并作《张灯致语》。

春，绍兴因灾荒，城内抢犯甚多，与金声始、赵公简等乡绅约助祁彪佳约期给米，维持治安。

三月，在西湖昭庆寺，见各地进香者纷至，遂成香市。

为宗族兄弟排解纠纷，挥散金钱，反受人噬，作《琴操》

十首。

请郡守檄民捐金修复龙喷池旧观。

夏，但见杭州城中饿殍异出，扛挽相属。

1642　明崇祯十五年（壬午）　45岁

春，在杭州西湖。

夏五月，越中受灾，与祁彪佳倡官粜民粜两法，设粥厂赈济。

以论防城之《金汤十二策》示祁彪佳。

七月，至南京钟山观祭明孝陵。

十一月至闰十二月，自金陵至淮安会见祁彪佳。

1643　明崇祯十六年（癸未）　46岁

十月初八日，好友祁凤佳卒，与堂弟张介子前往吊唁。

1644　明崇祯十七年、清顺治元年（甲申）　47岁

三月，仲叔张联芳客死淮安，与堂弟张介子奔丧于淮安清江浦。

四月，与名宦、书法家王铎同舟自淮安至杭州，舟中讲论书画。

继续增补、修改早期重要著作《古今义烈传》，从四百余人增至五百七十二人，所增主要为甲申死难者。

1645　清顺治二年、明弘光元年（乙酉）　48岁

闰六月初六日，友祁彪佳坚拒清贝勒招降，沉水自杀。初八日，刘宗周绝食而死。

闰六月二十一日，兵部尚书张国维、陈函辉迎立鲁王朱以海监国绍兴。上《贺鲁国主册封启》。

六月二十七日，鲁王监国绍兴，以分守台绍道公署为行朝，改明年为监国元年。

尽鬻家产，招兵三千余人率领郑遵谦长子懋绳，原任副总兵鲁明杰前来护驾。又自措囊中，并贷典户，措银一千六百两，与裘尚奭为千日粮，据守嵊县县治。

七月，因父曾为鲁肃王右长史，监国朱以海亲临张家，张岱设盛宴接驾，得授兵部职方主事之职。原弘光朝大学士马士英欲上表清朝，张岱以布衣身份上书鲁王，恳请杀马士英以谢天下，不久即遭斥逐。九月初，携数簏随行避入嵊县西白山中。作《和挽歌辞三首》《湖磴庵》等诗。

1646　清顺治三年（丙戌）　49岁

此前，方国安以“商榷军务”为由胁迫张岱出山，张岱适疽发于背，从嵊县宿平水，晚上倚枕假寐，梦见祁彪佳劝其还山，完成《石匮书》。抵家后十日，方国安绑架张岱长子，逼勒饷银。

六月，清兵攻陷绍兴，鲁监国逃亡台州。张岱携一子一奴隐居山阴县西南之越王峥，坚持《石匮书》写作。因“一日缘山行，乃为人物色”，作《避兵越王峥留谢远明上人》。

九月，避难再至嵊县西白山中，食鹿苑寺方柿。作《百丈泉》《山中冬日》《和贫士七首（有序）》《和有会而作》诸诗。

《陶庵梦忆》初稿成，作《陶庵梦忆序》。

1647　清顺治四年（丁亥）　50岁

为生活所迫，七月初从嵊县西白山徙居山阴县之州山项里，作五言古诗《孝陵磨剑歌》，中秋作《念奴娇·丁亥中秋寓项里》词，为《四书遇》自序。

1648　清顺治五年（戊子）　51岁

居州山项里，继续从事《石匮书》的编撰及修订。

1649　清顺治六年（己丑）　52岁

九月，从项里搬回绍兴城中，因故居易主，卜居龙山后麓之快园。作《快园十章》四言诗。

继续撰写修订《石匮书》。

1650　清顺治七年（庚寅）　53岁

居快园，艰辛备至。三月，作《见日铸佳茶，不能买，嗅之而已》五言古诗。

撰写《家传》《附传》《五异人传》。

编撰《陶庵肘后方》四卷，自序之。

1651　清顺治八年（辛卯）　54岁

对族弟张毅孺《明诗存》选诗“极无主见”提出恳切批评。好友陈洪绶卒。

1652　清顺治九年（壬辰）　55岁

冬，禹庙重修，陪同友人曾益、朱胜之、林叔含、魏子煌等往游。

1653　清顺治十年（癸巳）　56岁

八月，上三衢，入广信，采访明朝遗老。作《常山》《玉山》五言律诗。

1654　清顺治十一年（甲午）　57岁

编辑成《琅嬛诗集》，作《琅嬛诗集自序》。

至西湖涌金门，商氏之楼外楼，祁氏之偶居，钱氏、余氏之别墅，张家之寄园一带湖庄，但见遍地瓦砾，十分感慨，恸哭而返。

作《西湖三首》五言诗。

儿辈赴省试，劝阻不成，作《甲午儿辈赴省试不归走笔招之》。不久，次儿落第归，转忧为喜，又作《甲午次儿下第归二首》诗。

生活艰难，作《甲午初度是日饿二首》《甲午年定图，余以无田出籍》诗。

新昌族弟张仲良游绍兴城，见面叙旧。旋赴新昌南明，回访仲良，为仲良父作《族叔遁庵公墓志铭》《处子振四祖姑遗像》《仲良像赞》。游新昌大石佛寺，作《大石佛院》诗。

1655　清顺治十二年（乙未）　58岁

居快园，生活仍艰辛，作《乙未初度》诗。

编撰《快园道古》，作《快园道古小序》《听太常弹琴和诗十首》。

《石匮书》稿成。

1656　清顺治十三年（丙申）　59岁

十二月，谷应泰主编《明史纪事本末》，慕岱名，邀同修。

为撰写崇祯朝史，踌躇再三，将《石匮书》稿供谷氏参考，参与“本末”撰写任务；利用谷氏所搜集的崇祯朝邸报、实录，自撰《石匮书后集》。

1657　清顺治十四年（丁酉）　60岁

居西湖助修《明史纪事本末》，并于崇祯朝史料中“簸扬淘汰”，撰写《石匮书后集》。

族弟具德和尚主修灵隐寺落成，作《具德和尚灵隐寺落成刚值初度作诗寿之》为贺。

1658　清顺治十五年（戊戌）　61岁

居快园，继续修撰《石匮书后集》。

女诗人、画家黄皆令至快园造访，作《赠黄皆令女校书》诗。

1659　清顺治十六年（己亥）　62岁

三月，于王誉素家听李玉成吹觱篥。姜无幻出示白居易《觱篥歌》，触景生情，亦效仿之，作《李玉成吹觱篥》诗。

修改《和祁世培绝命词》：“太上不辱身，其次不降志。十五年后死，迟早应不异。”

六月，清政府追查“通海事件”，到处搜捕，朱士雅为人告发，下杭州狱论死，友张近道敛重资营救，既而获救。近道渡江往晤，途中为人所杀。

1660　清顺治十七年（庚子）　63岁

清政府颁布严禁结盟奏议：不得妄立社名，投刺往来不许用“同社”“同盟”字样；确立以江苏之常州、松江，浙江之杭州、嘉兴、湖州为重点查禁地区。十二月，杜稚病死。

1661　清顺治十八年（辛丑）　64岁

清廷借"通海事件"兴大狱，魏耕、钱缵曾、潘廷聪、祁班孙等被捕。

继续编撰《石匮书后集》《快园道古》等，并开始研习《易经》。

1662　清康熙元年（壬寅）　65岁

全力治《易》，完成《大易用》书稿，作《大易用序》。

六月，魏耕、钱缵曾、钱瞻百、潘廷聪等被杀害于杭州，祁班孙、杨越被遣戍宁古塔。

十月，归安知县吴之荣告发南浔庄廷鑨私编《明史》，庄廷鑨之父庄允城被押解北京，死在狱中。

南明永历帝遇害，恢复故国之梦彻底幻灭。作《壬寅除夕》诗。

1663　清康熙二年（癸卯）　66岁

作《舂米》《担粪》诗。

六月，至鲁云谷家，茶话终日，作《癸卯六月，云谷鲁甒兰盛开，茶话终日，赋谢》诗致意。

八月，堂弟伯凝以暴下之疾去世，作《祭伯凝八弟文》吊唁。

庄廷鑨《明史》案定谳。庄廷鑨被戮尸，其弟及子孙十五岁以上者，作序、参阅者皆被凌迟，刻工、书贾、藏书者皆被斩，牵连七十余人。

1664　清康熙三年（甲辰）　67岁

诬告阴风大刮：乌程闵声程与好友批选唐诗《岭云集》，被告发下狱。

七月，明兵部尚书张煌言被捕，九月七日就刑于杭州凤凰山下。

1665　清康熙四年（乙已）　68岁

于项里置办山、田、厂屋，为日后定居项里作准备。效古人陶渊明、王无功、徐文长，作《自为墓志铭》，自营生圹于项里鸡头山。李研斋为其题圹碑："有明著述鸿儒陶庵张长公之圹。"

1667　清康熙六年（丁未）　70岁

继续整理《石匮书后集》。

1670　清康熙九年（庚戌）　73岁

友人鲁云谷、周懋明、余若水相继卒。作《周宛委墓志铭》《鲁云谷传》《余若水先生传》。

作《庚戌十月十二日夜》诗。

1671　清康熙十年（辛亥）　74岁

《西湖梦寻》成稿。七月十六日作自序。

1672　清康熙十一年（壬子）　75岁

自顺治六年（1649）移居快园，至此已逾二十年，作《快园记》。

与张噩仍共同参与《会稽县志》编撰，只撰写《会稽县志·凡例》。

查继佐《罪惟录》初稿成，至山阴拜访张岱。

1673　清康熙十二年（癸丑）　76岁

三月，族弟登子自江西来越。与周戬伯、陆癯庵、张登子赴兰亭修禊，作《古兰亭辨》等文及诗。好友祁文载去世，八月二十六日作《祭祁文载文》。

1674　清康熙十三年（甲寅）　77岁

约在此年移居项里厂屋。快园留给诸儿居之。

友人陆癯庵、祁豸佳年届八十余岁，作诗作贺。

戏曲知己袁于令（箨庵）卒于会稽，应请为之题名旌，作《为袁箨庵题旌停笔哭之》诗作吊。

再作《陶庵梦忆序》："三十年来，杜门谢客，客也渐辞老人去。间策杖入市，市人有不识其姓名者，老人辄自喜，遂更名曰'蝶庵'，又曰'石公'。"

徐沁《香草吟》传奇成，作《快读徐野公〈香草吟〉兼贺其公郎入泮》诗贺之。

1675　清康熙十四年（乙卯）　78岁

携儿孙辈游吼山，意外遇见堂舅母陶兰亭之季媳。

总角老友周戬伯卒。作《祭周戬伯文》哀悼。

作《募修岳鄂王祠墓疏》。

1676　清康熙十五年（丙辰）　79岁

在项里编撰《于越三不朽图赞》《琯朗乞巧录》，修订《石匮书后集》。

1677　清康熙十六年（丁巳）　80岁

作《蝶庵像赞》，又作《白衣观音像赞》。

继续整理修订《于越三不朽图赞》《琯朗乞巧录》。

1678 清康熙十七年（戊午） 81岁

除夕作《戊午除夕》诗："烧钱饯穷鬼，酹酒腊文心。"文心依然活泼旺盛。继续修订《快园道古》。

晚号六休居士。

1679 清康熙十八年（己未） 82岁

元旦作《己未元旦》诗。

毛奇龄在清史馆作书，向张岱乞求《石匮书》为修《明史》参考。

1680 清康熙十九年（庚申） 83岁

八月，《于越三不朽图赞》书稿成，自作序。

同月，《琯朗乞巧录》书稿成，自作序。

1681 清康熙二十年（辛酉） 84岁

五月，礼部下达公文，要求地方官将《石匮书》手稿等送至清史馆。许以明四王事迹附载崇祯之后。

续补南明史事，继续补写《石匮书后集》。

1684 清康熙二十三年（甲子） 87岁

作《修大善塔碑》文，《万休师修大善塔》诗。

1689 清康熙二十八年（己巳） 92岁

卒于项里。

参考文献

（明）祁彪佳著：《祁彪佳集》，中华书局1960年版。

（明）徐渭著：《徐渭集》，中华书局1983年版。

（明）王思任著：《王季重十种》，浙江古籍出版社1987年版。

（明）张岱著：《石匮书》，见《续修四库全书》第318—320册，上海古籍出版社2002年版。

（明）张岱著：《石匮书后集》，中华书局1959年版。

（明）张岱著，程维荣校注：《陶庵梦忆·西湖梦寻》，上海古籍出版社2001年版。

（明）张岱著，高学安、佘德余校点：《快园道古》，浙江古籍出版社1986年版。

（明）张岱著，刘耀林校注：《夜航船》，浙江古籍出版社1987年版。

（明）张岱著，弥松颐注：《陶庵梦忆》，上海书店印行1982年版。

（明）张岱著，夏咸淳校点：《张岱诗文集》，上海古籍出版社1991年版。

（明）张岱著，云告校点：《琅嬛文集》，岳麓书社1985年版。

（明）张岱著，朱宏达校点：《四书遇》，浙江古籍出版社1985年版。

（清）谷应泰主编：《明史纪事本末》，中华书局1977年版。

顾诚著：《南明史》，中国青年出版社1997年版。

胡益民著：《张岱评传》，南京大学出版社2002年版。

胡益民著：《张岱研究》，安徽教育出版社2000年版。

黄裳著：《银鱼集》，生活·读书·新知三联书店1985年版。

黄裳著：《榆下杂说》，上海古籍出版社1992年版。

鲁锡堂等编著：《鉴湖风情》，九州出版社2004年版。

罗筠筠著：《灵与趣的意境——晚明小品文美学研究》，社会科学文献出版社2001年版。

钱茂伟著：《明代史学的历程》，社会科学文献出版社2003年版。

绍兴市城市建设档案馆编：《绍兴老屋》，西泠印社1999年版。

佘德余编著：《张岱家世》，北京出版社2004年版。

吴承学著：《晚明小品研究》，江苏古籍出版社1998年版。

夏咸淳著：《明末奇才——张岱论》，上海社会科学院出版社1989年版。

谢国桢著：《明清之际党社运动考》，中华书局1982年版。

尹恭弘著：《小品高潮与晚明文化》，华文出版社2001年版。

袁震宇、刘明今著：《明代文学批评史》，上海古籍出版社1991年版。

周作人著，张明高、范桥编：《周作人散文》，中国广播电视出版社1992年版。

后　记

走进张岱研究领域，说来有两个原因：一是由于我多年来从事中国古代文学，主要是元明清近代文学教学工作；二是由于我身处绍兴这一历史文化名城的文化环境。在数十年教学与研究中，我最感兴趣，也曾花过较多工夫去收集资料深入研究的主要有两个方面：一是关于越中曲家的研究，在此基础上，开设了“绍兴地方戏曲研究”的选修课，出版了《越中曲派研究》（中国文联出版社2000年版）的专著；二是关于张岱的研究。

张岱是晚明清初文化史上一位很有特色的人物，在文学、艺术、史学上皆有较高的成就，他的散文尤为出色。有很多学者涉足张岱散文研究，但对张岱在戏曲鉴赏、导演、剧本创作诸方面的论述及史学成就，关注的人则相对较少。由于张岱的遗著还有相当一部分未经整理出版，因此，我在研究时资料限制较多。我对张岱的研究，起步于校点他的《快园道古》（浙江古籍出版社1986年版），之后在越中曲家的研究中撰写了《张岱戏曲理论摭谈》，后来又陆续写了《张岱的“水浒”观》《张岱的交游录》

《张岱的史学》《张岱年谱简编》《张岱的散文》《张岱的史学思想》《半生荣华半沦落，文中乌获兼斗杓——张岱传》《从〈快园道古〉的编撰看其辑佚的方向》等近二十万字的论文，大多发表在《绍兴师专学报》或《绍兴文理学院学报》上，有几篇为人大复印资料全文复印，此外还编著有《张岱家世》（北京出版社2004年版）。我自感才疏学浅，远不能反映张岱文化成就的全貌，无非是为越文化研究添一块砖、加一片瓦罢了。

虽然，撰写《张岱传》有研究的基础，但是以时间为序，使传记首尾条贯，采用形式丰富的写实文字这一统一体例的要求，一经上手，才觉得并不那么简单。这与写一般论文不同，也与写评传不同。张岱的活动虽然非常丰富，但是昔日的交通、城市的风貌和人事经历已经淹没了、模糊了，只能根据他留下的著作去填补和想象。有些章节，我苦思冥想了好几天，仍不得要领，于是再翻阅资料，换角度思考，才慢慢理清头绪。在近一年时间里，除了上课，我几乎把时间全花在了《张岱传》的写作上。

本书在写作过程中，参考了夏咸淳、胡益民等先生的一些研究成果，在此致以衷心的谢意！欣逢再版之机，我对原书内容，包括引文、标点作了认真校对，对其中的错讹作了改正。但难免还有问题，敬请读者指正。

佘德余

2006年5月写于绍兴廊桥风和苑

2021年6月再修改